当代旅游学规划教程

导游业务

DAOYOU YEWU

龚维嘉 主编
樊秀龙 柏 杨 副主编

合肥工业大学出版社

图书在版编目(CIP)数据

导游业务/龚维嘉主编．—合肥：合肥工业大学出版社，2008.4

当代旅游学规划教程

ISBN 978-7-81093-737-5

Ⅰ.导… Ⅱ.龚… Ⅲ.导游—高等学校—教材 Ⅳ.F590.63

中国版本图书馆 CIP 数据核字(2008)第 041889 号

导 游 业 务

龚维嘉 主编　　　　责任编辑 朱移山

出 版	合肥工业大学出版社	版 次	2008 年 4 月第 1 版
地 址	合肥市屯溪路 193 号	印 次	2008 年 4 月第 1 次印刷
邮 编	230009	开 本	710×1000 1/16
电 话	总编室:0551-2903038	印 张	15.75
	发行部:0551-2903198	字 数	270 千字
网 址	www.hfutpress.com.cn	印 刷	安徽江淮印务有限责任公司
E-mail	press@hfutpress.com.cn	发 行	全国新华书店

ISBN 978-7-81093-737-5　　　　定价：26.00 元

前　言

中国加入WTO后,迅速发展的旅游业已成为朝阳产业、动力产业和无烟产业。同时,对导游人员的数量和素质都提出了迫切要求。为了规范导游人员的职业道德和提高导游人员的从业水平,国家每年都举行导游资格考试,其中导游业务是全国导游资格考试非常重要的一门课程。国家旅游局人教司曾于1994年组织编写了"全国导游人员资格考试系列教材",各地也组织编写了针对导游人员资格考试的各类教材。这对帮助考生学习导游专业知识,规范全国导游考试起到了积极的推动作用,受到了读者的好评。

随着旅游业的蓬勃发展,传统书中很多内容已经不能适应新形势的需要。为此,我们组织编写了这本教材,以体现导游业务学习与实践的与时俱进。

本书系统地介绍了导游业务各个方面的知识,包括:导游工作概述、导游工作程序、导游带团技能、导游语言技能、常见疑难问题应对与事故处理和导游实务其他相关知识,并从实际出发,通过引用大量案例,说明导游员灵活综合运用业务知识的必要性。在最后还安排了两章选修章节,让学生掌握一些基本的旅游心理常识,具备一定的审美情趣。本书可作为高等职业教育旅游类专业的学生教材,也可作为从事旅游职业人员的自学参考用书。

本教材由龚维嘉担任主编,樊秀龙、柏杨为副主编。各章分工为龚维嘉(宣城职业技术学院)负责编写第五章,樊秀龙(宣城职业技术学院)负责编写第九章,伍燕(宣城职业技术学院)负责编写第一、七章,郑晖(宣城职业技术学院)负责编写第二、三、八章,张国宪(宣城职业技术学院)负责编写第四章,马桂玲(宣城职业技术学院)负责编写第六、十章及补充部分。柏杨(安徽工商职业技术学院)提供很多建议并参与了统编工作。

教材的修订编写是一个不能终结的过程,需要我们在不断的实践中进行更新。虽然我们力求完善,但本书难免存在不足之处,诚恳希望得到本书使用者的宝贵意见和建议,以便今后修订时加以改正和补充完善。更期待着潜在作者的新思路、新观点和教学方式的融入和补充。

编　者

2008 年 2 月 10 日

目 录

第一章　导游工作概述

【本章导读】

在旅游行业中，导游是具有代表性的职业之一。导游服务是导游人员向旅游者提供的旅游接待服务。本章主要探讨导游服务的类型与范围、导游服务的性质与特点、导游人员的分类与职责及导游人员的从业条件和素质要求。

第一节　导游服务

导游服务是旅游服务的一个组成部分，是在旅游活动的发展过程中产生的，而且随着旅游活动的发展而发展。导游服务在社会历史中经历了一个产生和发展的过程，即从最初的向导服务发展为现代的导游服务。

一、导游服务的概念

导游服务是导游人员代表被委派的旅行社，接待或陪同游客旅行、游览，按照组团合同或约定的内容和标准向游客提供的旅游接待服务。理解这一概念，我们要注意以下三点问题：

首先，根据《导游人员管理条例》，导游人员必须由旅行社委派。无论是专职导游人员还是兼职导游人员，在提供导游服务时，代表的是委派他（她）的旅行社。未受旅行社委派的导游人员，不得私自接待游客，否则将受到相关条例的处罚。

其次，导游人员的主要业务是从事对游客的接待服务。地方导游人员负责的是当地的旅游接待服务；全陪导游人员负责的是游客整个旅游行程的陪同和照料服务；在旅行社设置于饭店、交通港口或大型商场服务台工作的导游人员

负责的是向顾客提供旅游咨询，旅游活动洽谈、安排和联络服务。

最后，导游人员向游客提供的接待服务，对于团体游客而言必须按照组团合同规定的内容和导游服务质量标准提供服务；对于散客而言必须按照事先约定的内容和要求提供服务。导游人员不得擅自增加、减少旅游项目或中止导游服务，也不得降低导游服务质量标准和规定的要求。

二、导游服务的类型与范围

（一）导游服务的类型

导游服务可分为图文声像导游和实地口语导游两大类。

1. 图文声像导游

图文声像导游亦称物化导游，包括：（1）导游图、交通图、旅游指南、景点介绍册页、画册、旅游产品目录等印刷品；（2）有关旅游产品、专项旅游活动的宣传品、广告、招贴画及旅游纪念品等实物；（3）有关国情介绍、景点介绍的录音带、录像带、电影片、幻灯片等物质媒介。

2. 实地口语导游

实地口语导游亦称讲解导游，包括导游人员在游客旅行、游览途中所做的介绍、交谈和问题解答等导游活动，以及在参观游览场所做的介绍和讲解。

随着科学技术的进步，导游服务的类型将越来越多样化、高科技化。图文声像导游形象生动，便于携带和保存，在导游服务中的作用会进一步加强。尽管如此，同实地口语导游相比，图文声像导游仍处于从属地位，只能起着减轻导游人员负担、辅助实地口语导游的作用。实地口语导游不仅不会被图文声像导游所替代，而且将永远在导游服务中处于主导地位。

（二）导游服务的范围

导游服务范围指的是导游人员向游客提供服务的领域，即导游人员业务工作的范围。在旅游接待工作中，目的地向游客提供的服务是多方面的，包括食、住、行、游、购、娱、邮电通讯、入出境、医疗等。导游人员所提供的服务虽是其中的一部分，但却是最重要的，涉及以上诸多方面。归纳起来，主要有以下几种：

1. 导游生活服务

一般来说，导游生活服务是经由导游工作者按照旅游者与旅游单位事先签订的合约，或是按照旅游者照章提出的种种旅游委托及其经济等级，为其在旅途生活中提供的相应劳务。

这种劳务的提供可以是综合性的服务，也可以是单项的服务，常见的服务包括以下三个方面：

首先，是抵离旅游目的地时的接送、餐食客房的预订、各项交通工具的落实、文娱戏票的代订等。

其次，导游生活服务还要求导游人员在与旅游者的日常接触中，注意从各种细微处保证旅游者旅行游览生活的愉快和安全。

再次，导游生活服务还包括为旅游者提供咨询、代办临时委托事项。导游生活服务是整个导游服务工作的重要一环。唯有认真做好导游生活服务，使旅游者确信和这样的导游工作者在一起，旅途生活定会顺利，从而在他们的心里渐渐树立起对导游人员的依赖。

2. 导游讲解服务

导游中的讲解服务就是导游者为了满足旅游者精神生活的需要，在引领旅游者参观浏览过程中依靠自己的文明素养、语言艺术和独特风格，因地、因景、因人、因事、因时而异地给对象提供的描绘说明，这是一个传播精神乐趣、道德文明和文化科学知识的过程。进一步说，导游讲解服务是由导游人员自己掌握的有关旅行游览的丰富知识，娴熟的导游技巧和流畅的语言以及驾驭语言的艺术，准确而又生动地引导旅游者进行游览参观，结合良好的生活服务，使游客在旅途中获得物质生活和精神生活两方面的利益和乐趣。

另外，导游讲解服务也包含必要的口译。在存在语言障碍的情况下，参观点里接待人员的介绍，专题座谈中主客双方的交流，拜会和接见礼宾活动的进行，都需要导游人员承担起必需的口译任务。一般来说，导游讲解服务的常见任务是风景名胜、风情民俗、古今文化艺术和建设新貌等的说明。

三、导游服务的基本原则

（一）满足游客需要的原则

导游服务的根本是满足游客的需要。游客是导游服务的对象，没有游客，就没有旅游，也就没有导游服务。游客是旅游活动的主体，是旅游产品的购买者和消费者。对旅游目的地和旅游企业来说，游客就是“上帝”，对“上帝”就要竭诚服务。导游服务是帮助游客消费的服务，应在合理而可能的基础上，以满足游客的需要为准则，为此，导游人员在服务中应该努力做到以下三点：

1. 以“宾客至上”为主旨

所谓“宾客至上”，首先就是要求导游人员的工作要以游客的利益为出发点，努力维护游客的合法权益；其次，要礼貌待客，在态度、言语和行为上尊重游客；再次，要平等待客，无论游客来自境内还是境外，也不论其肤色、宗教信仰、消费水平如何，都应一视同仁，平等相待，绝不能厚此薄彼。

2. 认真落实接待计划

接待计划是指游客或其组团社与接待旅行社达成的约定或所签合同内容的具体安排。它反映了游客的共同需求，是游客购买旅游产品的主要兴趣所在。因此，导游人员应将落实接待计划规定的内容放在导游服务的第一位。这是衡量导游人员是否履行职责的基本尺度。

3. 规范化服务与个性化服务相结合

规范化服务又称标准化服务，是为达到某一服务标准而采取的以程序化、定量化、制度化为主要内容的科学方法。个性化服务又称特殊服务，是导游人员在按照规范化服务要求落实旅游接待计划之外，为满足部分游客或个别游客的合理而可能的需求所提供的服务。导游人员应从旅行社的发展和我国旅游业的根本利益出发，在按照《导游服务质量》和《旅行社国内旅游服务质量要求》两个标准要求向游客提供旅游合同规定的服务内容的同时，向游客提供优质的导游服务，即将规范化服务与个性化服务密切结合起来。

（二）注重经济和社会效益的原则

导游服务既是一种文化传播的社会活动，又是一种可以获取经营收入的经济活动。前者的主旨在于扩大影响，提高社会效益；后者的目标在于增加经营收入，提高经济效益，二者对于导游人员来说都同等重要。只注重经济效益而忽视社会效益，导游服务就会偏离方向，满足游客的需要就可能成为一句空话；反之，只注重社会效益而忽视经济效益，导游服务就会脱离市场经济的轨道，导游人员就如外事接待员，便失去了作为旅游企业一员的价值。在导游服务中，要同时注重经济效益和社会效益的提高，二者任何一个方面都不能偏废，这也是导游服务中应遵循的一项基本原则。

四、导游服务的性质

旅游活动，是游客前往不同国家或地区所进行的人与人之间的交往活动。在交往中，由于不同国家或地区的社会制度、意识形态、民族文化和价值观念的不同，向游客提供的导游服务必然带有不同的政治思想属性。

因此，导游服务的性质首先应是它的政治属性，即在不同社会制度下其服务的性质是不同的。虽然它不像政治口号那样需要进行有意识的宣传，但在客观上却渗透于导游服务的过程之中。此外，导游服务还具有以下五点共同的属性：

（一）服务性

服务性是导游服务的基本属性，它是导游人员通过向游客提供劳务而体现的。导游服务同其他旅游服务一样，首先，它是无形的，只能在与游客的接触中进行；其次，导游人员向游客提供的劳务不产生任何物质成果，但是它创造价值和特殊的使用价值，即导游人员的劳动消耗可为旅行社带来效益，并以报酬的形式得到补偿，其具体劳动能满足游客游览、审美的愿望和安全、舒适的旅行需要。

（二）文化性

从游客的角度说，旅游活动实际上是人们离开其常住地，寻觅和获取异国、异地、异民族文化的活动。导游服务的核心是文化传递，在游客的旅游活动中，由于导游人员同游客接触的时间最长，因而是游客获取文化知识和精神享受的主要帮手。导游人员的导游讲解、回答游客的问询，乃至导游人员的仪容仪表、一言一行，无不在传播旅游目的地国家或地区的传统文化和现代文明，使游客得到知识、乐趣和美的享受。所以，导游服务实际上起着沟通和传播一个国家、地区和其民族的物质文明和精神文明的作用。从这个意义上说，导游人员是文化的传播者，是“文明使者”。

（三）社会性

导游服务的社会性来源于旅游活动的社会性。首先，旅游活动是一种社会现象，是游客同旅游目的地国家或地区人民之间的一种相互交往、相互了解和促进友谊的活动。其次，为满足游客的需要，在服务过程中，导游人员不仅要同游客保持经常接触，而且要同社会诸多方面和相关人员发生社会关系。所以，导游服务本身就是一种社会服务。再次，在导游人员向游客提供服务过程中，游客还可以更加直接地透过导游人员了解旅游目的地国家或地区人民的精神面貌、价值观、社会习俗和道德风尚。因而，导游人员自身的思想感情、言行举止也是其所处社会环境和人民精神面貌的反映。

（四）经济性

导游服务的经济性来源于导游人员活劳动的消耗。在商品经济条件下，由于游客购买而使导游人员的劳动具有交换价值。在现实中其表现为价格，即导游服务费。导游人员还可通过活动项目的科学安排，为旅行社节约成本。此外，导游服务的经济性还表现在：引导购物，直接创收；扩大客源，间接创收；牵线搭桥，促进经济和技术交流等方面。

（五）涉外性

在入境旅游中，导游人员向游客提供导游服务；在出境旅游中，向中国公民提供陪同服务都具有明显的涉外性。导游人员既是旅行社的代表，又是社会主义中国和中国人民形象的代表，其言行和服务的好坏都关系着祖国和人民的荣誉。他们不仅担负着向海外游客和同外国居民的接触中宣传中国社会主义物质文明和精神文明的职责，而且起着沟通和促进两国人民之间友谊的桥梁作用。从这个意义上说，涉外导游人员是不同国家人民之间的友好使者，有“民间大使”之誉。

五、导游服务的特点

导游服务作为一种高智能、高技能的服务工作，贯穿于旅游活动的全过程。同旅游服务中的其他服务相比，它具有如下主要特征。

（一）独立性强

导游服务是导游人员受旅行社委派后，独自带领游客参观游览的服务活动。这种活动的显著特点是：第一，导游人员的工作是在旅行社之外进行的“单兵作战”；第二，工作流动性大，上午在一地，下午在另一地。导游服务的这种情况决定了导游人员必须独立开展工作，如：根据旅游接待计划，独自带领游客开展各项旅游活动；独自向游客进行各种讲解，回答游客的各种问题；独自协调与旅游团领队、游客以及各相关旅游接待单位和人员之间的关系；独自处理或协助旅行社领导及有关方面处理旅游中出现的各种问题或旅游故障。

导游服务的这一特点，要求导游人员树立主人翁的意识，工作中积极主动，灵巧应变，同时，又要严格自律，遵纪守法。

（二）脑体高度结合

导游服务是一项脑力劳动和体力劳动高度结合的服务性工作。游客来自五湖四海、各行各业，社会背景千差万别，文化水平和性格各种各样，参观游览的项目和咨询的问题涉及古今中外、历史地理、文化艺术、政治经济、医疗卫生、宗教信仰、社会生活、民风民俗等等。这就要求导游人员要具备广博的知识和高度的智慧以及应用能力，这是一种艰苦而复杂的脑力劳动。另一方面，导游人员的体力劳动量也很大，除了向游客进行讲解、回答游客的问题需消耗大量脑力外，导游人员从早到晚与游客一起奔波，帮助游客解决各种问题，有时还要协助相关接待单位工作，几乎没有休息的时间。特别是旅游旺季，导游人员往往是连轴转，一批游客接着一批游客，难得有休整调节之机。

导游服务的这一特点，要求导游人员要树立为国家、为旅游业作贡献的思想，将个人利益与国家利益、旅行社利益结合起来，只有这样，才能更好地为游客服务。

（三）涉及面广

导游人员在向游客提供各种服务时，需要同许多相关部门和单位接触，在向海外游客提供导游服务时，还会涉及海关、公安等部门以及外国驻华使馆或领事馆。对于游客来说，这些部门和接待单位提供的服务，应是环环相扣、符合标准要求的。这一切都需要导游人员进行广泛的协调。另外，旅游活动虽然包含着生活消费，然而更重要的是一种精神消费，而精神消费不仅外延宽广，而且内涵也极为丰富。不同的游客既存在消费层次的差异，又存在消费内容的差异。这种情况要求导游人员不仅要有饱满的热情和周到的安排，而且涉及知识的领域也很广，要有真才实学。只有这样，才能做出内容丰富、言之有理、言之有据的导游讲解。

导游服务的这一特点，要求导游人员应有较强的组织能力、协调能力和丰富的知识与语言表达能力。

（四）关联度高

关联度是指事物之间发生牵连和影响的程度。从导游服务涉及面广的特点可知，游客的旅游活动涉及旅游目的地众多部门和接待单位，它们提供的服务虽然是按照接待计划紧密相连的，然而旅游活动复杂多变，需要导游人员根据变化的情况在报告旅行社后进行适当调整，使之环环相扣，否则任何一个环节脱节或出现问题，都会对下面的环节造成影响，甚至造成损失。

导游服务的这一特点，要求导游人员要树立大局意识，将导游服务置于关系旅游行业利益和国家利益的高度，努力做好本职工作。

（五）复杂多变

导游服务工作不仅纷繁复杂，而且变化较大。其具体表现为：服务对象复杂；游客需求多种多样；接触人员多，人际关系复杂；要面对各种物质诱惑和“精神污染”。

导游服务的这一特点，要求导游人员既要有对工作的高度责任感，又要有坚强的意志，在复杂、困难的问题面前，要头脑冷静，既要坚持原则，又要机动灵活，巧妙应对，拒腐蚀，永不沾。

（六）跨文化性

接待国际游客的导游服务具有跨文化的特点。跨文化性是指跨越不同文化差异进行的文化传播和交流。由于各国文化传统、风俗民情、生活方式、禁忌习俗的不同，国际游客的思维方式、价值观念、思想意识等都与中华民族存在着较大差异。导游人员在工作中，一方面要理解这种文化差异性，尊重其他民族文化；另一方面又要遵循“以我为主，不强加于人”的原则，努力寻找两种文化的交融点，采取易于为游客理解和接受的方式，进行文化传播和提供服务。

涉外导游服务的这一特点，要求外语导游人员不仅要有中华文化的扎实功底，而且要有外国文化的广泛知识，根据外国游客的心理需求和行为方式，有针对性地采取有效方法进行文化传播、沟通与交流。

六、导游服务在旅游接待中的地位和作用

（一）导游服务在旅游接待中的地位

旅行社的业务主要有四大项：旅游产品的开发、旅游产品的销售、旅游服务的采购和旅游接待服务。根据马克思的生产与再生产原理，前三项业务属于产品的生产和交换，后一项业务属于产品的消费，即游客购买了旅游产品后到旅游目的地进行消费。

旅游接待服务是指组成旅游产品的供方（即旅游目的地）的交通运输、旅行社、住宿、餐饮、娱乐、商品零售、邮电通讯、海关等部门，向游客提供的行、游、住、食、购、娱等方面的服务。其中旅行社提供的服务主要有两个方面，一是旅游活动的组织安排；二是导游服务。由此可见，导游服务只是旅游接待多种服务中的一种，然而它居于中心位置。如果我们把旅游接待过程看成是一条环环相扣的链条（从迎接客人入境开始，直到欢送游客出境为止），

那么，向游客提供的交通、游览、住宿、餐饮、购物、娱乐等服务，则分别是这根链条中的一个个环节。正是导游服务把这些环节连接起来，使游客得以一个环节一个环节地进行消费，从而也使得提供各自服务的相关部门和单位的产品价值得以实现；使游客在旅游过程中的各种需要得到满足；使旅游目的地的旅游产品得以被消费。

可见，导游服务不仅是旅游产品生产和再生产的重要一环，而且在各项旅游接待服务中始终处于主导地位。正如日本旅游专家土井厚所说："任何行业都有代表性的业务，在旅游行业中，就是导游服务。"

（二）导游服务在旅游接待中的作用

1. 纽带作用

导游服务在旅游接待中的中心位置使其在旅行社与游客之间、旅行社与各旅游接待单位之间以及游客与各旅游接待单位之间起着连接和纽带作用。

在旅行社与游客之间的纽带作用主要表现为：导游人员在按照旅行社的接待计划（即旅游合同规定的内容）为游客安排和落实行、游、住、食、购、娱等各项服务的同时，还能将游客在旅游活动中的感受，对旅行社和旅游活动安排及其他方面的意见、要求和建议及时反馈给旅行社。

在旅行社与各旅游接待单位之间的纽带作用主要表现为：导游人员一方面代表旅行社将游客需要提供服务的准确时间、数量和要求的信息及时传递给相关接待单位，协助他们处理服务中可能出现的问题；另一方面旅行社也通过导游人员了解和掌握各接待单位执行合同的情况。这一纽带作用使得导游人员在导游服务过程中既负有检查和督促各接待单位落实合同的责任，又具有将各接待单位的意见和建议反馈给旅行社的义务。

在游客同各接待单位之间的纽带作用主要表现在：导游人员一方面要对游客提出的合理要求，在不违背合同的情况下代表游客同接待单位进行沟通，尽可能地满足游客的需要，以维护游客的正当权益；另一方面又要及时提醒游客，在所到之地要尊重当地的文化习俗、接待单位的有关规定和接待人员的劳动，以维护相关接待单位的利益。

总之，以上三方面的关系都需要通过导游人员的服务进行沟通，其中，任何一种关系的纽带作用发挥不好，都可能对旅行社、游客或相关接待单位的利益或形象带来负面影响。

2. 标志作用

导游服务质量包括导游讲解质量，为游客提供生活服务的质量以及各项旅游活动安排落实的质量。由于导游人员与其他旅游接待单位的人员相比，同游客接触的时间最长，导游服务覆盖旅游活动的全过程，游客对导游服务的感受最为深切，留下的印象也最为深刻。游客有什么困难需要直接找导游人员为其排解，对其服务质量的反应最为敏感。一般来说，如果导游服务质量高，可以弥补其他旅游服务质量的一些不足之处，而导游服务质量低劣却是无法弥补的。因此，导游服务质量的高低对于旅游目的地的接待服务具有某种代表性，起着一定的标志作用。当然，这并不意味着其他的服务就不重要。

3. 扩散作用

导游服务质量高，为游客提供的特殊使用价值就大，旅游目的地旅游产品对游客的效用也大，游客的满意程度就高，他们会以其亲身体验向亲朋好友进行义务宣传，这对于扩大旅游目的地旅游产品在客源市场上的影响力度就大，从而有利于其销路的扩展。反之，若导游服务质量低劣，则会导致游客的抱怨与不满，并间接影响其周围的消费者群，从而影响旅游产品的销售。由此可得，无论是优质的导游服务还是低劣的导游服务都能对旅游产品和旅行社形象起到扩散或传播作用。

4. 反馈作用

导游人员若能较好地处理旅行社同游客的关系、旅行社同其他旅游接待单位的关系以及游客同其他旅游接待单位的关系，游客和其他旅游接待单位的意见、要求和建议就能比较顺畅地向导游人员表达出来，并通过导游人员及时反馈给旅行社，有利于旅行社进一步改进旅游产品的设计和包装，进一步提高旅游产品的质量。

第二节　导游人员

一、导游人员的分类

我国旅游业的发展，从起步至今才走过几十年的历程，发展水平仍处在初级阶段。而在国外，尤其是西方发达国家，已有上百年的旅游业发展史。他们在旅游业的发展历程中所积累的经验，有很多地方是值得我们学习、借鉴的。因此，谈到导游员的分类，首先简单介绍国外导游员的分类情况，再具体介绍目前我国导游员的分类方法。

（一）外国导游员分类情况简介

在国外，特别是旅游业高度发达的国家，导游员的管理体制早已进入制度化或法制化。他们按工作性质把导游员分为国际入境导游与国际出境导游两大类。

1. 国际入境旅游导游

按职业性质区分，国际入境旅游导游又可分为以下四种：

（1）专业导游员。以导游工作为职业，受雇于旅行社或其他旅游企业，领取固定工资，专门从事导游接待服务人员。有的国家组建有翻译导游协会之类的半官方性质的组织，接受政府授权，享有招考、培训导游人员和颁发导游执照的权限。经该协会培训、考核合格并领取执照者，即为会员。一些无固定专业导游人员或导游人员不足的旅行社，需要时可向这类协会雇用。在西方国家，还有一批真正意义上的“自由职业导游员”。他们以导游为主要职业，但并不受雇于固定的旅行社或其他旅游企业，而是通过签订合同为多家旅行社服务。这类导游员在西方国家的导游队伍中，占较大的人数比例。

（2）业余导游员，亦称兼职导游员。他们不以导游工作为主要职业，利用业余时间兼职导游工作。他们也需经培训、考核，向管理部门领取导游执照，与使用单位签订合同，以接待旅游者的人数和活动时间计酬。在西方旅游业发达的国家中，大学师生、政府公务员与其他自由职业者，从事这种业余导游工作的人很多。

（3）旅游景点讲解员。这是被博物馆或景点管理部门雇用，专职从事本景点导游讲解工作的人员。他们在所有导游员中，是水平、级别最高的。对重要的博物馆或景点（如英国的大英博物馆、西敏寺等）导游员的考试极为严格，只有水平很高的导游人员，才能获取在这些景点从事导游讲解的资格。这是为了保证导游质量，不致因为导游讲解质量差而有损珍贵文物的价值。

（4）义务导游员。这些大多是业余旅游活动的爱好者，他们参与导游工作完全出于个人爱好和自愿，不计较报酬。当然，他们也必须经过有关部门考核，取得从事这项工作的资格。

以上四种国际入境旅游导游员，在他们领取的导游执照上，均注明准许他们活动的范围，如可在全国范围活动或只能在某一限定范围内活动等。这是由签发执照的旅游管理部门，对他们的水平、能力进行考核后确定的。

2. 国际出境旅游导游

国际出境旅游导游习惯上称之为领队，他们由所在国际旅行社雇用，带领旅游团出国旅游，既对组团旅行社负责，又代表该旅行社与接待国进行业务联系，随团活动，伴随始终。

领队也分为职业、业余和义务三种。职业领队受雇于旅行社，领取固定工资，以此作为谋生的职业。业余领队则是旅行社临时雇用的人员，他们多半因为熟悉接待国的情况或语言而被临时雇用。义务领队是从旅游团成员中选择的，他们既是旅游者，又义务为大家服务，从而可享受某些优惠待遇。他们多出现在单位或民间团体组织的旅游团中，原本就是单位、团体的领导人或有威信的工作人员。

（二）我国导游员的分类

近年来，国民收入的提高使国内旅游业迅猛发展，旅游热已成为社会关注的焦点，以旅游业为龙头带动区域经济的发展已成为政府官员、企业家甚至是具有潜在旅游资源地的百姓们的共识。现代旅游离不开导游人员，没有导游的旅游，虽有目的但带有一定的盲目性，旅游经历的缺憾在所难免。然而，导游决非万能，上知天文、下知地理、中通人物是理想化的要求，中华民族五千年的文化历史，历数不尽的自然风情，绝非某一人能完全通晓并熟记于心的。因此，在导游过程中出现的导游员的自然分类是必然的，在此基础上再对导游人员进行必要的类别划分，并加以规范则是理性的，是保证旅游者愉快旅游经历的必需。根据我国目前的旅游市场现状以及未来发展趋势，借鉴国外成功的经验和本行业待定的运转规律，我国导游员的分类主要有以下几种方法：

1. 按工作区域，可将导游员划分为海外领队、全程陪同导游人员、地方陪同导游人员以及景区景点导游人员

海外领队，即上述国外导游分类中的“国际出境旅游导游”。

全程陪同导游人员，我国习惯上简称为“全陪”，是指由接待方旅行社委派或聘用，负责旅游团队从入境到出境全过程的导游接待服务工作的人员。其任务是与地方陪同导游人员密切协作配合，按照中方旅行社与外方旅行社签订的合同，为入境的外国旅游团提供接待服务。

地方陪同导游人员，也可以简称为“地陪”，是指由地方负责接待的旅行

社委派或聘用，为旅游团在当地游览时提供导游服务的人员。其任务是与全陪密切合作，按计划完成当地的接待服务，并处理可能发生的各种问题。

景区景点导游人员是指在博物馆或重要游览景点为旅游者导游讲解的工作人员，他们只负责讲解而不涉及其他事务。

2. 按雇用性质或职业性质，导游员可划分为专业导游员、业余导游员和自由职业导游员

专业导游员，是指长期受雇于某家旅行社的专业导游人员，也称“固定职业导游员”。他们是旅行社的在编职工或干部，按现行工资制度领取固定工资。在我国目前的导游队伍中，专业导游人员所占比例最大，大部分都受过中、高等教育，或受过专门训练，是导游队伍中的骨干力量。

业余导游员，也称“兼职导游员”。他们不以导游为主要职业，而是利用自己的空余时间从事导游工作。在西方国家，这类导游人员的人数很多而且层次、素质都相对较高。在我国，业余导游的出现是近几年的事，主要集中在大、中城市或旅游热点城市和热点景区。业余导游的来源主要是：具有大中专文化水平并能熟练掌握一门外语的高等院校师生和中学的教师、科研人员、企事业单位的干部；旅游院校、外语院校的学生；社会上自学成才的青年等等。他们经过短期培训，并取得上岗证或合格证。业余导游员不仅缓解了旅行社在旅游旺季专业导游人力的不足，而且也在一定程度上降低了旅行社的人力成本，同时能广泛筛选、吸收高素质的兼职人员短期固定为其所用。这种旅行社、业余导游、旅游者三方皆满意的行为极有可能产生导游队伍中一支生力军，业余导游员队伍的壮大成为旅游业的一个发展趋向。

自由职业导游员，是以导游为其主要职业的人员。他们具有较高的综合素质和娴熟的导游技能与艺术，但他们不固定、不属于某一家旅行社，而是以合约形式为多家旅行社做导游员。此类导游在我国尚不多见，但像职业企业家、职业歌唱家、演员一样，是未来导游队伍不可忽视的补充力量，也可能是一种潮流。

3. 根据导游所使用的语言，将导游员分为外语导游员、汉语普通话导游员、地方方言导游员和少数民族语言导游员

目前我国的外语导游员以英语、日语、德语、法语、西班牙语、意大利语、韩语为主；地方方言导游员以粤语、闽南话为主。

二、导游人员的职责

（一）导游人员的基本职责

在观念上，导游人员应具有市场意识和产品质量意识；在角色上，导游人员是导游服务的供给者，应以满足游客的正当需求为主旨；在作用上，导游人员具有帮助实现旅游产品消费的作用，即帮助旅游目的地和旅游企业实现其产品价值与使用价值的作用。

根据当前我国旅游业发展的实际和各类导游人员的服务对象，导游人员的基本职责可概括为：

（1）根据旅行社与游客签订的合同或约定，按照接待计划安排，组织游客参观、游览；

（2）负责向游客导游、讲解，介绍中国文化和旅游资源，巧妙而不失时机地做好宣传工作；

（3）配合和督促有关单位安排好游客的交通、食宿等事宜，保护好游客的人身和财物安全；

（4）耐心解答游客的问询，处理或协助处理旅途中遇到的问题和事故；

（5）反映游客的意见、要求和建议，协助安排游客会见、座谈等活动。

（二）境外领队、全陪、地陪和景点景区导游人员的职责

1. 海外领队的主要职责

海外领队是经国家旅游行政主管部门批准组织出境旅游的旅行社的代表，是出境旅游团的领导者和代言人。因此，海外领队在团结旅游团全体成员、组织游客完成旅游计划方面起着与全陪、地陪不同的作用。其主要职责是：

（1）介绍情况，全程陪同。出发前向旅游团介绍旅游目的地国家或地区的概况及注意事项；陪同旅游团的全程参观游览活动。

（2）落实旅游合同。监督和配合旅游目的地国家或地区的全陪、地陪，全面落实旅游合同，安排好旅游计划，组织好旅游活动。

（3）组织和团结工作。关心游客，做好旅游团的组织工作，维护旅游团的内部团结，调动游客的积极性，保证旅游活动顺利进行。

（4）联络工作。负责旅游团与旅游目的地国家或地区接待旅行社的联络与沟通，转达游客的意见、要求与建议及投诉，维护游客的合法权益，必要时出面进行帮助或解决。

2. 全陪导游人员的职责

全陪导游人员是组团旅行社的代表，对所率领的旅游团（游客）的旅游活动负有全责，因而在整个旅游活动中起主导作用。其主要职责是：

（1）实施旅游接待计划。按照旅游合同或约定实施组团社的接待计划，监督各地接待单位的执行情况和接待量。

（2）联络工作。负责旅游过程中同组团旅行社和各地方接待旅行社的联络，做好旅行各站的衔接工作。

（3）组织协调工作。协调领队、地陪、司机等各方面接待人员之间的合作关系；配合、督促地方接待单位安排好旅游团（游客）的食、住、行、游、购、娱等旅游活动，照顾好游客的旅行生活。

（4）维护安全、处理问题。维护游客旅游过程中的人身和财物安全，处理好各类突发事件；转达或处理游客的意见、建议和要求。

（5）宣传、调研。耐心解答游客的问询，介绍中国（地方）文化和旅游资源；开展市场调研，协助开发、改进旅游产品的设计和市场促销。

3. 地陪导游人员的职责

地方陪同导游人员是接待旅行社的代表，是旅游接待计划在当地的执行者，是游客在当地旅游活动的组织者。其主要职责是：

（1）安排旅游团（游客）在当地的旅游活动。根据旅游接待计划，合理安排旅游团（游客）在当地的旅游活动。

（2）做好当地旅游接待工作。认真落实旅游团（游客）在当地的接送服务和食、住、行、游、购、娱等服务；与全陪、领队密切合作，做好当地旅游接待工作。

（3）导游讲解。负责旅游团（游客）在当地参观游览中的导游讲解，解答游客的问题，积极介绍和传播中国（地方）文化和旅游资源。

（4）维护安全。维护旅游者在当地旅游过程中的人身和财产安全，做好事故防范和安全提示工作。

（5）处理问题。妥善处理旅游相关服务各方面的关系，以及游客在当地旅游过程中发生的各类问题。

4. 景点景区导游人员的职责

景区景点导游人员是该景区景点的讲解员。其主要职责是：

（1）导游讲解。负责所在景区、景点的导游讲解，解答游客的问询。

（2）安全提示。提醒游客在参观游览过程中注意安全，并给以必要的协助。

（3）结合景物向旅游者宣讲环境、生态和文物保护知识。

第三节　导游人员的从业条件和素质要求

早在20世纪60年代，周恩来总理就对我国的外事人员提出了“三过硬”和“五大员”的要求。结合导游工作的实际，当时提出翻译导游人员要“三过硬”（即思想过硬、业务过硬、外语过硬）和做“五大员”（即宣传员、调研员、服务员、安全员和翻译员），这是对当时翻译导游人员职责的高度而明确的概括。

改革开放以来，我国旅游业发生了翻天覆地的变化，旅游行业由从前作为外事工作一部分的政治接待部门转变为国民经济中一个产业部门；导游服务对象也由单纯的外国友好人士和海外华侨，转变为海外各阶层的旅游人士和数量更为巨大的国内公民。“五大员”就其精髓而言，至今仍有其现实意义，但内涵和外延已发生了变化。我国导游翻译界著名人士认为，当今导游人员要真正做好导游服务工作，真正成为游客和自己工作单位所喜欢的导游员，必须要当好“八大员”，即：国情讲解员、导游翻译员、旅游协调员、生活服务员、安全保卫员、情况调查员、座谈报告员和经济统计员。具体来说，导游人员的素质可归纳为以下几个方面：

一、良好的思想品德

在任何时代、任何国家，人的道德品质总是处于最重要的地位。中国导游人员的思想品德应主要表现出以下几个方面：

（一）热爱祖国，热爱社会主义

热爱祖国、热爱社会主义是作为一名合格的中国导游人员的首要条件。这是因为：

第一，导游人员所从事的工作是祖国社会主义事业的一部分。社会主义祖国培育了导游人员，为导游人员创造了良好的工作环境和发挥自己智慧与才能的条件，导游人员应该认识到这一点，摆正位置，正确对待个人、集体和祖国的关系，将工作做好。

第二，导游人员的一言一行都与社会主义祖国息息相关。在海外游客的心目中，导游人员是国家形象的代表，游客正是透过导游人员的思想品德和言行举止来观察、了解中国的。

第三，导游人员向游客介绍和讲解的内容都是祖国灿烂的文化、壮丽的河山、中国人民的伟大创造和社会主义事业的辉煌成就。没有这些丰富的内容，导游工作就成了无源之水、无本之木。

由此可见，导游人员应把祖国的利益和社会主义事业摆在第一位，自觉维护祖国的尊严，把热爱祖国与热爱社会主义统一起来，并把这种热爱化为工作的动力。

（二）优秀的道德品质

社会主义道德的本质是集体主义，是全心全意为人民服务的精神。从接待游客的角度来说，旅行社和各接待单位实际上组成了一个大的接待集体，导游人员则是这个集体的一员。因此，导游人员在工作中应从这个大集体的利益出发，从旅游业的发展出发，依靠集体的力量和支持，关心集体的生存和发展。只有这样，导游人员的工作才能做好。导游人员要发扬全心全意为人民服务的精神，并把这一精神与“宾客至上”的旅游服务宗旨紧密结合起来，热情地为国内外游客服务。

（三）热爱本职工作，尽职敬业

导游工作是一项传播文化、促进友谊的服务性工作，因而也是一项很有意义的工作。导游人员在为八方来客提供游客服务时，不但可以结交众多的朋友，而且能增长见识、开阔视野、丰富知识，导游人员应该为此感到骄傲和自豪。因此，导游人员应树立远大理想，将个人的抱负与事业的成功紧密结合起来，立足本职工作，热爱本职工作，刻苦钻研业务，不断进取，全身心地投入到工作之中，热忱地为游客提供优质的导游服务。

（四）高尚的情操

高尚的情操是导游人员的必备修养之一。导游人员要不断学习，提高思想觉悟，努力使个人的功利追求与国家利益结合起来；要提高判断是非、识别善恶、分清荣辱的能力；培养自我控制的能力，自觉抵制形形色色的精神污染，力争做到“财贿不足以动其心，爵禄不足以移其志”，始终保持高尚的情操。

（五）遵纪守法

遵纪守法是每个公民的义务，作为旅行社代表的导游人员尤其应树立高度的法纪观念，自觉地遵守国家的法律、法令，遵守旅游行业的规章，严格执行导游服务质量标准，严守国家机密和商业秘密，维护国家和旅行社的利益。对于提供涉外导游服务的导游人员，还应牢记“内外有别”的原则，在工作中多请示汇报，切忌自作主张，更不能做违法乱纪的事。

二、渊博的知识

旅游的本质就是一种追求文化的活动。随着时代的发展，现代旅游活动更加趋向于对文化、知识的追求，人们出游除了消遣，还想通过旅游活动增长知识、扩大阅历、获取教益，这样就对导游人员提出了更高的要求。实践证明，导游人员的导游讲解和日常交谈，是游客特别是团体游客获取知识的主要来源。为了适应游客的这种需要，导游人员要知识面广，要有真才实学。导游人员只有以渊博的知识做后盾，讲解时才能做到内容丰富、言之有物。

实践证明，丰富的知识是搞好导游服务工作的前提。导游人员的知识面越广，信息量越多，就越有可能把导游工作做得有声有色、不同凡响，就会在更大程度上满足游客的要求，从而使游客满意。渊博的知识是成为一名优秀导游人员的必要条件之一。导游知识包罗万象，下面就是导游人员必须掌握的知识体系：

（一）语言知识

语言是导游人员最重要的基本功，是导游服务的工具。古人云：“工欲善其事，必先利其器。”导游人员若没有过硬的语言能力，就根本谈不上优质服务。这就是说，导游人员若没有扎实的语言功底，就不可能顺利地进行文化交流，也就不可能完成导游工作的任务。而过硬的语言能力和扎实的语言功底则以丰富的语言知识为基础。这里所说的语言知识包括外语知识和汉语（或少数民族语言知识）。

涉外导游人员至少应掌握并熟练运用一门外语，最好掌握两三门外语。掌握一门外语，了解一种外国文化，有助于接受新思想、新观念，开阔眼界，在传播中外文化中作出贡献。

导游讲解是一项综合性的口语艺术，要求导游人员具有很强的口语表达能力。不过，导游人员的口语艺术应置于丰富的知识宝库之中，知识宝库是土壤，口语艺术是种子，二者结合才能获得收成，即良好的导游效果。

目前，我国已形成了一支具有相当规模、会世界各主要语言的导游队伍，他们承担着接待中国游客和世界各国不同层次、不同文化水平游客的任务。诚然，他们中大多数人语言水平较高，能适应工作的需要，但也有的人语言表达能力较差，存在不少问题，需要进一步提高。目前绝大多数导游人员只会一种语言，会双语的人为数不多，懂多种语言的导游人员更少。这种情况不仅不能适应我国旅游业发展的需要，而且也不能顺应当今世界导游人员朝多语种方向发展的潮流，应当引起我们的重视。

（二）历史地理文化知识

历史地理文化知识包括历史、地理、宗教、民族、风俗民情、风物特产、文学艺术、古典建筑和园林等诸方面的知识。这些知识是导游讲解的素材，是导游服务的“原料”，是导游人员的看家本领。导游人员要努力学习，力争使自己上知天文、下晓地理，对本地及邻近省、市、地区的旅游景点、风土人情、历史掌故、民间传说等了如指掌，并对国内外的主要名胜景区、景点应有所了解，还要善于将本地的风景名胜与历史典故、文学名著、名人轶事等有机地联系在一起。总之，对历史地理文化知识的综合理解，并将其融会贯通、灵活运用，对导游人员来说具有特别重要的意义，这是一名合格导游人员的必备条件。

导游人员还要不断地提高艺术鉴赏能力。艺术素养不仅能使导游人员的人格更加完善，还可使导游讲解的层次大大提高，从而在中外文化交流中起到更为重要的作用。艺术素质也是一名优秀导游人员的必备条件之一。

目前，我国导游人员在这方面存在的主要问题是，知识面较窄，只求一知半解，对其包含的科学内容不进行深入的探究。有的导游人员只满足于背诵导游词，在导游讲解时单调生硬，激不起游客的游兴，更有甚者，竟杜撰史实，张冠李戴，胡言乱语，欺骗游客。这不仅有违导游人员的职业道德，而且也有损于我国导游服务的声誉，不利于我国旅游业的发展。

（三）政策法规知识

政策法规知识也是导游人员应必备的知识。这是因为：

第一，政策法规是导游人员工作的指针。导游人员在导游讲解、回答游客对有关问题的询问或向游客做讲座时，必须以国家的方针政策和法规作指导，否则会给游客造成误解，甚至给国家造成损失。

第二，旅游过程中出现的有关问题，导游人员须要根据国家的政策和有关的法律法规予以正确处理。

第三，导游人员自身的言行要符合国家政策法规的要求，遵纪守法。

总之，导游人员应该牢记国家的现行方针政策，掌握有关的法律法规知识，了解外国游客在中国的法律地位以及他们的权利和义务。只有这样，才能正确地处理问题，做到有理、有利、有节，导游人员自己也可少犯错误或不犯错误。

（四）心理学知识

导游人员的工作对象主要是形形色色的游客，还要与各旅游服务部门的工作人员打交道，导游工作集体三成员（全陪、地陪和领队）之间的相处有时也很复杂。导游人员是做人的工作，而且往往是与之短暂相处，因而掌握必要的心理学知识具有特殊的重要性。导游人员要随时了解游客的心理活动，有的放矢地做好导游讲解和旅途生活服务工作，有针对性地提供心理服务，从而使游客在心理上得到满足，在精神上获得享受。事实证明，向游客多提供心理服务远比功能服务重要。

（五）美学知识

旅游活动是一项综合性的审美活动。导游人员的责任不仅要向游客传播知识，也要传递美的信息，让他们获得美的享受。一名合格的导游人员要懂得什么是美，知道美在何处，并善于用生动形象的语言向不同审美情趣的游客介绍美，而且还要用美学知识指导自己的仪容、仪态，因为导游人员代表着国家（地区），其本身就是游客的审美对象。

（六）政治、经济、社会知识

由于游客来自不同国家的不同社会阶层，他们中一些人往往对目的地的某些政治、经济和社会问题比较关注，询问有关政治、经济和社会问题，有的人还常常把本国本地的社会问题同出访目的地的社会问题进行比较。另外，在旅游过程中，游客随时可能见到或听到目的地的某些社会现象，也引发他们对某些社会问题的思考，要求导游人员给予相应的解释。因此，导游人员掌握相关的社会学知识，熟悉国家的社会、政治、经济体制，了解当地的风土民情、婚丧嫁娶习俗、宗教信仰情况和禁忌习俗等就显得十分必要。

（七）旅行知识

导游人员率领游客在目的地旅游，在提供导游服务的同时，还应随时随地帮助游客解决旅行中的种种问题。因此，导游人员掌握必要的旅行知识，对旅游活动的顺利进行就显得十分重要。旅行知识有交通知识、通讯知识、货币保险知识、卫生防病知识、旅游业知识等，必要的旅行知识往往能起到少出差错、事半功倍的作用。

（八）国际知识

涉外导游人员还应掌握必要的国际知识，要了解国际形势和各时期国际上的热点问题，以及中国的外交政策和对有关国际问题的态度；要熟悉客源国或旅游接待国的概况，知道其历史、地理、文化、民族、风土民情、宗教信仰、民俗禁忌等。了解和熟悉这些情况不仅有利于导游人员有的放矢地提供导游服务，而且还能加强与游客的沟通。

此外，导游人员若熟悉两国文化的差异，就能及早向游客说明，使游客意识到在异国他乡旅游，不可能时时都与自己的家乡相同，从而使其产生领略异国、异乡风情的游兴，对许多不解之处、甚至一些不愉快之处也能理解、谅解，并与导游人员配合。

三、较强的独立工作能力和创新精神

导游工作是一项难度较大、复杂而艰巨的工作，导游的能力直接影响到对游客服务的效率和服务效果。导游独立工作能力和创新精神既是工作需要，也关系到个人的发展。导游人员接受任务后，要独立组织游客参观游览，要独立做出决定和独立处理问题。导游人员的工作对象形形色色，旅游活动丰富多彩，出现的问题和性质各不相同，不允许导游人员工作时墨守成规。相反，必须根据不同的时空条件采取相应的措施，予以合理处理。因此，较强的独立工作能力和创新精神，充分发挥主观能动性和创造性，对导游人员具有特殊的重要意义。导游人员的独立工作能力和创新精神主要表现在下列四个方面：

（一）独立执行政策和进行宣传讲解的能力

导游人员必须具有高度的政策观念和法制观念，要以国家的有关政策和法律、法规指导自己的工作和言行；要严格执行旅行社的接待计划；要积极主动地宣传中国，讲解中国现行的方针政策，介绍中国人民的伟大创造和社会主义建设的伟大成就以及各地区的建设和发展情况；回答游客的种种询问，帮助他们尽可能全面地认识中国。

（二）较强的组织协调能力和灵活的工作方法

导游人员接受任务后要根据旅游合同安排旅游活动，并严格执行旅游接待计划，带领全团人员游览好和生活好。这就要求导游人员具有较强的组织、协调能力，要求导游人员在安排旅游活动时有较强的针对性并留有余地，在组织各项活动时讲究方式方法，并及时掌握变化着的客观情况，灵活地采取相应的有效措施。

（三）善于和各种人打交道的能力

导游人员的工作对象甚为广泛，善于和各种人打交道是导游人员最重要的素质之一。与层次不同、品质各异、性格相左的中外人士打交道，要求导游人员必须掌握一定的公共关系学知识，并能熟练运用；具有灵活性、理解能力和适应不同氛围的能力，随机应变处理问题，搞好各方面的关系。导游人员具有相当的公关能力，就会在待人接物时更自然、更得体，能动性和自主性的水平必然会更高，有利于提高导游服务质量。

导游工作的性质特殊、人际关系比较复杂，要求导游人员应是活泼外向的人；是永远精力充沛、情绪饱满的人；是具有爱心、与人打交道热情、待人诚恳、富于幽默感的人；是有能力解决问题，并让人信赖、依靠的人。性格内向腼腆的导游人员，应主动在实践中不断磨炼自己，培养处理人际关系的能力。

（四）独立分析、解决问题，处理事故的能力

沉着分析、果断决定、正确处理意外事故是导游人员最重要的能力之一。旅游活动中，意外事故在所难免，能否妥善地处理事故是对导游人员的一种严峻考验。临危不惧、头脑清醒、遇事不乱、处理果断、办事利索、积极主动、随机应变是导游人员处理意外事故时应具备的能力。

四、较高的导游技能

服务技能可分为操作技能和智力技能两类。导游服务需要的主要是智力技能，即导游人员与同事协作共事，与游客成为伙伴，使旅游生活愉快的带团技能；根据旅游接待计划和实情，巧妙、合理地安排参观游览活动的技能；选择最佳的游览点、线，组织活动，当好导演的技能；触景生情、随机应变，进行生动精彩的导游讲解的技能；灵活回答游客的询问，帮助他们了解旅游目的地的宣讲技能；沉着、果断地处理意外事故的应急技能；合情、合理、合法地处理各种问题和旅游投诉的技能等。

一名优秀的导游人员既要具有指挥家的水平，也要有演员的本领。作为一名高明的指挥，一上台就能把整个乐队带动起来，并能调动全体听众的情绪，导游人员要有能力随时调动游客的积极性，使他们顺着你的导游思路去分析、判断、欣赏、认识，从而获得旅游的乐趣和美好的享受；作为演员，导游人员要熟练地运用丰富的知识、幽默的语言、抑扬顿挫的语调、引人入胜的讲解以及有节奏的导游活动来征服游客，使他们沉浸在欣赏美的愉悦之中。

语言、知识、服务技能构成了导游服务三要素，缺一不可。只有三者的和谐结合才称得上是高质量的导游服务，导游人员若缺乏必要的知识，势必“巧妇难为无米之炊”。语言表达能力的强弱、导游方法的差异、导游技能的高低，会使同样的题材产生不同的甚至截然相反的导游效果：有的平淡无奇、令人昏昏欲睡，使旅游活动失去光彩；有的则有声有色、不同凡响，让游客获得最大限度的美的享受。技能高超的导游人员对相同的题材能从不同角度讲解，使其达到不同的意境，满足不同层次和不同审美情趣的游客的审美要求；而技能低劣的导游讲解或语言干巴巴，或“百病一方”，只有一种导游词，有的甚至只能当哑巴导游，自己难堪，游客不满。

导游人员的服务技能与他的工作能力和掌握的知识有很大的关系，需要在实践中培养和发展。一个人的能力是在掌握知识和技能的过程中形成和发展的，而发展了的能力又可促使他更快、更好地掌握知识和技能，并使其融会贯通，运用起来得心应手。因此，导游人员要在掌握丰富知识的基础上，努力学习导游方法、技巧，并不断总结、提炼，形成适合自己特长的导游方法、技巧及自己独有的导游风格。

五、较强的竞争意识和进取精神

21 世纪是知识经济的时代，其主要特征是以智力资源为主要依托，把知识作为第一生产力要素。因此，21 世纪是知识竞争的时代。导游服务是一种高智能的服务，它以导游人员的智力资源为主要依托。因此，导游人员只有不断充实、更新知识，不断进取，才能面向充满竞争的新世纪的挑战。

在中国加入世界贸易组织后，中国旅游业更加开放，现在不仅外国旅游企业纷纷进入中国旅游市场，外国导游人员也可能踏上中国的国土。另外，随着改革的深入，面对国际国内旅游市场的激烈竞争，目前的导游管理体制正在发生巨大变化。因此，导游人员应有居安思危、优胜劣汰的思想准备。只有树立

强烈的竞争意识，将压力变为动力，不断开拓进取，才能在新世纪的导游事业中立于不败之地，“物竞天择，适者生存。”每个导游人员都必须牢记英国博物学家赫胥黎的这一名言。

六、身心健康

导游工作是一项脑力劳动和体力劳动高度结合的工作，工作纷繁，量大面广，流动性强，体力消耗大，而且工作对象复杂，诱惑性大。因此，导游人员必须是一个身心健康的人，否则很难胜任工作。身心健康包括身体健康、心理平衡、头脑冷静和思想健康四个方面。

（一）身体健康

导游人员从事的工作要求他能走路，会爬山，能连续不间断地工作；全陪导游人员、地陪导游人员和旅游团领队要陪同旅游团周游各地，变化着的气候和各地的水土、饮食对他都是一个严峻的考验。

（二）心理平衡

导游人员的精神要始终愉快、饱满，在游客面前应显示出良好的精神状态，进入“导游”角色要快，并且能保持始终而不受任何外来因素的影响。面对游客，导游人员应笑口常开，决不能把丝毫不悦的情绪带到导游工作中去。特别是现在，游客的自我保护意识越来越强，有时对导游的工作理解不够，导游人员要能受得起委屈，心态要好。

（三）头脑冷静

在旅游过程中，导游人员应始终保持清醒头脑，处事沉着、冷静、有条不紊；处理各方面关系时，要机智、灵活、友好协作；处理突发事件以及游客的挑剔、投诉时要干脆利索，要合情、合理、合法。

（四）思想健康

导游人员应具有高尚的情操和很强的自控能力，抵制形形色色的诱惑，清除各种腐朽思想的污染。

总之，一名合格的导游人员应精干、老练、沉着、果断、坚定，应时时处处显示出有能力领导旅游团，而且工作积极、耐心，会关心人、体谅人，富于幽默感，导游技能高超。加拿大旅游专家帕特里克·克伦在他的《导游的成功秘诀》一书中对导游人员的素质作了精辟的结论：导游人员应“是集专业技能和知识、机智、老练圆滑于一身”的人。

七、得体的仪容、仪表

导游人员作为旅行社的代表，要保持与其行业特点、企业形象相一致的仪容、仪表和仪态。在游客面前，导游人员的仪容要求是容貌修饰上要美观得体，要与所在工作岗位、身份、年龄、性别相称，不能引起游客的反感。仪表要求导游人员的服饰整洁端庄，要与周围环境、场所相协调，不能过分华丽、夸张。仪态要求导游人员站有站姿，坐有坐相，举止端庄、稳重、大方。

仪容、仪表、仪态虽然表现的是导游人员的外部特征，然而却是其内在素质的体现，它与导游人员的思想修养、道德品质和文明程度密切相关。

第二章 团队导游服务规范

【本章导读】

在旅游活动中，导游服务是由全陪、地陪、领队组成的集体完成的。在团队导游服务过程中，集体三成员之间应该做到协作共事，共同提高导游服务质量。全陪、地陪、领队以及景区讲解员，在具体的导游服务规范上也有不同。导游应根据自己的类型提供合乎自身服务规范的导游服务。

第一节 旅游团队和导游服务集体

一、旅游团队导游服务集体组成和工作任务

旅游团队是指通过旅行社或旅游服务中介机构，采取支付综合服务费包价或部分包价的方式，有组织地按预定的行程计划进行旅游消费活动的9人以上旅游者群体。国际旅游团队通常配有领队，全程陪同导游人员；国内旅游团队通常配有全程陪同导游人员。

导游服务的主体是导游员，客体则是旅游者和旅游资源，即由导游员用生动形象的语言将旅游资源介绍给旅游者，使其获取教益，得到美的享受。

旅游团队导游服务集体通常是由为旅游团队实施旅游接待计划，沟通旅游服务各方面关系，为团队旅游者提供各项服务的全陪导游人员、地陪导游人员和领队组成，有时还包括定点导游员（讲解员）。他们在工作时需要旅行社的各个部门，如外联、计调以及旅游车队等的密切合作，当然也离不开旅行社领导的统一调度、指挥。

旅游团队中导游员的主要任务是实施旅游接待计划，为团队旅游者提供旅

游讲解服务，落实吃、住、行、游、购、娱等方面的相关生活服务，保证团队旅游活动的顺利进行。同时，他还是旅游服务各方面关系的协调者和旅游过程中各种问题的主要处理者。

二、旅游团队导游服务集体协作共事的基础

旅游团队导游服务集体中的全陪是旅游目的地组团旅行社的代表，地陪是旅游目的地接待团旅行社的代表，领队则是旅游客源地组团旅行社的代表。他们代表着三个方面，维护着各自代表的旅行社的利益。他们有各自的职责，有明确的分工。他们的秉性各异，作风不一，工作方式不同，对一些问题的观点往往相左，因此，他们之间常常会出现一些不愉快的事情，甚至出现关系紧张局面。

但是，他们之间也有着共同的利益。例如全陪和地陪都有发展目的地旅游业的共同目标，有统一的政策、法规和协议作为处理问题的准绳，这为他们合作共事创造了前提。旅游目的地的全陪、地陪与旅游客源地旅游团领队之间的协作关系，实际上就是旅游目的地的旅行社与旅游客源地旅行社之间的合作关系。

因而，全陪、地陪和领队之间的分工协作不仅必要，而且也是协作的基础，是旅游活动顺利进行的前提保证。

（一）共同的工作对象、工作任务和努力目标

全陪、地陪和领队有共同的工作对象——同一团队的旅游者。

全陪、地陪和领队有共同的工作任务——执行该团队的旅游计划，为其安排落实食、住、行、游、购、娱乐等各项旅游服务。

全陪、地陪和领队有共同的努力目标——组织好该团队旅游者的旅游活动，为其提供满意的服务，让旅游者获得心理上最大程度的满足，物质上、精神上最大的享受，从而提高旅游企业的声誉，招徕更多的游客。

（二）彼此尊重，求同存异

自我尊重，尊重他人，受到别人尊重，是人际关系的基本准则之一。导游员应与游客之间做到彼此尊重，求同存异。

（三）落实旅游合同

全陪、地陪和领队在工作中难免会有一些小摩擦和争论，但他们必须执行旅游企业之间签订的合同。这就要求三者之间要建立一种平等互利、互守信用

的共同协作关系，在工作中相互协作、鼎力相助、同舟共济，完成旅游合同的内容。

三、旅游团队导游服务集体协作共事的方法

为了使旅游活动顺利进行，全陪、地陪和领队之间必须建立起正确、良好的协作关系。建立这种关系有赖于各方的努力。

（一）积极主动地争取各方的配合

全陪、地陪和领队之间都应主动争取其他两方的配合，使之形成合力，共同努力完成旅游接待任务，反对短期行为和本位主义。

（二）尊重各方的权限和利益

集体成员之间的关系是平等的，导游服务集体三成员虽然各自代表自身的利益，但他们的交往总是双方的、互利的，应互相尊重各方的工作权限，切忌干预对方的活动和侵害他方的利益。

（三）注重建立友谊关系

全陪、地陪和领队之间必须正确运用公共关系中的工作关系和情感关系相统一的方法，建立起和谐、美好的友谊合作关系。

（四）主动交流与沟通

导游服务集体三成员要懂得主动交流信息和沟通思想，以消除误解，促进相互理解。

（五）互相尊重与学习

导游服务集体三成员之间要学会彼此尊重，相互学习，取长补短。

（六）勇担责任

工作中若发生问题或事故，三成员应分明责任，各方要勇于承担相应的约定责任，不得相互推卸。

（七）保持适当距离

导游服务集体成员之间的关系应限制在法纪和社会承认的范围之内，功利关系距离适当，异性间距离正常，尊重彼此的隐私权，不要追问工作上的保密禁区。

第二节　旅游团队中地方导游服务规范

地方陪同导游人员（简称地陪）的服务程序，是指地陪从接到旅行社下达的接团任务起到送走旅游团，并做好善后工作为止的全过程。整个过程依照工作次序先后可分为八大程序：

准备工作→接站服务→入店服务→核实、商定日程→参观游览服务→其他服务→送行服务→善后工作。

一、服务准备

俗话说：不打无准备之仗。做好充分的接团准备工作，是整个导游工作顺利完成的重要保证。地陪的准备工作主要是业务准备，知识准备，物质准备，形象准备，心理准备。

（一）业务准备

1. 熟悉研究计划

地陪在旅游团抵达前应认真阅读接待计划和有关资料，确切地了解该旅游团的基本情况、日程安排及服务项目和要求，重要的事宜记录在陪同日志上。

根据计划，地陪要分析，研究的问题是：

（1）计划签发单位（即组团社），联络人的姓名及电话号码；

（2）境外组团社名称，旅游团名称，代号，电脑序号，国籍，语种，收费标准和方式，领队的姓名；

（3）团队组成情况，即人数、性别、姓名、年龄、职业、文化层次、宗教信仰和风俗习惯等；

（4）全程旅游线路，出入境地点，旅游团的上一站所乘交通工具及班次、抵达时刻；

（5）去下一站的交通票据是否订妥，与原计划有无变更及变更后的落实情况；

（6）有无订返程票，若有，则要弄清落实情况；

（7）有无国内段国际联程机票，若有，则要在飞机离站前二天的上午12点以前确认；

(8) 出境机票的票种是OK票还是OPEN票，若是国际联程机票要在离境前72小时加以确认；

(9) 掌握团队的特殊要求和有关注意事项，如会谈、拜会、宴请、风味、住房、用餐、交通及需特殊照顾的老弱病残者；

(10) 有无需办理通行证地区的游览项目，若有，则要及早办好有关手续；

(11) 有无增收费用的项目，如机场税、超公里费、额外游览项目等；

(12) 旅游团的接待规格及服务范围，例如团内有无2周岁以下婴儿、12周岁以下儿童，餐饮标准等，尤其要搞清楚饭店和餐饮是外方旅行社自订、组团社代订、旅游者自理，还是由地接社代订。

以上内容可根据旅游团队接待计划表（见下表）和旅游协议（合同）书进行分析。

旅游团队接待计划表

团接待计划

(　　)　　联字第　　号

部，计调部，财务部

由　　旅行社组织的　　团一行　　人，将于　　月

日乘坐　　航班（车次）抵　　，　　月　　日乘

航班（车次）离　　赴　　。

该团在　　住　　饭店，客房、早餐由　　订妥。

出境机票（车票）由　　自理，请代为确认。

请提供　　等级综合服务。

请安排游　　（如有其他要求附此处）。

联系人：　　电话：

名单附后：　　拟计划单位：

抄送：总经理，副总经理等

年　月　日

2. 制订旅游活动日程

地陪在弄清并分析了旅游团基本情况后，要制订出合理的活动日程。

在制订活动日程时，应注意以下几个方面：首先应本着“宾客至上，服务至上”的原则，切忌主观、片面地将自己的兴趣爱好和私人目的强加给旅

游者；其次是活动内容的安排要适合旅游团的特点，注意点面结合，要留有余地，劳逸结合，要使参观、游览和购物相结合，要避免雷同；再次是要尽可能地满足旅游者的要求，以达到他们求全、求新、求知的旅游目的。

一份旅游团队日程的内容主要包括：

（1）本社名称、旅游团名称及代号、人数、抵离日期、班次、时间；

（2）活动日期、出发时间、参观游览项目，就餐地点、时间，购物地点，自由活动时间，晚间活动内容、时间、地点、特殊项目；

（3）城市交通工具，地陪，司机；

（4）祝愿辞；

（5）制表时间，制表人（表如下）：

旅游团接待通知单

编号　　　　　　　　　　　　团队名称或姓名：
来自国家或地区：　　　　　　语种要求：
抵达时间：月　日　班次/车　　离开时间：月　日　班次/车次
游客共　人，　夫妇　对，　单男　人，　单女　人，小孩　人　陪同
住宿饭店（自订房含早餐）：
游客房间数：双人房　间，单人房　间　　陪同：双人房　间，单人房　间
团队等级：　　　　　　　　　膳食标准及要求：
游览活动：
月　日　上午　　　　　　　　下午
月　日　上午　　　　　　　　下午
月　日　上午　　　　　　　　下午
用餐安排：月　日　早餐　中餐　晚餐
　　　　　月　日　早餐　中餐　晚餐
　　　　　月　日　早餐　中餐　晚餐
文娱活动：月　日　　时间　　地点：　　内容：
市内用车：车号　　车型　　数量：　　司机：　　姓名：
游江（湖）时间：月　日　点　分　地点：　　码头：　　船号：
备注：
业务员：
　　　　　　　　　　　　　　　　　　　　年　月　日

3. 落实接待事宜

地陪应在旅游团抵达的前一天，与旅行社各有关部门或人员联系落实，检查旅游团的交通、住宿、行李运输等事宜。

（1）落实旅行车辆。地陪应提前与车辆单位联系，弄清接待车辆的车型、车牌号及车内设备的完好程度，并对以上情况作书面记录；与司机约定接头地点、出发时间（准确估计时间，提前半小时到达接站地点）；接待大型旅游团时，须在车上贴编号或醒目标记。

（2）落实住房。地陪应熟悉旅游团所住饭店位置、概况、服务设施和服务项目；核实旅游团所订房型、房间数，是否含早餐等。如有必要，特别是接待重点团的，地陪可亲自前往饭店向有关人员了解团队排房情况，主动介绍团队的特点，与饭店接待人员配合做好接待工作。

（3）落实用餐。地陪应提前与各有关餐厅联系，确认旅游团日程所安排的每一次用餐情况，在确认时，须讲明旅行社名称、团号、人数、餐饮标准、用餐日期和餐次以及特殊要求等，最后记录接待人员的姓名和通知时间。

（4）与内、外勤联系。地陪应提前同有关人员落实票务、行李车的安排情况，问清行李员的姓名和会面地点。

（5）与全陪联系。如所接待的旅游团是入境团（首站抵达），地陪应主动询问全陪情况，并与全陪取得联系，约定碰面地点和时间，一起提前前往机场（车站，码头）迎接旅游团。

（6）了解不熟悉景点情况。对新开放景点或不熟悉景点，地陪应事先了解行车路线、景点设施、位置及开放时间等情况，以保证旅游活动的顺利进行。

（二）语言、知识准备

在接团前，地陪要根据旅游团的特点和参观游览节目的安排，对自己和客方有充分的了解，做到知己知彼。

（1）根据接待计划上确定的参观游览项目，对重点内容、特别是自己不太熟悉的内容，要提前做好外语和导游知识的准备。

（2）对旅游团大部分成员所从事的专业知识，要做好相关专业知识准备。如果所接待的旅游团成员系外国人，还应做好外语词汇的翻译准备。

（3）了解当前的热门话题，国内外重大新闻及旅游者感兴趣的话题。

（4）掌握旅行常识。地陪应熟悉并掌握在服务过程中所涉及的交通、通

讯、货币、海关、卫生等方面的常识。

（三）物质准备

地陪在接团前必须携带好旅游接待计划、导游证、胸卡、导游旗、接站牌、手提扩音器（但在景点的室内讲解时，不宜用扩音器，以免影响其他旅游者）、公园门票结算单、团队结算凭证、行李牌（或行李标签）以及必要的费用、记事本、意见表等必备物品。

（四）形象准备

导游人员是一名旅游服务人员，但外国旅游者往往首先将其看作一名中国人，是中国人的代表。因此，导游人员自身美不是个人的行为，在宣传旅游目的地、传播中华文明时起着重要作用。对导游工作而言，给旅游者一个美好的第一印象，有助于在其心中树立导游人员的良好形象，获取旅游者的信赖。因此，地陪要注重自身的形象美。

形象美，主要指人的内在美和外在美。内在美，需长期努力培养，不是一朝一夕可以准备出来的。外在美，经过修饰即可达到。因此要求地陪每次上团前要做好仪容、仪表方面的准备。

（五）心理准备

导游员需要具备良好的心理素质，在接团前可在以下方面做好面临艰苦复杂的工作的心理准备：

导游工作既是一项脑力劳动，又是一项体力劳动。除了依照导游工作规范，热情地向旅游者提供正常的导游服务外，对需特殊照顾的旅游者，还要提供个性化服务。在接待工作中，常有可能会发生各种各样的问题与事故需要导游去面对和处理，准备承受抱怨和投诉。

在旅游接待过程中，有时可能遇到下列情况：导游员已尽其所能向旅游者提供热情周到的服务，由于其他接待环节出现差错或非人为因素造成旅游过程中的不愉快，导致旅游者的抱怨和投诉；甚至还有一些旅游者会无故挑剔或提出苛刻要求。为此，导游人员必须有足够的心理准备，冷静、沉着地面对，并继续以自己的工作热情感化旅游者。

在接待过程中，导游人员必须具备高尚的情操，时刻准备面对各种“旅游污染”，即“精神污染”和“物质诱惑”。

二、接站服务

所谓接站服务是指地陪前往机场（车站或码头）迎候旅游者，并将旅游者转移到所下榻饭店过程中所要做的工作。要求地陪服务应使旅游团在接站地点得到及时、热情、友好的接待，了解在当地参观游览活动的概况。

（一）旅游团抵达前的服务安排

确认旅游团所乘交通工具的准确抵达时间，以免漏接。接团当天地陪应提前去旅行社落实或打电话询问旅游团计划有无变更情况。出发前，向机场（车站或码头）问讯处问清所接旅游团所乘班次的准确抵达时间。（一般情况下，至少应在飞机抵达预定时间前 2 小时，火车、轮船抵达预定时间前 1 小时向问讯处询问）

要与旅行车司机联络。电话通知司机出发的时间，商定碰面地点；与司机碰面后，告知活动日程和具体安排。

提前抵达接站地点。地陪应提前半小时抵达机场（车站或码头），与司机商定车辆停放位置。如已安排行李员，地陪应与行李员取得联络，并向行李员交代旅游团的名称和人数，通知行李运送地点，了解行李抵达饭店的大体时间。

再次核实班次抵达的准确时间。地陪在落实上述工作后，还须再次向问讯处确认或通过班次抵达显示牌确认班次准确抵达时刻。如被通知所接班次晚点，推迟时间不长，地陪可留在接站地点继续等候，迎候旅游团；推迟时间较长，地陪应立即与旅行社有关部门联系，听从安排，重新落实接团事宜。

持接站标志迎候旅游团。在旅游团出站前，地陪持接站标志，站在出口处醒目位置，热情迎候旅游团。接小型旅游团或无领队、全陪的散客旅游团时，要在接站牌上写上客人姓名，以便客人能主动与地陪联系。

（二）旅游团抵达后的服务

认找旅游团。旅游团所乘班次的客人出站时，地陪要设法尽快找到所接旅游团。地陪举接站牌站在明显的位置上，让领队或全陪（或客人）前来联系，同时地陪应根据旅游者的民族特征、衣着、组团社的徽记等作出判断；或主动询问，问清该团领队（或客人）姓名、人数、国别和团名，一切相符后才能确定是自己所要接待的旅游团。

核实人数。地陪在找到所要接待的旅游团后，向领队（或客人）作自我介绍，并介绍全陪，及时向领队核实实到人数，如与计划人数不符，则要及时通知旅行社，以便作相应的服务更改。

集中清点行李，并交接行李。如旅游团是乘坐飞机抵达的，地陪应协助旅游者将行李集中到指定位置，提醒他们检查各自的行李物品是否完好无损。与领队、全陪、行李员一起清点，并核实行李件数，填好行李卡（一式两份），与行李员双方签字，一份交予行李员。如在检查过程中发现有行李未到或破损现象，地陪应协助当事人到机场失物登记处或有关部门办理行李丢失登记和赔偿申报手续。若所接旅游团乘坐火车抵达，在接到旅游团后，地陪应向全陪或领队索取行李托运单，并将单据交接给行李员，同样需填写行李卡，行李卡上应注明团名、人数、行李件数和所下榻饭店，一式两份，并双方签字。

询问团队情况。地陪还应向领队询问团内旅游者的身体状况以及有无特殊要求，如团队系白天到达，则应与全陪、领队商定是先回饭店，还是马上进行游览。

集合登车。地陪要提醒旅游者带齐手提行李和随身物品，引导其前往乘车处。旅游者上车时，地陪应站在车门一侧恭候客人上车并向客人问好，必要时可助其一臂之力。旅游者上车后，应协助其就座，礼貌地清点人数，等所有人员到齐坐稳后，方可示意司机开车。

（三）转移途中的服务

转移是指导游员带旅游者离开机场（车站或码头）前往所下榻饭店的行车途中，是导游员给客人留下良好第一印象的重要环节。地陪在此过程中要做好以下几个方面的工作。

1. 致欢迎辞

一般情况下，在客人上了旅游车后赴饭店途中致欢迎辞，但如果遇到有领导前往迎接或在机场逗留时间较长或旅游团人数较多不能保证每辆车上都有陪同时，则可在机场（车站或码头）致欢迎辞。欢迎辞的内容应视旅游团的性质、国籍、旅游者的年龄、文化水平、职业、居住地区及旅游季节等不同而有所不同，不可千篇一律，说话要符合导游身份，做到诚恳、亲切，切忌做作。欢迎辞要简明扼要，精彩纷呈。

一般来讲，一份地陪的欢迎辞内容包括：①问候语；②代表所在接待社、本人及司机欢迎旅游者来本地参观游览；③介绍自己姓名和所属旅行社名称，介绍司机；④表明自己提供服务的工作态度和希望得到合作的愿望；⑤预祝旅游愉快、顺利。

2. 调整时差

接入境团，地陪要介绍两国（两地）时差，请旅游者调整好时间，并告知在今后的游览中将按北京时间为作息时间标准。

3. 首次沿途导游

在进行首次导游时，导游人员应做到：①站在车的前部，司机的右后侧，如旅行车辆系小型车辆，地陪应坐在前排，以能见到每一位旅游者为合适；②面带微笑，表情自然；③使用话筒时，切忌向话筒吹气或以手拍打话筒来试音，而应以问好的方式来询问客人音响效果和音量适度；④应注意音量适中，节奏快慢得当，使车内每一个旅游者都能听清楚；⑤对重要的内容要重复讲解或加以解释。

地陪可根据旅游者的年龄、文化层次来调整讲解节奏和讲解内容。一般来说，对年龄大的、文化低的可放慢速度，反之则可适当加快些讲解节奏，但要避免上气不接下气。

旅游者初到一地，总有求安全心理和好奇心理，也总希望碰上一位知识渊博、处事能力强、值得信赖的导游人员，所以地陪应针对旅游者这一阶段心理特征，做好充分准备，在沿途导游时，充分显示自己的知识、导游技能和工作能力，让旅游者对精彩成功的导游产生信任感和满足感，从而在他们心目中树立起导游员的良好形象。

首次导游的内容主要包括风光、风情及饭店概况介绍和在当地活动日程的安排等。

（1）风光导游。地陪应向旅游者介绍沿途所见到的有代表性的景物。讲解时，注意触景生情，点面结合，简明扼要；注意讲解速度和旅游车行进速度相对应；准确地对景物进行指向；适当采用类比的方法，使旅游者听后更有亲切感。

（2）风情导游。在进行沿途景物导游时，地陪应适时地介绍当地的政治、经济、历史、文化、风土民情、风物、特产及注意事项。

（3）饭店介绍。地陪应向旅游者介绍所下榻饭店的基本情况：饭店名称、位置、行车距离、星级、规模，主要设施和设备的使用方法以及入住手续等（根据路途距离和时间长短酌情增减，也可在入店时进行介绍）。

（4）宣布当地活动日程。一般来讲，地陪可在沿途讲解中见缝插针地向旅游者宣布当地活动日程安排，有时甚至在车上就可确定日程（对一般观光旅游团而言）。

（5）分发资料。根据旅行社规定，向旅游者分发旅游图和社徽等资料。必须说明的是地陪在沿途导游服务时，必须见机行事，穿插进行以上讲解内容，避免机械、生硬和杂乱无章。

4. 宣布集合时间、地点及停车位置

（1）旅游车驶至下榻饭店后，地陪应在旅游者下车前向全体成员讲清并请其记住车牌号码、停车位置、集合地点和时间；

（2）提醒旅游者将手提行李和随身物品带下车；

（3）向司机交代清楚第二天出发的时间。

5. 帮助旅游者下车

地陪应在旅游者下车前首先下车，站在车门一侧，在旅游者下车时做必要的帮助。

三、入店服务

导游员在旅游者进入饭店时，为其提供周到的服务非常重要，因为饭店是旅游者在游览地“临时的家”。作为地陪应尽快地协助领队办理旅游团入店手续，让旅游者了解饭店基本情况和住店注意事项，照顾旅游者进房并取得行李；让旅游者知道当天或第二天的日程安排。具体地讲，地陪在这一阶段应做好以下几方面工作。

（一）协助领队帮助旅游者办理住房登记手续

旅游者抵达饭店后，地陪可在饭店大堂内指定位置让旅游者稍作等候，并尽快向饭店总服务台讲明团队名称和订房单位；帮助填写住房登记表，并向总服务台提供旅游团队名单，拿到住房卡（房间号）后，再请领队分配房间；地陪应记下领队或全团成员的房号。

（二）确定叫早时间

待一切安排妥当后，地陪应与领队、全陪一起商定第二天的叫早时间，并请领队通知全团成员，地陪还应将叫早时间通知饭店总服务台，办理叫早手续。

（三）介绍饭店设施、设备和服务项目

地陪在协助办理完旅游团入住手续后，应向全团介绍饭店内设施；介绍外

币兑换处、商场、娱乐场所、公共洗手间、中西餐厅等设施的位置；说明旅游者所住房间的楼层和房间门锁的开启方法；提醒旅游者住店期间的注意事项及各项服务的收费标准；如旅游者系晚间抵达（需用晚餐），还应宣布晚餐时间、地点、用餐形式。

（四）带领旅游团用好第一餐

旅游团第一餐安排在旅游者进房前还是进房后，要根据旅游者入店时间和旅游者的要求来定。地陪应与旅游团全体成员约定集中用餐的时间和地点；等全体成员到齐后，亲自带领旅游者进入餐厅，向餐厅领座服务员询问本团的桌次，然后引领旅游团成员入座；等大家坐好后，应向旅游者介绍就餐的有关规定，如哪些饮料包括在费用之内，哪些不包括在内，若有超出规定的服务要求，费用由旅游者自理等，以免产生误会；地陪还应向餐厅说明团内有无食素旅游者，有无特殊要求或饮食忌讳；并将领队介绍给餐厅经理或主管服务员，以便直接联系；等客人开始用餐，地陪方可离开并祝大家用好餐；如果所带旅游团的第一餐安排在外宴请，品尝风味或用便餐，地陪必须提前通知餐厅用餐的大概时间、团名、国籍、人数、标准和要求等。

（五）重申当天或第二天的活动安排

地陪应向全团旅游者重申当天或第二天的日程安排，包括叫早时间，用餐时间、地点、集合地点、出发时间、用餐形式和地点等；提醒旅游者做必要的游览准备. 一般在第一餐将要结束，旅游者还未离开之前重申。

（六）照顾旅游者和行李进房

旅游者进房时，地陪必须到旅游团所在楼层，协助楼层服务员做好接待工作，并负责核对行李，督促行李员将行李送至旅游者的房间。因为旅游者进房时，常常会发生以下问题：门锁打不开；客房不符合标准；房间不够整洁或卫生漏做；重复排房；室内设施不全或有损坏现象；卫生设施无法使用；电话线不通；不是夫妻的男女被安排在同一房间等问题。这时，地陪要协助饭店有关部门及时处理。有时，还会发生行李没有及时送到，或个别旅游者没有拿到行李，错拿行李，行李有破损等情况。这时，地陪应尽快查明原因，采取相应的措施。

四、核对和商定日程

旅游团抵达后，地陪应把旅行社有关部门已经安排好的活动日程与领队、全陪一起核对、商定，并征求他们的意见。这样做，一则表明对领队、全陪、旅游者的尊重；二则旅游者也有权审核活动计划，并提出修改意见；同时，还可利用商谈机会了解旅游者的兴趣、要求。所以说，核对和商定日程是做好接待工作的重要环节，也是地陪和领队、全陪之间合作的序曲。

日程一经商定，须及时通知每一位旅游者，各方面都应遵守。

（一）核实和商定日程的时间、地点和对象

商定日程的时间宜在旅游团抵达的当天，最好是在游览开始前进行。对一般观光旅游团，甚至可在首次沿途导游过程中，在宣布本地游览节目时用最短的时间确定日程安排；也可在旅游团进入饭店，待一切安排完毕后再进行；对重点团、学术团、专业团、考察团，则应慎重，通常在旅游团到达饭店后进行。商谈日程的地点可因地制宜，一般在饭店的大堂，有时也可在旅游车上，对重点团、记者团、专业团、考查团，必要时可租用饭店会议室。商谈日程的对象，可视旅游团性质而定，对一般旅游团可与领队商谈，也可由领队请团内有名望的人参加；如果旅游团没有领队，可与全团成员一起商谈；对重点团、专业团、记者团，除领队外，还应请团内有关负责人参加。

（二）商谈日程的原则

商谈日程时，必须遵循四个基本原则：①宾客至上，服务至上的原则；②主随客便的原则；③合理而可能的原则；④平等协商的原则。

日程安排既要符合大多数旅游者的意愿，又不宜对已定的日程安排做大的变动，因为变动过大，可能会涉及其他部门的工作安排。

（三）在核对和商定日程时，对客方提出的不同情况应采取相应的措施

如果对方提出修改意见或增加新的游览项目，地陪应及时向旅行社有关部门反映，对合理而可能的要求应尽力予以满足；对无法满足的要求，要做详细解释和耐心说服工作；如需增收费用，地陪应事先向领队或旅游者讲明，并按规定的标准收取；如果对方提出的要求与原日程不符且涉及接待规格，作为地陪一般应婉言拒绝，并说明我方不便单方面违反合同。特殊情况，并由领队提出时，地陪必须请示旅行社有关领导，根据领导指示而定。

如果领队手中的计划与地陪的接待计划有部分出入，地陪应及时报告旅行社查明原因，分清责任。倘若责任在我方，地陪应实事求是地说明情况，并致歉；倘若非我方责任，地陪也不应指责对方，必要时，可请领队做解释工作。

五、参观游览服务

参观游览活动，通常在日间进行，故也称“日间活动”，是旅游者旅游活动的最重要的部分，是导游服务工作的中心环节。地陪必须要按照规范要求提供优质服务，要认真准备，精心安排，热情服务，主动讲解，使旅游者详细了解参观游览对象的历史背景、景观特色、艺术价值、形成原因以及旅游者感兴趣的其他问题，使旅游计划得以顺利、安全地完成。须指出的是，地陪在讲解时，要彻底避免低级庸俗、迷信、黄色的内容，杜绝张冠李戴现象。

（一）出发前的导游服务

出发前，地陪应提前10分钟到达集合地，并督促司机做好各项准备工作提前到达，一则表示导游员以身作则遵守时间，二则表示对旅游者的礼貌，三则导游员可乘客人还未到齐前向已到的旅游者了解他们的要求和想法，应付紧急突发事件。

客人上车时，地陪应恭候在车门一侧，热情地招呼客人。待旅游者上车后，地陪应礼貌地清点人数（切忌指点客人）。若发现有旅游者未到，地陪应向领队或其他旅游者问明情况，设法及时找到；若旅游者自愿留在饭店或不随团活动，地陪要问明情况，并做出妥善安排；若旅游者要求自由活动，地陪应做好提醒工作，必要时写便条交给旅游者，以保证旅游者的安全。

开车出发前，地陪要做好提醒预报工作，地陪应向旅游者预报当日的天气和游览地点、地形和行走路线的长短等情况，必要时提醒他们带好衣物、雨具、合适的鞋等。

在预报天气时，如果旅游者来自使用华氏温度的国家和地区，地陪应按照摄氏温度与华氏温度换算公式进行换算后，再将华氏温度告诉旅游者。（摄氏温度与华氏温度的换算方式：华氏温度＝摄氏温度×9/5＋32。）

一切准备妥当后，地陪可示意司机开车，并进行途中导游、讲解。

（二）抵达景点途中的导游讲解服务

1. 宣布当日活动日程

地陪在前往景点途中，首先向旅游者寒暄问候，然后宣布（重申）当天的活动日程，包括路程所需时间、每个游览节目所需大致时间、午晚餐的时间地点；若遇有需乘船或乘坐缆车的项目，讲明准确的乘坐时间和地点，并提醒注意事项。

2. 介绍新闻和热门话题

根据团队情况适当介绍国内外重要新闻和热门话题。

3. 途中讲解

途中讲解内容主要包括：

（1）沿途风光讲解。地陪在沿途讲解时要不失时机地有选择地介绍途中所见景物，回答旅游者提出的问题，讲解时要注意所见景物与介绍“同步”，并留意观察旅游者的反应。

（2）介绍所参观游览景点的概况。在到达游览景点前，地陪应简明扼要地介绍景点概况，包括历史沿革、艺术价值、形成原因和景观特色等，以满足旅游者见树先见林的心理，激起其游览的欲望。

如出发地到达游览景点路途较长，地陪可讲一些长话题，讨论一些旅游者感兴趣的问题，也可组织适当的娱乐活动，以活跃车内气氛，使旅途变得轻松愉快。这就需要地陪应具备渊博的知识、较强的组织能力及丰富的才情。

4. 抵达景点后的导游服务

抵达景点后的服务，可分为游览前导游讲解，游览中导游讲解。

（1）游览前的导游讲解

抵达景点时，下车前地陪应向旅游者讲清该景点停留时间及以参观游览结束后的集合时间和地点；并提醒旅游者记住旅行车的型号，颜色，标志，车牌号；在进景点门前，地陪应向旅游者讲解游览线路，提醒游览注意事项。另外，若沿途较短，景点概况没有介绍完，这时可做补充说明。

（2）游览中导游讲解

在景点导游过程中，地陪应保证在计划时间和费用内，使旅游者充分地游览、观赏，做到导和游相结合，适当集中和分解相结合，劳逸结合。

为防止旅游者在游览中走失，除了做好上述提醒工作外，还须做到时刻不离旅游者，并注意观察周围环境，与领队、全陪一起密切配合，随时清点人数，特别关照老弱病残的旅游者。

地陪在景点讲解时，要做到心中有数，先讲什么，后讲什么，中间穿插什么典故和趣闻故事都要预先设计；讲解内容翔实，语言流畅；讲究讲解方法和技巧，并观察旅游者的反应，灵活调整讲解内容和速度；力求做到有声有色，情景交融，详略得当，有虚有实，给旅游者以生动、形象、具体、亲切、灵活的感受。

5. 参观活动中的导游服务

参观也是旅游活动的重要组成部分，有助于旅游者对当地人民生活方式的了解，因此在参观活动时，导游必须做好以下几个方面的工作：

（1）参观前的准备工作

①地陪应问清前往人数，弄清参观时间、内容；

②了解宾主之间是否有礼品互赠，若礼品系赠送给外宾的应税物品，则要提醒有关人员缴税、保存发票和证明，以备旅游者出关时查验；

③提前联络，落实接待人员。

（2）参观时的导游翻译工作

①到达参观点后，地陪应及时联系接待人员，并向旅游者作介绍，提醒参观时的注意事项；

②在主方人员向旅游者作介绍时，地陪要认真做好翻译工作，翻译时如遇介绍者语言有不妥之处，或涉及有价值的经济情报，地陪要严格把关，予以提醒。如参观者系华侨或本国旅游者，地陪则无须做翻译，只需做协助工作。

6. 返程中的导游服务

返程导游服务是指一天的游览活动即将结束，从最后一个参观游览点返回饭店途中的导游服务工作。地陪在这一过程中应着重做好以下几项工作：

（1）回顾当天活动。地陪在返程中应回顾当天参观、游览活动内容，并做必要的补遗讲解，回答旅游者的提问。

（2）风光导游。地陪在选择返程路线时，尽量避免原路返回，应力求做到让旅游者看到最多景物，并做好沿途讲解工作。如返途时间较长，旅游者经过一天的游览活动后较疲惫，地陪可作简单回顾后让大家休息。

（3）宣布次日活动日程。到达饭店前，地陪应向旅游者预报晚上和次日的活动日程和时间安排，特别强调第二天的叫早时间、早餐时间和地点、出发时间和集合地点，提醒旅游者下车前带好随身物品。车到饭店后，地陪应率先下车并站在车门一侧照顾旅游者下车，一一与他们告别。

六、其他服务

其他活动是指旅游者所需要的购物、社交活动、健康文明的文娱活动及自由活动等，它是参观游览活动的延续和补充。安排好这类活动能使旅游活动变得更加丰富多彩。

（一）购物导游服务

购物是旅游者的一项重要活动，既推销商品，又满足旅游者的购物需求。为了使购物活动圆满，地陪必须做好以下几方面工作：

1. 严格按照旅行社规定提供服务

地陪必须带旅游团去定点商店购物，应遵循旅游者“需要购物，愿意购物”的原则，避免次数过多（按旅游团队接待计划规定的次数）、强行推销。

2. 了解对象，因势利导

根据旅游团特点，向旅游者介绍本地商品特色，若旅游者是外宾，则需做好翻译工作。

3. 当好购物参谋

地陪必须熟悉商品的产地、质量、使用价值和艺术价值等商品知识，并向旅游者介绍；介绍有关商品的托运种类及海关对旅游者携带物品出境的有关规定。

4. 积极维护旅游者的利益

如遇小贩强卖，地陪有责任提醒不要上当受骗，切不可放任不管；如遇商店不按质论价，推销伪劣商品，不提供标准服务，地陪应向商店负责人反映，采取措施，以维护旅游者利益。事后也可向旅行社报告，通过旅行社的交涉或向工商管理部门反应，避免以后出现类似问题。

购物活动既可安排在前往景点的途中顺便进行，也可作专门的安排，主要取决于对象及游览计划的安排。

（二）社交活动导游服务

旅游团体社交活动的主要形式有会见、宴请、品尝风味和舞会等。

1. 会见

会见时，地陪要做的主要工作有以下几项：

（1）事先了解会见时是否有互赠礼品。如知道客方要送礼品，则要事先通知主方。如赠送的礼品属应税物品，应提醒有关人员办妥必要的手续，以备旅游者出关时被海关查验。

（2）承担翻译任务。必要时地陪可充当翻译，若是重要会见，特别是涉及政治问题和科技问题的，一般有专职翻译，地陪则在一旁认真倾听，做好记录，起协助作用。

另外，境外旅游者若会见在华亲友，地陪应协助安排，一般没有充当翻译

的义务。

2. 宴请和品尝风味

主要包括宴会、冷餐会、鸡尾酒会和风味餐等。

（1）宴会。参加宴会，地陪应做到准时出席，服装整洁大方（最好按要求着装），注意宴会礼节。地陪要做的具体工作是介绍主宾双方，当好翻译（翻译时要注意气氛，切忌边吃东西边翻译）。

（2）品尝风味餐。品尝具有地方特色的风味，是旅游者在旅游过程中经常参加进行的一种自由活动项目。风味餐有两种形式，一种是计划内风味（在旅游接待计划中已安排，费用含在团费中），另一种是计划外风味（由旅游者自费品尝的风味）。不管是地陪陪同旅游者品尝计划内风味餐，还是被邀请参加计划外风味餐，地陪充当的角色主要是向旅游者介绍餐馆的历史、特点、名气和菜肴名称、特色、吃法、制作方法及著名菜肴的来历等，切忌喧宾夺主、主动敬酒、夹菜给客人或对菜肴评头论足。

（3）舞会。旅游者参加有关单位组织的舞会时，地陪应陪同前往。旅游者自行购票（或由地陪代购）参加的娱乐性舞会，地陪一般不主动参加，若旅游者邀请，可一同前往，但没有陪舞的义务。无论参加哪一种形式的舞会，地陪都必须向旅游者交代有关安全注意事项。

（三）文娱活动导游服务

文娱活动也是旅游者晚间活动的重要内容之一。地陪应预先了解剧情，向旅游者简单介绍节目内容和特点，引导旅游者入座；在观看节目过程中，地陪要向旅游者作剧情介绍，解答旅游者提问，并始终不离旅游者；提醒旅游者不要走散，并注意旅游者动向和周围环境，以防不测。

（四）自由活动导游服务

晚间，旅游者提出要求自由活动，且不影响团体旅游活动计划，不涉及不对外开放的场所，一般应予以满足，并提供必要的帮助。

在旅游者离开饭店时，地陪要提醒他们带上饭店店徽、饭店名片或写字条让其带上。提醒他们不要走得太远，不要太晚回饭店及其他安全注意事项。地陪还应帮助旅游者找车辆（车费由旅游者自付）。

（五）市容游览时的导游服务

市容游览是当今旅游者认识和了解一个旅游地的风土民情和城市面貌的常见的休闲方式。一般采取徒步和乘车游览的方式。地陪在安排这一类游览活动时应做到：注意选择当地最有特色的内容（如南京夫子庙、上海城隍庙、北京胡同等）。游览时要时刻注意周围环境和旅游者动向，确保旅游者安全。如旅游者乘坐不同的社会车辆前往，地陪要事先把乘车路线和目的地告知每位车主，并与其事先谈妥价格，地陪与全陪最好陪同前往。

七、送站服务

送站服务是旅游团接待工作的最后阶段。如果说迎接是导游员树立好形象的开端，接待是保持良好形象的关键，那么送行是旅游者对导游员良好形象的加深。因此，导游人员必须善始善终，以饱满的工作热情和良好的精神状态做好最后阶段的工作，使旅游者顺利、安全地离开。在这一阶段，地陪要做的是送行前的业务准备、离店服务和送行服务三项工作。

（一）送行前的业务准备

核实交通票据。旅游团离开本地的前一天，地陪应认真做好旅游团离开的交通票据核实工作，核对团名、代号、人数、全陪姓名（如非集体票，则要核对每一位旅游者的姓名是否与有效证件吻合）、航班（车次、船次）、始发到达站、起飞（开车、起航）时间（要做到四核实，即计划时间、时刻表时间、票面时间、问讯时间的核实）；弄清启程的机场（车站、码头）的位置等事项。如班次有变更，应问清内勤是否已通知下一站，以免漏接，并提醒全陪向下一站交代有关情况。

假若地陪系送乘飞机离境的旅游团，应提醒或协助领队提前72小时向民航确认机票（团体机票确认一般用传真向有关民航售票处确认）。

确定出行李的时间和方法。地陪应在旅游团离开的前一天与领队、全陪商定出行李的时间，并通知每一位旅游者；然后与旅行社行李部（或行李车队）联系，告知该团体出行李的时间和抵达启程站的大致时间等，并通知饭店行李部行李交接的时间。

商定第二天叫早、早餐、集合及出发时间。在叫早和早餐、集合、出发时间确定后，地陪要通知饭店有关部门和旅游者。如果该团所乘交通工具班次时间较早，无法在饭店餐厅用早餐，地陪要及时做好相应的准备工作（如带饭盒），并向旅游者作说明。

协助饭店结清与旅游者有关的账目。地陪应在旅游团离店前一天提醒，并督促旅游者尽早与饭店结清所有自费项目账单（如洗衣费、电话费、饮料酒

水费等）。如有损坏客房设备，地陪应协助饭店妥善处理赔偿事宜。同时，地陪应通知饭店总台或楼层旅游团离房的时间，提醒他们及时与旅游者结清账目。

提醒有关注意事项。地陪应提早告知旅游者行李托运的有关规定，提醒其将有效证件和所购买的贵重物品及发票放在手提包里随身携带。如系离境团，还应该提醒其准备好海关申报单，以备出关时查验。

及时归还证件。旅游团离开的前一天，地陪应检查自己的行李，是否保留有旅游者的证件、票据等。若有应立刻归还，并当面点清。一般情况下，地陪不应保留旅游团的旅行证件，若需用，可通过领队向旅游者收取，用完后立即归还。

（二）离店导游服务

集中交运行李。离店前，地陪应按商定的时间与领队、全陪、饭店行李员一起检查行李是否捆扎、上锁、有无破损等，在每件行李上加贴行李封条，然后共同清点，确认行李件数，并填写好行李交运卡。

办理退房手续。

集合登车。旅游者上车后，离开饭店前，地陪要清点人数，并得到领队的确认，并再次提醒旅游者有效证件是否随身携带和有无遗漏物品等。一切妥当后方可开车。

（三）送行导游服务

1. 致欢送辞

致欢送辞能加深彼此间感情，增加告别气氛，令人难忘，因此地陪在致欢送辞时要真诚。致欢送辞的场合多选择在行车途中，也可选择在机场（车站，码头）。

欢送辞的内容主要包括：①回顾旅游活动，感谢合作；②表达友情和惜别之情；③征求旅游者对工作的意见和建议；④旅游活动如有不尽如人意之处，地陪可借机会向旅游者表示歉意；⑤期待重逢；⑥美好祝愿等。

2. 提前到达离开地点，照顾旅游者下车

如旅游者乘坐出境或沿海城市的航班离开，则要求提前2小时抵达机场；如旅游者乘坐国内航班离开，则要求提前90分钟抵达机场；如旅游者乘火车或轮船离开，则要求提前1小时抵达车站或码头。

旅行车抵达机场（车站、码头），下车前，地陪应提醒旅游者带齐随身行李物品，准备好旅行证件，照顾全团旅游者下车，请司机协助检查车内有无旅游者遗留物品。

3. 移交交通票据和行李卡

如系送国内航班（车、船），到达机场（车站、码头）后，地陪应尽快与行李员联系，取得交通票据和行李卡，将交通票据和行李卡交给全陪或领队，并一一清点、核实。如系送国际航班（车、船），地陪应请领队、全陪一起与行李员交接行李，并清点检查后将行李交给每一位旅游者。

4. 协助办理离站手续

进行完交通票据和行李卡移交工作后，地陪仍不能马上离开旅游团。若系乘坐国内航班（车、船），地陪应协助旅游者办理离开手续（帮助旅游者交付机场税，领取登机牌，并请领队分发登机牌；帮助办理超规格行李托运手续）；若系乘坐国际航班（车、船），地陪将旅游团送往隔离区，由领队帮助旅游者办理有关离境手续（因为地陪和全陪不能进入隔离区），但地陪要向他们介绍办理出境、行李托运和离站手续的程序。

5. 告别

当旅游者进入安检口或隔离区时，地陪应与旅游者告别，并祝他们一路平安。如旅游者系乘坐火车或汽车离开，地陪应等交通工具启动后方可返回；如旅游者系乘坐飞机离开，地陪应等旅游者安检结束后才能离开。

6. 结算事宜

若接待国内团，地陪应在团体结束当地游览活动后、离开本地前与全陪办理好拨款结算手续；若接待离境团，地陪应在团体离开后，与全陪办理好财务拨款结算手续，并妥善保管好单据。

八、后续工作

送走旅游团后，并不意味着全部接待工作的结束，地陪还必须做好善后总结工作。

（一）处理遗留问题

地陪应按有关规定和旅行社领导的指示，妥善处理好旅游者临行前的委托事宜，如委托代办托运、转交信件和转递物品等。

（二）结清账目，归还物品

送走旅游团后，地陪应在旅行社规定时间内及早与财务部门结清账目，归

还有关资料、表单及物品。

（三）总结工作

地陪应认真作好陪同小结，实事求是地汇报接团情况。如旅游中发生重大事故，要整理成书面材料向旅行社领导汇报。对旅游团的有关资料进行整理归档。具体地讲，地陪应向旅行社提供发票、结算单、支票存根、签单和门票存根等资料；团队行程执行情况报告；团队额外旅游销售和购物情况报告；如系外聘导游，还应交还相关证件，由旅行社保管。地陪还可根据在接待过程中所存在的问题作自我批评，这样有助于自身提高。

第三节　旅游团队中全程陪同导游服务规范

全程陪同导游人员（简称全陪）的服务程序依先后主要包括以下九个步骤：

服务准备→首站（入境站）接团服务→进住饭店服务→核对、商定日程→各站服务→离站服务→途中服务→末站（离境站）服务→后续工作等。

一、服务准备

全程陪同服务的准备工作主要是熟悉接待计划，物质准备，与地方接待社的联系。

（一）熟悉接待计划

全陪在接受旅游团的接待任务后，上团前，首先要认真查阅接待计划及相关资料和函件，全面掌握旅游团情况，研究旅游团成员的特点和特殊要求，以便提供针对性服务。具体地讲，全陪必须熟悉计划中的以下内容：

记住团队名称（或团的编号）、国籍、人数、领队姓名；

了解团体成员的民族、职业、姓名、性别、年龄、宗教信仰和风俗习惯等；

了解团内较有影响的成员、特殊照顾对象和知名人士的情况；

掌握旅游线路、旅游团抵离各站所乘的交通工具及票证；

熟悉各站的主要参观游览项目，准备途中讲解和咨询解答的内容；

了解各站安排的文娱节目、风味餐以及额外游览项目的收费情况；

记下各地接待社的联络（昼夜联系）电话，以便及时与地接社取得联系。

（二）物质准备

全陪上团前要带齐必备的物品、证件及有关资料。

(1) 工作上的：身份证、导游证、工作证、接待计划、日程表、旅游宣传品、行李卡、社徽、全陪日志、所需结算单据、支票和差旅费等。

(2) 生活上的：衣服、雨具、常用药、手表、太阳镜、腰包、背包和旅行包等。

（三）与接待社的联络

一般在接团的前一天，全陪应抵达旅游团入境口岸，同地接社取得联系，互通情况，妥善安排好有关接待事宜。

二、首站（入境站）接团服务

全陪应坚持“热情友好，服务至上”的原则，积极与地陪配合，认真做好首站的接团服务工作，使旅游者真正有宾至如归的感觉。

（一）接站准备

首先，全陪应与地陪商定碰头地点和出发时间，并一同前往机场（车站，码头）迎接入境旅游团。

其次，携带必要的证件和资料（如导游证、接待计划等），提前半小时到达接站地点与地陪一起迎候旅游团。

（二）接站服务

飞机（火车、轮船）抵达后，全陪应协助地陪尽快找到旅游团。接到旅游团后，全陪应作自我介绍，向领队核实旅游团队实到人数、所需房间的确定间数、餐饮的特殊要求等。如与原计划有出入或变更情况，则应及时与接待社联系并报告组团社。

协助领队、地陪向行李员清点交接行李，代表组团社和个人向旅游团致欢迎辞（全陪致欢迎辞可在接站地点，也可在前往饭店的途中）。欢迎辞的内容包括：①自我介绍，并介绍地陪；②表示服务愿望，希望得到合作；③表示欢迎之意；④预祝旅行顺利愉快等内容。

三、入店服务

首先，应向客人介绍酒店的常识：星级标准的区分、酒店房间的差别、酒

店地址、保险柜、电话的使用等。其次，当旅游团进入饭店后，全陪应积极与地陪配合尽快完成旅游团的入住登记手续，并照顾旅游团和行李进店及用餐事宜。

（一）办理入住手续

全陪应和地陪一起积极主动向总服务台提供团名、团队成员名单、旅游团住房要求等，协助领队办理旅游团的入住登记手续。

（二）分房

请领队分配住房，全陪应掌握分房名单，并与领队互通各自房号，以便联系。

（三）照顾客人和行李进房

主动查看客人进房情况，询问客人是否都拿到各自的行李。

（四）处理问题

如团体进房发生客房的卫生问题、房内设施问题等应及时通知饭店有关部门及时处理；如发生拿错行李或行李未到，则应协同地陪和领队一起尽快处理，以消除客人的不安情绪。

（五）照顾用餐

在团体用餐期间，全陪要主动询问客人用餐情况，如发生餐食质量、数量与标准不符或客人提出特殊要求，应及时和地陪向餐厅有关人员交涉，尽快改善。

（六）安全保卫和生活照料

特别是当地陪不住饭店时，全陪更要负起旅游团的安全保卫和生活照料的全责。

（七）掌握饭店总服务台的电话号码及与地陪的联系办法

一旦遇到紧急情况，好及时沟通处理。

四、核对和商定日程

将旅游团安排妥当后，全陪应认真地与领队核对、商定日程。如遇有难以解决的困难，应及时反映给自己所在旅行社，及时答复领队。

商定日程的原则：宾客至上，服务至上；主随客便；合理而可能；平等协商。

商定日程时，既要使团内大多数旅游者满意，同时既定的日程尽量不作较大变动，因为变动过大，可能会涉及其他部门的工作。一旦商定，则各方面都应遵守。

五、各站服务

全陪应衔接好各站之间的服务环节，使各项服务适时到位，保护好旅游者的人身和财物安全，使旅游计划得以顺利实施。

（一）与地陪积极配合

全陪应主动及时地向地陪通报旅游团的情况，反映旅游者的要求，积极协助地陪做好接待工作。

（二）监督各地接待计划的实施和服务质量

如果计划实施和服务质量不能令人满意，要及时督促纠正。

（三）留意旅游者的动向

在游览过程中，全陪要注意观察周围环境，密切注意旅游者的动向，做好收尾、断后工作，以免旅游者走失和发生意外。

（四）做好提醒工作，处理突发事件

提醒旅游者注意人身和财物安全，提醒他们保管好财物和证件，注意饮食卫生，尽量杜绝不安全因素。如突发意外，应协助地陪依靠地方领导妥善进行处理。旅游者重病住院，发生重大伤亡事故，失窃案件，丢失护照和贵重物品，一方面请有关单位或部门查找，另一方面及时报告组团社。如确系失窃贵重物品，则应办理有关保险索赔手续，丢失证件应帮助失主重新申领。

（五）当好旅游者的购物顾问

全陪与旅游者相处时间较长，旅游者通常较信任全陪，购物时时常会征求全陪的意见。全陪应实事求是地向旅游者介绍商品，做好旅游者的购物参谋。若旅游者购买的属贵重物品，应提醒他们保管好发票，以备出海关时查验；购买中成药材、烟酒时，应告诉他们中国海关的有关规定。

（六）联络、协调工作

全陪要积极与领队、地陪及旅游者沟通，力争接待工作顺利、圆满。

六、离站服务

在旅游团离站前，全陪应做好提醒、联络工作，并尽可能协助领队办理有关团队离站事宜。

（1）提醒地陪提前落实离站的交通票据，核实离站的准确时间。

（2）做好上下站联络工作，如抵达下一站时间有变化，团队有特殊要求，应及时地通过当地接待社，或亲自将情况电告下一站（电话通知要记录下通话时间，受话人姓名）；对于上一站工作中出现的问题或发生的事故，应提醒下一站接待社引起足够的重视。

（3）协助领队、地陪做好行李的清点和交接工作。

（4）协助旅游者办理行李托运手续及入关登机手续。

（5）核实地陪交给的行李票据，并妥善保管好。

（6）认真填写好结算单据，与地陪双方签字，并保管好自己的一份。

七、途中服务

在向异地转移过程中，无论乘何种交通工具，全陪仍然应提醒旅游者注意人身和财物的安全，活跃途中气氛，安排好饮食和休息，努力使旅游团旅行充实、轻松、愉快。

全陪在旅行途中的主要服务内容包括以下几项：

（1）全陪要负责照顾好旅游者的饮食和休息，对途经城市和目的地城市作必要的讲解等；若长时间旅行，可在车上组织一些文娱活动，活跃途中气氛，消除旅游者的寂寞和疲劳；主动与旅游者交谈，联络感情，了解他们的思想动态和要求。

（2）提醒旅游者注意人身和财物安全，尤其要保管好贵重物品和证件。

（3）无论乘飞机还是火车，都应事先请领队分配机位和铺位。

（4）全陪自己要保管好旅游团队的行李托运单或行李卡及交通票据。

八、末站（离境站）服务

末站服务是全陪整个服务工作中的最后环节，一定要一丝不苟地做好这项工作，防止虎头蛇尾、功亏一篑。

（一）提醒旅游者带好自己的物品和证件

特别是申报单上所列物品一定要随身携带，因为海关规定申报物品必须复带出境。

（二）送站途中或在离境站要致欢送辞

欢送辞内容包括：向旅游者征求工作意见和建议；对他们的合作表示感谢；表示惜别并欢迎再次光临。

（三）做好必要的弥补工作

若在旅游过程中出现过服务缺陷，导致旅游者的不愉快，全陪应伺机向旅游者表示歉意，并设法做好弥补工作，尽量消除旅游者的不快。

（四）协助领队帮助旅游者办理出关手续

提醒领队出关时有关行李托运、机场税的交纳、所需证件和表单，提醒旅游者准备好证件、交通票据、出境卡、申报单等。

（五）与旅游者握手告别

与地陪一起目送旅游团队进入隔离区后，方可离开。

（六）做好与末站地陪的结账工作

旅游团队的结账通常有现结和计划拨款两种。若是现结，则应当面点清钱币金额，并向接待方收取票证；若是计划拨款，则应认真填写“旅行社旅游团费用结算表”（见下表）。

旅行社旅游团费用结算表

部别　填表人　下团时间　交表时间　接受人　编号　组团社名称
计划编号　旅游团名称　服务范围　旅游等级
总人数　其中：成人　2－11岁　2岁以下　男　女　夫妇　全陪　地陪
抵离时间
人　月　日　时　机　抵用　餐　月　日　时　用餐后乘机赴
人　月　日　时　机　抵用　餐　月　日　时　用餐或乘机赴
住房情况
人　月　日－　月　日　国外组团社自订　代订接待社
安排入住饭店　间　天　全陪　床/天　地陪　床/天
人　月　日－　月　日　国外组团社自订　代订接待社
安排入住饭店
安排入住饭店　间　天　全陪　床/天　地陪　床/天
逗留时间　早餐　午餐　晚餐
参观，购物地点
人数　地点　人数　地点
上午　下午　晚上
计划内　加拨款项　超公里参观
游览
游江
游湖

（续表）

现付项目 计划外超公里地点　人现付　元　经手人：　发票号： 其他现付内容　元　经手人：　发票号： 其他现付内容　元　经手人：　发票号： 收入登记 有关备注事项 支出

九、善后工作

（1）处理好遗留问题。根据旅行社领导的指示，依照导游工作规范，认真办理好旅游者的委托事项。

（2）填写《全陪日志》或其他旅游行政管理部门和组团社所要求的有关资料。

《全陪日志》的内容包括：旅游团的基本情况；旅游日程安排及交通情况；各地接待质量（指旅游者对食，宿，行，游，购，娱等各方面的满意程度）；对发生的问题及事故的处理经过；旅游者的反馈及改进意见。

（3）结清账目。要求全陪在返回的第二天即去旅行社结清有关账目。

（4）归还所借物品。

（5）认真总结。每次完成接待任务后，全陪应对服务工作进行书面总结。

第四节　旅游团队中景区（景点）导游服务规范

景区景点导游人员也称讲解员，主要负责在某一特定风景区（景点）内为旅游团（者）进行导游讲解服务。其主要的职责是安全提示和导游讲解。这一导游服务形式是导游服务的又一重要组成部分，包括旅游区、自然保护区、博物馆、纪念馆和名人故居等地的导游服务。讲解时，导游人员应向旅游团（者）介绍所参观游览的景区、景点的概况和主要特色，使旅游者对参观游览点有较全面的了解；同时要注重对环保知识、生态系统或文物价值的宣传；做到语言准确，清晰，生动，自然，内容翔实，科学。具体地讲，景区、景点导游服务可按下列程序进行。

一、服务准备

（一）熟悉接待计划

在接待前，导游人员首先了解所接待旅游团（者）的基本情况，弄清旅游团（者）的人数、性质、身份、要求等。

（二）熟悉景区、景点的情况

根据旅游团（者）的情况，掌握相关的知识；掌握必要的环境保护和文物保护知识及安全知识；熟悉景区、景点的有关管理条例。

（三）物质准备

准备好导游器材和游览工具；准备好导游图册，宣传资料及纪念品；佩带好导游胸卡。

二、接待服务

（一）致欢迎词

欢迎辞的内容包括：向旅游团（者）自我介绍；对旅游者表示欢迎；表达努力工作的良好愿望；希望得到大家的合作和指导。

（二）导游讲解

（1）景区和景点的概况介绍。景区、景点的概况内容包括：基本概况，如历史背景、规模、布局等；特征、价值；参观游览的有关规定和注意事项。

（2）向旅游者讲明参观、游览的线路和主要内容，积极引导旅游者参观游览。导游人员应根据旅游者的兴趣和爱好进行有针对性地讲解宣传。导游人员应根据所参观、游览的景区和景点的具体内容宣传环境、生态知识及文保知识，并认真回答旅游者的询问。留意旅游者的动向，提醒安全注意事项。

三、购物

导游人员应主动向旅游者实事求是地介绍有特色的纪念品，做好旅游者的购物顾问，制止尾随兜售或强买强卖的现象。

四、送别服务

（1）致欢送词。致欢送词是景区、景点导游人员最重要的工作内容之一，包括：对旅游者的合作表示感谢；征询游客的意见和建议；向旅游者表示美好的祝愿；欢迎再次光临。

（2）向旅游者赠送有关宣传资料或小纪念品。

（3）与旅游者握手告别。导游人员应将旅游者送上交通工具，等交通工具离开后，方可返回。

（4）填写接待记录。

【补充材料】

我的第一次带团经历

人的一生的道路总是捉摸不定，怎么也没想到，在新世纪的开始，我竟成了一名出国领队，明天就要带一支20人的旅游团作为期10天的澳、港、泰之旅，尽管我至今连一次坐飞机的经验都没有。

今天是旅游的第一天。现在是晚上9点20分，躺在澳门皇都酒店1720号的床上，窗外正对着主教山顶澳门赌王何鸿升的豪华山顶别墅，房顶的“铁公鸡”一闪一闪地发着光，这样置身于异地他乡，但身为领队，心情却总是不能轻松。

赢得团员的信任与尊重，是领队最大的幸福。今天一天下来，正是由于我的兢兢业业、一丝不苟和细心周到的服务，终于与团员建立了良好的关系，到现在两天下来，我的心终于可以有些底了。

这是我一辈子玩过的最美丽的一个公园，在冬日下午和煦的阳光里，陶醉在如此风景如画的人间胜地，令人流连忘返；那十五分钟的过山缆车，将香港海天一色的美景尽收眼底；最精彩的是海豚表演，海洋剧场面向大海，太阳从西边的山旁照过来，人暖暖的，整个心都放飞了！

在此，两对年轻的夫妻主动邀我合影，于是，我们欢快的笑声就凝刻在了浅水湾黄昏的夕阳之下。

领队的酸甜苦辣真是一言难尽，这是一份增长人生阅历、开阔眼界的职业。领队一定要学会调节好自己的心态。一个人在外，又面对一群有可能与你发生利益冲突的团员，受点气也是正常，但千万不能把自己的情绪搞坏了。有事要能大事化小、小事化了，不要将矛盾激化。要学会随时洞察潜在的矛盾和危机，并化解矛盾；要学会观察人，哪些人是可信任的，哪些是需要提防的，要能尽快识别。

最关键是要有一颗负责任的心，要让团员放心，相信你是为他们着想的和值得信赖的领队。另外，要有宽广的胸襟，能容下客人的一切责骂和不满。还有就是遇事要沉着，冷静。

欢迎词

朋友们大家好！非常欢迎大家来到我美丽的家乡观光旅游！十分荣幸能和朋友们同行，首先做一下自我介绍，我是中国国际旅行社的一名导游，姓X名XX。在今后几天的相处中，大家可以称呼我小X，也可以叫我X导！在我身边的这位师傅姓X，是XX省旅游汽车服务有限公司的一名驾驶员，也是XX省旅行车十佳司机之一，今后的4天时间，我们将要一路同行，一起去感受大自然的美丽，一起去领略中国恢弘壮美的山川和浓郁的民俗风情！俗话说：有缘千里来相会。能和大家同行，都是一个缘字。我会珍惜和大家相处的每一天，并尽我最大的能力为大家提供优质的服务，大家如果有什么需要或者要求的话，请告知我，我会尽力为大家解决！让你们会有一个愉快并且完美的旅程！

在介绍我美丽的家乡之前，首先给大家通报一下咱们四天的行程安排。

随心所欲幽默欢迎词

各位尊敬的游客朋友们（停顿）——吃了吗？

啊没吃啊，没吃就让刘导我带您吃去吧！我就知道您几位刚下火车（飞机），一路上奔波劳碌的，肯定没吃，其实早给您安排好了，我们马上就要去我们沈阳最有名的特色餐馆，老边饺子让您先大快朵颐，让您先从味觉上感受一下我们沈阳人的热情！

光顾着说吃了，还没自我介绍一下呢，我呢，叫刘峰，沈阳XX旅行社的导游员，正宗的东北爷们儿（亮相），也许有的人觉得我们东北男人比较粗犷，不太适合做导游这种细致的工作。其实不然，经过联合国教科文组织36名专家组经过147天的科学论证，得出结论：俺们东北这嘎达出导游！

您看您别着急鼓掌啊，您得让我给您说出个一二三来不是吗？为什么说我们东北汉子最适合当导游呢？原因如下：一，我们东北人实在，热情，没有坏心眼，这个是全国公认的，所以说我们东北导游的服务肯定是一流的，因为我们热心肠啊！二，导游是个重体力的劳动活，起早贪黑不说，每天这东跑西颠的，没个好身体可不行，不说别的，您几位游客光玩还累呢，何况是我们导游了，对吧，所以说这就是我们东北人适合作导游的第二个原因，我们牙好，

嘿，胃口就好，身体倍儿棒，吃嘛嘛香，您瞅准了，东北男导游！(众人笑)

您可能会说了，小刘你这说得都对，你们东北男导游是有这些优点，不过别的地方的导游就不热情了吗？他们身体也不错啊，而且南方的一些漂亮的导游MM不用说话就光看着，就能让人那么舒服，你行吗？要说这个我真不行，不过我们东北导游还有她们比不了的一点好处呢！什么啊？我们东北导游个个都是兼职保镖！您看您又不信了，哦，说我长得这么瘦弱，还当保镖呐。这您就有所不知了！有句话叫人不可貌相，海水不可瓢量！不瞒您说，我还真是个练家子！

这外练筋骨皮，内练一口气，您就没发现，我这印堂放光，双目如电！真不是和各位吹，什么刀枪剑戟，斧钺钩叉，鞭锏锤抓，镗棍槊棒，拐子流星；带钩儿的，带尖儿的，带刃儿的，带刺儿的，带峨眉针儿的，带锁链儿的，十八般兵刃我是样样——稀松！您看您别乐啊，我这是谦虚，我说我十八般兵刃我样样精通，那是不知道天高地厚，这人外有人，天外有天，自大一点叫个臭字，人嘛，得谦虚，练得好地让别人说，你自己说那就没意思了。您看我这么多兵刃我全会，我和谁说了。是不是？您看您又乐了，您是不信是怎么着，您不信您和我这比划比划！我不是说您，我是说您怀里抱着的那个小朋友，敢与我大战三百回合否？

把式把式，全凭架式！没有架式，不算把式！光说不练，那叫假把式；光练不说，那叫傻把式！连说带练，才叫真把式！连盒带药，连工带料，你吃了我的大力丸，甭管你是让刀砍着，斧剁着，车轧着，马趟着，牛顶着，狗咬着，鹰抓着，鸭子踢着……行了，您也甭吃大力丸了，我们的饭店到了，您跟我下车去吃饭吧！

各位（稍作停顿）叔叔阿姨、大爷大妈、哥哥姐姐、弟弟妹妹老少爷们儿们！(大家鼓掌，笑) 导游小刘在这里给大家拜年了，在新的一年里祝愿大家心想事成，万事如意，财源滚滚，猴年大吉！（再鼓掌）拜年的话说完了，该自我介绍一下了，我呢，叫刘峰，本次行程的导游，来自于沈阳园林旅行社，大家可以叫我小刘，等以后我准备留一个大胡子，到那时候大家就别叫我小刘了，当然也不是老刘，(众笑) 叫我刘导，我从小就有一个梦想，就是希望自己能当导演，虽然导演没当成，我最起码做了导游！(大家笑)

(介绍司机的一段略去)

作为一名导游，我最大的职责就是把欢乐带给您！不过这次没有想到，还没等我把这欢乐带给您呢，诸位的这种欢乐的气氛先感染了我，让我自己都特别兴奋！为什么呢？有三点原因：第一，出乎意料。为什么这么说呢？原以为大家坐了14个小时的火车应该十分疲惫，而且沈阳是大家旅途中的最后一站了，我猜想大家难免会有一点归心似箭的感觉。不过没想到各位竟然神采奕奕，面带喜色，似乎对于今天的行程有些迫不及待了。这真是让我出乎意料的惊喜！第二，我得知大家来自于江苏省江阴，一种亲切的感觉油然而生，大家不用误会，我老家不是江阴的，我是正宗的东北爷们儿！（掌声又起）但是大家别忘了啊。你们江阴可是我们导游的祖师爷徐霞客的故乡啊！来自于我祖师爷故乡的客人，我能不感到亲切吗（又一阵掌声）第三点，小刘我目前还没有女朋友呢，（说完这句话当时感觉车上的女孩眼睛一亮，离我最近的那个脸都红了）谈一个一个不成，见一个一个没戏，我就纳闷，差哪呢？按理说小伙儿我长得也可以啊！后来有人告诉我，说现在全国有两个地方的男人最受女孩子欢迎，第一是我们东北，说东北人粗犷豪放，是男人中的男人；第二就是江南，江南出才子啊！说我这个人，典型的东北人性格，豪爽有余，柔情不足，所以就特别希望通过今天一天的接触，让我也能沾染一点诸位身上江南才子的灵气！最好是在工作之余，把自己的终身大事也解决了！（众人热烈鼓掌，大笑）

欢送词

（语速放慢）虽然舍不得，但还是不得不说再见了，感谢大家几天来对我工作的配合和给予我的支持和帮助，我自问是一个有责任心的人，但是在这次旅游过程中，还是有很多地方做得不到位，比如说XX的时候我如何如何了，大家如何如何帮助我；什么什么时候我又有什么疏漏，大家不但理解我，而且还十分支持我的工作，不用一一枚举了，就是这些点点滴滴的小事情使我感动。也许我不是最好的导游，但是大家却是我遇见最好的客人，能和最好的客人一起度过这难忘的几天，这也是我导游生涯中最大的收获。作为一个导游，虽然走的都是一些自己已经熟得不能再熟的景点，不过每次带不同的客人却能让我有不同的感受，在和大家初次见面的时候我曾说，相识即是缘，我们能同车而行即是修来的缘分；而现在我觉得不仅仅是所谓的缘了，而是一种幸运，能为最好的游客做导游是我的幸运。

我由衷地感谢大家对我的支持和配合。其实能和大家达成这种默契真的是很不容易，大家出来旅游，收获的是开心和快乐；而我作导游带团，收获的则是友情和经历。我想这次我们都可以说是收获颇丰吧。也许大家登上飞机后，我们以后很难会有再见面的机会，不过我希望大家回去以后和自己的亲朋好友回忆自己的东北之行的时候，除了描述沈阳故宫如何雄伟壮丽，张氏帅府如何饱经沧桑之余，不要忘了加上一句，在沈阳有一个导游小刘，那是我的朋友！最后，预祝大家旅途愉快，以后若有机会，再来沈阳会会您的朋友！

【案例讨论】

案例一

小徐是从XX外语学院德语专业毕业分配到旅行社从事导游工作的。这天，他做地陪接了一个德国团。早上7：30，他就跨上自行车去游客下榻的饭店，因为旅游团8：00在饭店大厅集合。小徐想："从家里到饭店骑车20分钟就到了，应该不会迟到。"然而，当经过铁路道口时，开来一列火车，把他挡住了。待列车开过去时，整个道口已挤得密密麻麻，因为大家都急着赶时间去上班，自行车、汽车全然没有了秩序。越是没有秩序，越是混乱，待交通警察赶来把道口疏通，已过8：00。10分钟后，小徐才到饭店。这时，离原定游客出发时间已晚了十多分钟，只见等候在大厅里的那些德国游客个个面露不悦，领队更是怒气冲冲，走到小徐面前伸出左手，意思是说："现在几点了。"

点评：

作为导游员，熟悉各个国家或地区的风俗习惯是很有必要的。知道了各个国家（地区）的风俗习惯和人民的性格特点后，导游员就能很好地防止避免这样那样的差错。德国游客，他们的时间观念也许是世界上最强的，讲好8：00出发，绝对会一个不漏、一秒不迟地准时在大厅集合。这时，如果导游员自己迟到了，你在他们心目中的形象就会大打折扣，即使你前面的工作非常出色，也将事倍功半。本案例中，小徐若知道德国人的这种惜时如金的性格特点，他就会把赶往饭店的时间更提早些，这样，也就不会出现本案例中所述的最后一幕。当然，作为导游员，不仅是带德国游客，带任何一个旅游团，都要守时，绝不能迟到，这是导游从业人员起码的素养。如果因为不可预见的因素而迟到了，则可以：①诚恳地向游客表示道歉，如实地说明前因后果，以求得游客的谅解；②工作上要一如既往，不能因为迟到、游客有意见就降低自己的服务标准，而是要更加努力，将功补过。

案例二

小张担任一东南亚旅游团的地陪。旅游团到了饭店后，小张就和领队商谈日程安排。在商谈过程中，小张发现领队手中计划表上的游览点与自己接待任务书上所确定的游览景点不一致，领队的计划表上多了两个景点，且坚持要按他手上的景点来安排行程。为了让领队和游客没有意见，小张答应了。在游览结束后，领队和游客较满意。但小张回旅行社报账时却被经理狠狠批评了一顿，并责令他赔偿这两个景点的门票费用。

点评：

旅行社所下达任务单上游览景点与游客手中计划书上景点不符，这种情况的出现，基本上有两种原因：一为双方在洽谈过程中发生误会；二乃对方旅行社为掩盖其扣游客费用而采取“瞒天过海”的一种手段。导游员碰到这类问题时，必须弄清真相，不然，或者会给旅行社带来损失，或者会导致游客有意见。本案例中，导游员小张就是因自作主张随意答应了游客的要求，结果导致旅行社利益受损，吃力不讨好。

导游员碰到这类问题，处理的步骤是：首先，应及时与旅行社联系，请旅行社负责人指示应按哪份计划实施接待。如果确认按我方旅行社计划单上所规定景点游览，则除了重点游览、讲解规定景点外，应尽量能让游客看到没有安排的那些景点，并做必要的指点和讲解；其次，如果游客愿意自费游览不能安排的景点，在收取费用后，应予满足。

案例三

8 月的一天，千岛湖 XX 旅行社的导游员小张接待了 G 省中国旅行社所组的一个 20 +1 人的马来西亚团。在游千岛湖之前，小张照常规先去售票处购买了 20 张游客的游览票。上船后，千岛湖管理部门的工作人员上来检查（自“千岛湖事件”后，当地旅游管理部门对游船的管理十分严格，在全湖范围内实行卫星监控，并在湖上设置多个检查站，每条游船必须在经过严格检查后方可放行。导游员也不例外，必须出示《导游人员资格证书》)。然而全陪却无法出示《导游人员资格证书》，管理人员照章行事，坚决要求全陪买游览票，但全陪执意拒绝，理由是：从来没有碰到过要全陪买门票的。双方你来我往，公说公有理，婆说婆有理，时间也因此被耽搁了 20 多分钟。地陪小张看到要

全陪买票已没有可能，最后自己掏钱去补了一张，游船终于被放行。

点评：

按《导游人员管理暂行规定》中第十四条规定：带团时，导游员必须佩戴胸卡，并携带《导游人员资格证书》。作为组团社的G省中国旅行社完全应该明白无证导游不能上岗的规定，然而这家旅行社却无视法规，让无证导游担任全陪，这样做显然违背了国家的有关法规条文。作为千岛湖管理部门要求全陪出示证件，在全陪没有证件的情况下要求购买游览票纯属照章行事。全陪拒绝补买门票既违反当地旅游管理部门规定，又影响旅游团正常游览，这样做实在不应该。作为地陪，碰到此类事件时，应委婉劝说全陪买票，在劝说无效情况下，可以替全陪买票，同时可以保留收据或让全陪签字证明，以便在向组团社结账时作为依据。

第五节　旅游团队中领队服务规范

领队，这里是指海外领队，是经国家旅游行政主管部门批准组织出境旅游的旅行社的代表，他既是旅游团雇佣的服务工作人员，也是旅游团的代言人和领导，起着沟通旅行社之间、旅游者和全陪及地陪之间的桥梁作用，监督接待旅行社落实旅游合同计划，在旅游过程中，积极协助导游员落实各项接待服务，共同完成接待工作。

一、领队的前期工作

（一）研究旅游团

了解旅游团成员的阶层、职业、年龄、性别、重点人物情况。

（二）研究旅游线路和旅游计划

了解旅游目的地的历史、地理、文化、政治、经济情况。研究组团社的计划是否与游客要求一致，接团社的安排是否与组团社一致。若有变动，要及时通知组团社进行部分计划修改，待组团社认可后，将情况报告接团社。尽量做到出行前旅游者、组团社和接待社的一致。做好物质准备。集体签证，核实各类票证。带领中国公民出国旅游，领队事先代客人填好各种表格，领取必要款项。

二、领队的接待工作

（一）出发前介绍

旅游团成员聚集以后，介绍目的地情况、旅游线路、风土人情、接待情况、注意事项等；可放录像、电影、幻灯，也可发放资料。

（二）带团出发

核实各种票据、表格、旅行证件，检查全团预防注射情况，落实有关分房、交款、特殊要求等事项。办理中国出境手续，其中包括出关手续和卫生检疫。登机手续，包括分配本团成员座位、托运行李等。

（三）办理入境手续

到达旅游目的地后，带领旅游团办理好卫生检疫、证件查验、海关检查等入境手续。

（四）首站联络

抵达目的地后，领队应迅速与接待方旅行社的全陪和首站地陪联系。作自我介绍，通报全团实到人数，旅游者的特殊要求，处理完行李等事项后，上旅游车，开始旅游目的地的活动。

三、领队目的地的陪同工作

（一）团队入住饭店工作

负责办理入住手续并分配房间，宣布叫早、早餐、出发时间及领队、全陪的房间号、电话号码。检查行李是否送到客人房间，协助团员解决入住后的有关问题。

（二）监督实施旅游计划，与当地导游人员商定日程

其中遇有当地导游修改日程时，应坚持“调整顺序可以，减少项目不行”的原则，不损害旅游者的利益，必要时报告国内组团社。当地导游推荐自费项目时，要征求全体旅游团成员的意见。

（三）游览中，配合全陪、地陪，注意旅游者的动向，防止各类事故发生

与接待旅行社密切合作，妥善处理各种事故和问题，消除不良影响。

（四）指导购物

出现当地导游人员过多安排购物次数和延长购物时间，要及时交涉。购物时，提醒旅游者注意商品质量，以防以次充好，尤其是购买文物之类物品，要

告之目的地国家的相关规定。

四、领队做好团结工作

维护旅游团内部团结，协调旅游者之间关系，妥善处理矛盾。处理好旅游者和地陪、全陪之间的关系，处理好本人与地陪、全陪的关系，以大局为重，积极消除矛盾，努力保持整个大集体团结和谐的氛围，共同完成旅游接待工作。

五、领队保管证件和机票

旅游团集体签证，领队应自始至终保管好。我国旅游团在海外旅游期间，领队集中保管旅游者的护照等证件。海外团队在我国旅游一般自持护照，我国有些海关机构需要旅游团集中护照按团队检查，此时海外领队应协助机场的工作，以提高效率。领队应保管好全团机票和各国入境卡、海关申报卡。

六、领队办理离、入境手续

带领全团旅游者办理旅游目的地国家的离境手续和中国入境手续，请旅游者填写征求意见表，并收回；详细填写《领队小结》，整理反映材料。结清账目，协助旅行社领导处理遗留问题。

第三章　散客导游服务

【本章导读】

在旅游活动中，旅游者参加旅游活动的包价类型大体上可分为团体和散客两种。散客的导游服务与团体的导游服务相比，更具有灵活、多变、快节奏的特点，因此，导游要了解散客导游服务的类型，并熟练掌握散客导游的服务程序。

第一节　散客导游服务的类型和特点

一、散客导游服务的类型

（一）散客旅游的含义

散客旅游又称自助或半自助旅游，它一般不需旅行社组织，而是由游客自行安排旅游行程，零星现付各项旅游费用的旅游形式。

散客旅游与团队旅游的区别：一是旅游行程的计划与安排不同。散客旅游的行程多由散客自行安排和计划，而团队旅游则为旅行社或旅游服务中介机构来安排。但是，散客进行的旅游活动并不是完全不经过旅行社的，相反，某些散客出游前的旅游咨询和出游后的某些旅游事项也经过旅行社或委托旅行社办理。另外，散客可以是单个的游客，也可以是一个家庭，还可以是几个好友。二是付费方式不同。散客旅游的付费方式是零星现付，即购买什么、购买多少，都按零星价格现场支付，而团队旅游多采用团体包价方式，即全部或部分基本旅游服务费用由游客在出游前一次性支付清。三是价格不同。散客旅游的旅游项目由于是按零售价格单个支付，因而在价格上比团队旅游相对贵一些。

四是自由度不同。散客旅游由于是游客自主安排行程，对于一些旅游项目的选择上自由度较大。而团队旅游因整个行程已由旅行社或旅游服务中介机构事先安排好，有时会受到一些项目的约束，自由度较小。

散客旅游近几年发展很快，已成为当今旅游活动的主要形式。其原因是：①中青年旅游人数的增加，这个年龄阶层的游客大都不愿意受旅游团队的约束；②自主意识的增强和旅游经验的丰富，旅游者愿意也能够自行安排旅游活动；③现代交通和通讯的发展为散客旅游的发展提供了便利条件；④国际经济联系的加强，商务活动的日趋频繁；⑤各国都在调整其接待机制，增加和改善散客接待设施，从而促进了散客旅游的发展。

（二）散客旅游的类型

1. 从旅游方式上分为团体活动方式和零星散客活动方式

团体活动方式通常是指旅行社将具有相同旅游行程计划和安排的散客聚集在一起，拼凑成一个团队开展的旅游活动。这类的团队通常称为“散拼团”。这些散客的费用都是单独与旅行社结算，人与人之间也并不一定熟悉，只是因为共同的需要而组织起来的临时团体。

零星散客活动方式是指旅行社根据游客的需要为1个或少于9个的散客提供零散的单个的旅游服务项目的活动，其具体内容包括以下两个方面：

（1）单项委托服务，即旅行社为散客提供的各种按单项计价的可供选择的服务。当客人作出决定委托旅行社为其提供一项或多项旅游服务时，旅行社工作人员要让其填写“生活委托书”，办理委托手续，交纳费用。

委托服务分为受理散客来本地旅游的委托、办理散客赴外地旅游的委托和受理散客在本地的旅游委托。旅行社为散客提供的单项委托服务主要有：抵离接送，行李提取和托运，代订酒店客房，代租汽车，代订、代购、代确认交通票据，代办入境、出境、过境临时居住和旅游签证，代办国内旅游委托，导游服务，代向海关办理申报检验手续等。

（2）旅游咨询服务，即旅行社散客部人员向咨询者提供各种与旅游有关的信息和建议的服务。这些信息包括的范围很广，主要有旅游交通、饭店住宿、餐饮设施、旅游景点、旅行社产品种类以及各种旅游产品的价格等。旅游建议则是旅行社散客部人员根据客人的初步想法向其提供若干种旅游方案，供其选择与考虑。

旅游咨询服务具体包括：①电话咨询服务。散客部工作人员应做到尊重客人，并积极主动地进行推荐。②信函咨询服务。信函咨询服务的书面答复应做到语言明确、简练规范、字迹清楚。③人员咨询服务。在向客人面对面地提供旅游咨询服务时，门市柜台接待人员应做到热情接待、主动宣传和促其成交。

2. 从付费方式上分为散客包价导游服务和选择性导游服务

散客包价旅游是指9名以下游客采取一次性预付旅费的方式，有组织地按预定行程计划进行的旅游形式。散客包价旅游的包价服务项目和旅游方式与团体包价旅游大体相同，但与团队包价旅游有所不同的是在旅游行程的计划和安排上，散客包价旅游团更具有自主性和自由性。

选择性旅游服务是指通过招徕，将赴同一旅游线路或地区或相同旅游景点的不同地方的旅游者组织起来，分别按单项计价，前往指定地点参观游览。其具体形式多样，主要有小包价旅游中的可选择部分（除住房和早餐、接送费、城市交通费以外）；散客的市内游览、晚间文娱活动、风味品尝；到近郊或邻近城市旅游景点的短期游览参观活动，如“半日游”、“一日游”、“几日游”以及“购物游”等。

随着社会的进步和旅游业的不断发展，现在一些旅游发达国家还出现了一种新型的散客选择性旅游服务——零包价旅游。这是一种独特的产品形态，参加这种旅游的旅游者必须选择随团前往和离开旅游目的地，但在旅游目的地的活动是完全自由的，形同散客，而且还可以获得团体机票价格的优惠，并可由旅行社统一办旅游签证。

二、散客导游服务的特点

同团体旅游相比，散客旅游形式更加灵活、多变、快节奏。

（一）服务项目少而单一

由于散客旅游是零星支付各类旅游服务项目，并不是所有的旅游项目都服从旅行社的安排，所以旅行社提供的服务项目必须根据散客的需要而定。另外，散客旅游多为游客本人外出或与家人或与朋友结伴而行，因此人数规模较小，所以旅行社提供的服务项目较少且多为旅行者不宜解决的服务项目，内容比较单一。

（二）批次多，服务周期短，周转快

虽然散客旅游的批量相对团队旅游较少，但是，由于散客旅游的发展迅速，采用散客旅游形式的游客人数大大超过团体游客人数，而且日趋增多；而

且，由于世界各国都在积极发展散客旅游业务，为其提供各种方便条件，散客旅游更得到长足的发展。这样，旅行社在向散客提供旅游服务时，由于其批量小，但总人数多的特征而形成了批次多的特点。由于散客要求旅行社提供的服务往往不是一次性的，有时同一散客多次要求旅行社为其提供服务，更增加了旅行社的工作量，加快了散客导游服务的运转周期，呈现出周期短的特点。

（三）服务难度大，服务程序简捷

散客中有大量的公务和商务游客，由于他们的旅行费用多由其所在单位或公司全部承担或部分承担，所以他们在旅游过程中的许多交际应酬及商务、公务活动，一般要求旅行社为其安排，这种活动不仅消费水平较高，而且对服务质量也要求较高，服务难度较大。由于散客旅游要求提供的不是全套旅游服务，而只是一项或几项服务，有时是临时想到的，所以服务程序要比团体旅游少很多，速度相对较快。

（四）游客自由度高，变化大

散客自由度高，有时由于旅游经验欠缺，在出游前对其旅游计划缺乏周密的安排，因而在旅游过程中，可能会随时更改旅游计划，导致更改甚至全部取消出发前向旅行社预订的服务项目，而要求旅行社为其预订新的服务项目，变化大。

三、散客导游服务的要求

散客旅游的发展是旅游市场成熟的标志之一，说明旅游者的自主旅游意识日益增强，旅游消费观念日趋成熟。散客对旅游服务的效率和质量的注重往往比团体旅游的游客更甚。根据散客旅游的特点，旅行社要努力做好散客旅游的接待业务。

（一）提供高效率的接待服务

散客旅游的旅游服务项目中间空隙少，各个环节连接紧凑，不像团队旅游有集中时间。如何在最短的时间内完成旅游服务接待工作，是旅行社在接待散客游客中需要注意的问题。旅行社应在不断的实践培训中培养导游的高效工作能力。

（二）提供高质量的导游服务

散客旅游人数比团队少，导游在提供服务应做到更细致、周全，“不因人多而为之，不因少而不为”。旅行社应不断开展导游的培训工作，更新导游的知识储备，全面提高导游人员的思想道德素质、身体素质和文化素质，并开发出具有丰富文化内涵和富有浓郁地方特色和民族特色的旅游产品，以满足游客追求个性化和多样化的消费心理。

（三）具备较强的独立工作能力和语言表达能力

散客游客的需求随时会发生变化，导游应做到随机应变，及时做出正确、合理的反应。

（四）建立计算机网络化预订系统和广泛、高效、优质的旅游服务供应网络

散客在旅游过程中，旅游计划容易变动，对旅行社提供的旅游服务项目在时间上要求快，对旅游服务设施和服务的质量上要求高。旅行社要适应散客的这种要求，逐步在旅游目的地建立起覆盖面大、服务效率高、服务质量优异的旅游服务供应协作网络，以满足散客的各种需要。

第二节　散客导游服务程序

一、接站服务

（一）服务准备

1. 熟悉接待计划

导游人员应认真阅读并熟悉接待计划，了解团队情况。具体包括明确迎接的日期、航班或车次抵达时间，游客姓名及人数和下榻的饭店，有无航班或车次及人数的变更，提供哪些服务项目，是否与其他游客合乘一辆车至下榻的饭店等。

2. 做好出发前的准备工作

导游人员要准备好迎接游客的姓名或小包价旅游团的欢迎标志、地图，随身携带齐全的工具，如导游证、胸卡、旗子、接站牌，检查所需票证，如离港机（车）票、餐票、游览券等。

3. 确定交通工具

导游人员接团前一天应及时和旅游车司机取得联系，约定出发的时间、地点，了解车型、车号、车况，提醒司机做好准备工作。

（二）接站服务

1. 提前到达迎候

导游人员要提前到达交通集散地迎候游客的到来。若游客是乘飞机而来，应提前20分钟到达机场，在国际或国内进港隔离区门外等候；若游客是乘火车而来，应提前30分钟进车站站台等候。

2. 迎接游客

客人到达后，导游员和司机要站在不同的出口且容易让客人发现的位置，并举接站牌迎候，以便游客认找；导游员也可根据掌握的游客特征询问辨认游客。确认游客后，应主动上前问候，并介绍所代表的旅行社和自己的情况，对游客表示欢迎。询问游客在机场或车站还需办理的事情，并给予必要的协助。询问客人行李件数并进行清点，帮助游客提取行李和引导其上车。如是小包价旅游团，将行李清点后交行李员运送。

如未接到应接的游客，导游人员应询问机场（车站）的工作人员并与司机配合，在尽可能的范围内寻找至少20分钟。若确实找不到，要及时与计调人员联系，报告迎接情况，核实游客抵达的日期或航班（车次）有无变化。当证实迎接无望时，经计调部门同意后方可离开机场（车站）。

（三）沿途导游服务

在下榻饭店的途中，导游人员应对散客或小包价旅游团应像团体包价旅游团一样进行沿途导游。对个体散客，沿途导游服务可采取对话的形式；导游还可适时地推销旅行社旅游产品，询问逗留期间和需要旅行社代办的事宜。

（四）入住饭店服务

1. 协助办理入店手续

游客抵达饭店后，导游员应即时帮助游客办理入住手续，向游客介绍饭店的服务项目和注意事项。核对行李，督促行李员将行李送到游客房间。记下游客的房间号码和代表的电话号码，同时告知游客自己的电话号码，以便联系。

2. 确认日程安排

入住手续办理完毕后，要与游客确认行程活动安排。当游客确认后，将填好的行程单、游览券和赴下一站的交通票据交与游客，并让其签字确认。如游客并团旅游，应详细告知集合地点、时间、各类票据的使用、离店时间和送站安排等。

3. 确认机票

若游客将乘飞机赴下一站旅游，而又不需要旅行社为其提供机票时，导游人员应提醒游客提前预订和确认机座；如游客需要协助确认机座时，导游人员可告知其确认机票的电话号码；如游客愿将机票交与导游人员帮助确认，而接待计划上又未注明需协助确认机票，导游人员可向游客收取确认费用，并开具证明。

导游人员帮助游客确认机票后，应向散客部计调部门报告核实确认的航班号和离港时间。

（五）后续工作

迎接游客完毕后，导游员应及时将游客变更情况、行程活动的更改要求、游客特殊要求等反馈给旅行社有关部门。

对于未在机场或车站接到游客的导游人员来说，回到市区后，应前往游客下榻的饭店前台确认游客是否已入住饭店。如游客已入住饭店，必须主动与游客联系并表示歉意。同时告知上述事宜，并报告旅行社相关部门。

二、导游服务

由于游客来自不同国家、地区，彼此不相识，在习惯、语言等方面各有不同，因此在旅游过程中互无约束，集合困难。因此导游要有较强的责任心和组织协调能力，尽心尽力，多听游客意见，多提醒游客，保证游览工作安全、顺利开展。

（一）出发前的服务

出发前，导游人员应做好有关的物质准备工作，并与司机联系集合时间、地点，督促司机做好有关的准备工作。

导游人员应提前15分钟抵达集合地点，引导游客上车。如是散客小包价旅游团，游客分住不同的饭店，导游应偕同司机驱车按时到各饭店接游客。游客接齐后，再驱车前往游览地点。导游人员必须按照事先约定的内容和规定的路线、景点率团进行游览。

（二）沿途导游

对于临时组合起来的散客小包价旅游团，初次与游客见面时，导游应代表旅行社、司机向游客致以热烈的欢迎，表示愿竭诚为大家服务，希望大家予以合作，多提宝贵意见和建议，并祝大家游览愉快、顺利。另外，导游对沿途景

点也需做好介绍工作，并应特别向游客强调在游览中注意安全。

（三）现场导游讲解

到了现场，导游员要作生动的导游讲解，讲解内容与团队旅游相同。但是，如果游客人数少，导游员可采取对话形式进行讲解，即边游览、边讲解，随时回答游客的提问；可能的情况下，可以与游客讨论与景点有关的一些问题。

在游览过程中，导游员要随时注意旅游者的动向以及周边环境，防止意外事故的发生。

（四）其他服务

散客的自由活动时间多，导游要做好顾问，并提醒他们注意安全。如果旅游者提出要求时，导游员可协助他们安排购物或晚间娱乐活动。

（五）后续工作

接待任务完成后，导游人员应及时将接待中的有关情况反馈给散客部计调部门，或填写“零散旅游者登记表”。

三、送站服务

（一）服务准备

1. 熟悉送站计划

导游员接受送站任务后，应详细阅读送站计划，明确游客情况（人数、姓名、下榻饭店、离站时间、航班号、车次等）；确定有无变更情况；是否与其他游客或散客小包价旅游团合乘一辆车去机场（车站、码头）。

2. 做好送站准备

导游员应在离站前一天与游客确认送站时间、地点。此项工作需反复联系确认，以便落实到每一位游客。另外还应准备好各类票据。

确认与司机会合的时间、地点及车型、车号。

若游客乘飞机离站，导游员应掌握好到达机场的时间，国内航班提前60分钟到达，国际航班提前120分钟到达；若乘火车应提前40分钟到达车站。

（二）到饭店接运游客

导游应在约定时间前20分钟到达游客下榻的饭店，协助游客办理离店手续，交还房间钥匙，结清账款，清点行李，提醒游客带齐随身物品，引导游客上车，清点人数后离店。

若到达游客下榻的饭店后，未找到游客，导游应到饭店前台了解游客是否已离店，并与司机共同寻找，若超出20分钟仍未找到游客，要及时向旅行社有关部门报告，并要求协助找寻，并保持联系。当确认确实无法找到游客时，经旅行社负责人同意后，方可离开。

若需送站的游客与住在其他饭店的游客合乘一辆车去机场（车站、码头），要严格按约定时间顺序到达各饭店。

送站途中，若遇到严重交通堵塞或其他特殊突发事件，需调整原约定时间顺序和行车路线时，导游应及时向旅行社有关部门报告，请计调人员将时间上的变化通知各饭店的游客。

（三）到站送客

在前往机场（车站、码头）途中，导游员要代表旅行社致欢送辞，询问客人在本次游览过程中的感受、意见和建议，并代表旅行社向游客表示感谢。

到达机场（车站、码头）后，导游应提醒游客携带好自己的行李物品下车，并协助游客办理相关登机（车、船）手续。

导游在与游客告别前，应确认航班、车次时间，并交接好票据，若有延误，一定要提供力所能及的帮助。

送别游客后，导游人员要及时将有关情况反馈给散客计调部门，并到旅行社结清账目，完成有关后续工作。

【案例讨论】

案例一

一次，欧美部的英语导游员小方作为地陪负责接待一个由7个散客组成的散客旅游。其中5人讲英语，2人讲中文。在旅游车上，小方用两种语言交替为游客讲解。到了游览点时，小方考虑到游客中讲英语的占多数，便先用英语进行了讲解，没想到他用英语讲解完毕，想用中文作再次讲解时，讲中文的游客已全部走开了，因而他就没用中文再次讲解。事后，小方所在旅行社接到两位讲中文游客的投诉，他们认为地陪小方崇洋媚外，对待游客不平等。

（1）分析投诉的原因。

（2）避免投诉的方法。

点评：

第一，这是一次由误会而招致的投诉。这是个选择性旅游所组成的散客旅

游，服务过程中欠细致周到，事先没讲明自己的服务方式，没考虑先用英语讲解对中文游客带来的心里失衡。

第二，避免投诉的方法：①事先声明服务的方式；②采用中英文交替的方式为游客讲解；③可采用转移讲解法，甲地英语讲解在先，乙地中文讲解在先。

案例二

地陪王小姐在陪同一对老年夫妇游览故宫时工作认真负责，在两个半小时内向游客详细讲解了午门、三大殿、乾清宫和珍宝馆。老人提出了一些有关故宫的问题，王小姐说："时间很紧，现在先游览，回饭店后我一定详细回答你的问题。"游客建议她休息，她都谢绝了。虽然很累，但她很高兴，认为自己出色地完成了导游讲解任务。然而，出乎她意料的是那对老年夫妇不仅不表扬她，反而写信给旅行社领导批评了她。她很委屈，但领导了解情况后说老年游客批评得对。

(1) 为什么说老年游客批评得很对?

(2) 应该怎样接待老年散客?

点评：

第一，老年夫妇的批评很有道理。①很显然，王小姐不了解老年游客的兴趣爱好、体力和心情，让他们作了一次疲劳的游览；②老人表面上劝王小姐休息，实际上是他们累了，很想休息一会儿，可惜王小姐不理解；③王小姐不应该拒绝在现场回答他们关于故宫的问题，也不应让老人在短时间内看那么多的东西。

第二，接待老年散客的正确做法是：①对游览线路，导游员要提出建议，作好顾问，但由游客选择，不能勉强游客接受你的安排；②对老年散客，一定要注意劳逸结合，他们提出要休息，就应找地方休息，有时还要建议他们休息。绝不能强拉他们去游览；③对景点作必要的介绍后，导游讲解应以对话、讨论形式为好；④一般情况下，要在现场回答游客提出的与景点相关的问题。

案例三

1999 年的"十一"，国务院规定放假 7 天，中国除了春节以外，从未放这么长时间的假，又是在这么秋高气爽的日子，国人兴奋不已，纷纷走出家门参加旅游的队伍，使中国旅游出现空前的高涨局面。在这种背景下，武汉某几家旅行社联合推出“九寨、黄龙双飞 5 日游”——1980 元/人的特优惠价。

10 月 2 日，全陪小陈带领 50 名来自湖北各地的散客赴成都，第一天住成都双人标间相安无事；第二天，全团分二辆车赴九寨，由于成都方面的原因，造成游览车晚点到达饭店，客人意见很大，好不容易全陪小陈进行劝服工作，客人才勉强同意上车。10 点出发，晚 12 点抵九寨，安排的住宿又不太满意，客人大多数来自于家庭，情侣、夫妻居多，而房间大多不是双人间，客人要求换房，这本不是过分的要求；可当时九寨沟可以说是“人满为患”，房间相当紧张，旁边有一辆卧铺汽车从广东开来，由于没有房间，客人全部在车上就寝。

全陪小陈了解了以上情况后，马上做客人的工作。首先，她告诉客人，房间确实不尽如人意；然后解释，确实没有房间，三星级的地铺都卖到 300 元/人，并把刚才看到的卧铺汽车的情况告诉客人；最后，退一步说客人如果还是不相信，一定要自己去找房间的话，先不要退房，把行李还是放到房间去，等找到更好的房间，再退也不迟。客人觉得小陈说的也对，就听从全陪的安排，把行李拿到房间，然后出去逛了一圈回来。得知：果真没有房间了，并说如果他们刚才退了房，现在只怕没有房间住，非常感谢全陪小陈的明智之举。

第三天，这些散客开始了愉快的九寨沟之旅！

请对全陪的工作进行分析。

点评：

在旅游旺季，什么情况都可能发生，尤其是用车和住房的紧张显得尤为明显。在这个案例中，是散客小包价旅游团，虽然有全陪，但没有领队，全陪的职责相当大。遇见这种车晚点、住房没达标的情况，客人有意见是情理之中的事，客人的要求并不过分。就看导游是怎么处理。此案例中，全陪小陈在了解全部情况后，处理得当。首先，她给客人一个肯定的回答：房间确实不尽如人意。这与客人的看法一致，客人得到了认同，心理舒服一些；其次，把知道的情况如住房紧张等问题耐心向客人解释；最后，拿出解决问题的办法，既要为客人的利益着想，又要考虑当时的具体情况，真正做到具体问题具体分析。如果全陪没有了解当时的情况，她不会做出这种决定的。

第四章 旅游接待中的事故和问题的处理

【本章导读】

无论是旅游者，还是旅行社或导游，都不希望在旅游过程中发生任何事故。因为事故一旦发生，不仅给旅游者带来烦恼，甚至是灾难，给导游人员增添工作上的麻烦和困难，而且还会给旅行社造成损失，甚至影响国家或地区旅游业的声誉。为了保证提高旅游服务的质量，任何一方都应杜绝事故，不出或少出事故，特别是旅行社和导游人员更应学会分析这些事故发生的原因，并掌握处理事故的原则和方法，认真做好事故的预防工作。

在实际接待过程中，往往由于旅行社工作环节的差错，导游人员的工作责任心不强，旅游者的个人原因和一些不可抗拒的因素，导致旅游过程中问题与事故的发生。然而，问题、事故一旦发生，导游人员必须当机立断，沉着冷静，在领导的指示下合情合理地处理一系列问题，力争将事故的损失和影响减少到最低限度。

有的时候，问题、事故的发生并不是导游人员的责任，但导游人员是独立工作在旅游接待第一线的工作人员，负有帮助解决问题和协助处理事故的责任；并且在导游服务过程中，对问题和事故的处理，也是对导游人员工作能力和独立处理问题能力的重大考验，处理得好，游客满意了，导游人员的威信就会因此提高。反之，不仅游客不满，还可能留下隐患，使旅游活动不能顺利进行，甚至会演变为涉外事件。因此，在旅游活动过程中，出现问题，发生事故，不管责任在哪一方，导游人员都必须全力以赴，认真对待，及时、果断、合情合理地进行处理。

第一节　旅游活动计划和日程变更的处理

旅游活动计划和日程一旦商定，各方都应遵守执行，切不可轻易更改。作为导游人员首先应严格按旅游计划规定执行接待任务，严格遵守商定日程的安排。但在旅游过程中，常常因客观原因或不可预料的因素（如天气、自然灾害、交通、疾病流行等）需要变更旅游计划和活动日程，也可能旅游者提出变更旅游计划或活动日程的要求。不管是何种原因和因素，导游人员都必须认真分析，冷静处理。

一、旅游团（者）要求变更计划行程

在旅游过程中，由于种种原因，游客向导游人员提出变更旅游路线或旅游日程时，原则上应按旅游合同执行；遇有较特殊的情况或由领队提出，导游人员也无权擅自做主，要上报组团社或接待社有关人员，须经有关部门同意，并按照其指示和具体要求做好变更工作。

二、客观原因需要变更计划和日程

旅游过程中，因客观原因或不可预料的因素需要变更旅游团的旅游计划、路线和活动日程时，一般会出现三种情况，针对不同情况要有灵活的应变措施。

（一）缩短或取消在某地的游览时间

1. 旅游团（者）在抵达时间延误，造成旅游时间缩短

（1）仔细分析因延误带来的困难和问题，并及时向接待社外联或计调部门报告，以便将情况尽快反馈给组团社，找出补救措施。

（2）在外联或计调部门的协助下，安排落实该团交通、住宿、游览等事宜。提醒有关人员与饭店、车队、餐厅联系，及时办理退房、退餐、退车等一切相关事宜。

（3）地陪应立即调整活动日程，压缩在每一景点的活动时间，尽量保证不减少计划内的游览项目。

2. 旅游团（者）提前离开，造成游览时间缩短

（1）立即与全陪、领队商量，采取尽可能的补救措施；立即调整活动时间，抓紧时间将计划内游览项目完成；若有困难，无法完成计划内所有游览项目，地陪应选择最有代表性、最具特色的重点旅游景点，以求游客对游览景点有个基本的了解。

（2）做好游客的工作，不要急于将旅游团提前离开的消息告诉旅游团（者），以免引起波动。待与领队、全陪制定新的游览方案后，找准时机向旅游团中有影响的游客实事求是地说明困难，诚恳地道歉，以求得谅解，并将变更后的安排向他们解释清楚，争取他们的认可和支持，最后分头做游客的工作。

（3）地陪应通知接待社计调部门或有关人员办理相关事宜，如，退房、退餐和退车等。

（4）给予游客适当的补偿，必要时经接待社领导同意可采取加菜、风味餐、赠送小纪念品等物质补偿的办法。如果旅游团的活动受到较大的影响，游客损失较大而引起强烈的不满时，可请接待社领导出面表示歉意，并提出补偿办法。

（5）若旅游团（者）提前离开，全陪应立即报告组团社，并通知下一站接待社。

（二）延长旅游时间

游客提前抵达或推迟离开都会造成延长游览时间而变更游览日程。出现这种情况，地陪应该采取以下措施：

（1）落实有关事宜。与接待社有关部门或有关人员联系，重新落实旅游团（者）的用房、用餐、用车的情况，并及时落实离境的机、车票。

（2）迅速调整活动日程，适当地延长在主要景点的游览时间。经组团社同意后，酌情增加游览景点，努力使活动内容充实。

（3）提醒接待有关人员通知下一站该团的日程变化。

（4）在设计变更旅游计划时，地陪要征求领队和全陪的建议和要求，共同商量，取得他们的支持和帮助。在改变的旅游计划决定之后，应与领队、全陪商量好如何向团内游客解释说明，取得他们的谅解与支持。

（三）逗留时间不变，但被迫改变部分旅游计划

出现这种情况，肯定是外界客观原因造成，如大雪封山或维修改造进入危

险阶段等。这时导游员应采取如下措施：

（1）实事求是地将情况向游客讲清楚，求得谅解。

（2）提出由另一景点代替的方案，与游客协商。

（3）以精彩的导游讲解、热情的服务激起游客的游兴。

（4）按照有关规定做些相应补偿，如用餐时适当地加菜，或将便餐改为风味餐，赠送小礼品等。必要时，由旅行社领导出面，诚恳地向游客表示歉意，尽量让游客高高兴兴地离开。

【案例讨论】

某旅游团按计划于10月5日17：30分飞抵D市，10月7日20：30乘飞机离开D市。由于时值旅游旺季，接团社未能按计划为该团买到机票，只得安排该团乘加班机，提前到10月6日13：05飞离D市。如果你是该团的导游员，应该怎样做好客人的工作，使他们在得知计划更改时不致起哄？又应该采取哪些补救措施，尽量使客人在D市逗留期间过得愉快？

点评：

（1）先找全陪，说明情况，提出应变计划，协商达成一致意见；

（2）找旅游团领队和团中有影响的人物，实事求是地说明困难，诚恳地赔礼道歉，讲清补救措施，争取他们的谅解和支持；

（3）分头找团员做工作，求得他们的谅解；

（4）积极执行补救计划：利用有限时间让游客游览本地最具代表性的景点，把计划中的风味餐和文娱演出提前到旅游团抵达的那天晚上，导游员的讲解要更精彩，服务要更热情、更周到；

（5）必要时，经领导批准，可以加酒，加菜，赠送具有本地特色的小纪念品，甚至让领导出面向全团说明实际困难，赔礼道歉；

（6）旅行社有关部门要及时将更改情况通知下一站接待旅行社。

第二节 漏接、空接、错接的预防和处理

一、漏接的预防及处理

漏接是指导游人员没有按预定航班（车次、船次）时刻迎接旅游团

（者），导致旅游团（者）抵达后，无导游人员迎接的现象。

无论是何原因引起，都会造成游客抱怨、发火，这都是正常的。导游人员应尽快消除游客的不满情绪，做好工作。

（一）由于主观原因所造成的漏接

1. 主观原因有如下情况

（1）工作不细。没有认真阅读接待计划，把旅游团（者）抵京的日期、时间、地点搞错。

（2）迟到。没有按规定时间提前抵达接站地点。

（3）没看变更记录。只阅读接待计划，没阅读变更记录，仍按原计划接站。

（4）没查对新的航班时刻表。特别是新、旧时刻表交替时，“想当然”仍按旧时刻表的时间接站，因而造成漏接事故。

（5）导游人员举牌接站的地方选择不当。

2. 处理方法

（1）实事求是地向游客说明情况，诚恳地赔礼道歉，求得谅解。

（2）如果有费用问题（如游客乘出租车到饭店的车费），应主动将费用赔付游客。

（3）提供更加热情周到的服务，高质量地完成计划内的全部活动内容，以求尽快消除因漏接而给游客造成的不愉快情绪。

（二）由于客观原因造成的漏接

1. 客观原因有如下情况

（1）由于种种原因，上一站接待社将旅游团原定的班次或车次变更而提前抵达，但漏发变更通知，造成漏接。

（2）接待社已接到变更通知，但有关人员没有能及时通知该团地陪，造成漏接。

（3）司机迟到，未能按时到达接站地点，造成漏接。

（4）由于交通堵塞或其他预料不到的情况发生，未能及时抵达机场（车站），造成漏接。

（5）由于国际航班提前抵达或游客在境外中转站乘其他航班而造成漏接。

2. 处理方法

（1）立即与接待社联系，告知现状，查明原因。

（2）耐心向游客做解释工作，消除误解。

（3）尽量采取弥补措施，使游客的损失减少到最低限度。

（4）必要时，请接待社领导出面赔礼道歉，或酌情给游客一定的物质补偿。

（三）漏接的预防

1. 认真阅读计划

导游人员接到任务后，应了解旅游团抵达的日期、时间、接站地点（具体是哪个机场、车站、码头），并亲自核对清楚。

2. 核实交通工具到达的准确时间

旅游团抵达的当天，导游人员应与旅行社有关部门联系，弄清班次或车次是否有变更，并及时与机场（车站、码头）联系，核实抵达的确切时间。

3. 提前抵达接站地点

导游人员应与司机商定好出发时间，保证按规定提前半小时到达接站地点。确保做到只能早到而不能迟到。

【案例讨论】

某日上午8：00，某旅行社门市接待人员接北京组团社电话，原定于第二日下午7：50到达的旅游团，因出发地订票的原因改为第二日上午11：40提前到达，须提前接站。门市接待人员因有急事，在未能和旅行社计调联系上的情况下，在计调的办公桌上留下便条告知此事，后离去。计调回社后，没有注意到办公桌上的便条，直到第二日上午12：00，组团社全陪从火车站打来电话才知此事。请问如果你是地接该如何处理？

点评：

（1）地接以最快的速度，带车到达火车站；

（2）实事求是地向游客说明情况，诚恳地赔礼道歉，力求游客的谅解；

（3）必要时，请旅行社的领导出面赔礼道歉或酌情给游客一定的物资补偿，如小礼品；

（4）用更加热情周到的服务，高质量地完成计划内全部活动内容，以消除因漏接给游客带来的不愉快。

二、空接的原因及处理

空接是指由于某种原因旅游团推迟抵达某站，导游人员仍接原计划预定的

班次或车次接站而没有接到旅游团。

（一）空接事故的原因

（1）接待社没有接到上一站的通知。由于天气原因或某种故障，旅游团（者）仍滞留在上一站或途中。而上一站旅行社并不知道这种临时的变化，没有通知下一站接待社。此时，全陪或领队也无法通知接待社，因此，造成空接。

（2）上一站忘记通知。由于某种原因，上一站旅行社将该团原定的航班或车次变更，变更后推迟抵达。但上一站有关人员由于工作疏忽，没有通知下一站接待社，造成空接。

（3）没有通知地陪。接到了上一站的变更通知，但接待社有关人员没有及时通知该团地陪，造成空接。

（4）游客本身原因。由于游客本人生病、急事，或其他原因，临时决定取消旅游，没乘飞机或火车前往下一站，但又没及时通知下一站接待社，造成空接。

（二）空接的处理

（1）导游人员应立即与本社有关部门联系，查明原因。

（2）如推迟时间不长，可留在接站地点继续等候，迎接旅游团的到来，同时要通知各接待单位。

（3）如推迟时间较长，导游人员按本社有关部门的安排，重新落实接团事宜。

【案例讨论】

某旅游团计划于2月5日乘CA××××航班由A市飞抵B市，导游员小孟按接待计划上的时间前往机场，但未能接到该团，试分析小孟未接到该团的可能原因；如果该团推迟到第二天上午抵达，小孟该怎么办？

点评：

第一，小孟没有接到旅游团的主要原因可能有以下三点：

（1）由于天气等方面的原因，原航班的飞机提前起飞，旅游团抵达后自行前往饭店。这属于漏接事故。或由于天气原因，或因机械故障，或因旅游团误了原航班飞机，致使旅游团没能按时到达。这属于空接事故。但不管什么原因，旅游团提前或推迟抵达，A市的接待旅行社没有将这一更改及时通知B市的接待旅行社。

（2）B市接待旅行社已经接到更改通知，但值班人员忘记通知导游员，或没能找到导游员。

（3）地陪小孟接到了更改通知，但他粗心大意，没有将其记住；前往机场前他也没有去旅行社了解是否有传真、电话记录、更改通知等。

第二，如果旅游团提前抵达，小孟应该立即赶往饭店，向旅游团说明情况，赔礼道歉。如果是空接事故，小孟应马上与旅行社联系。得知该团将于第二天上午抵达B市，小孟或旅行社应通知膳宿接待单位退掉当天的餐宿，预定第二天的餐宿；重新安排在B市的活动日程；与司机商定第二天接团的时间。

三、错接的预防及处理

错接是指导游人员将其他旅游团（者）当作自己所接的旅游团（者）接走。

（一）错接的预防

（1）导游人员应提前到达接站地点迎接旅游团。

（2）接团时认真核实。

导游人员要认真逐一核实旅游客源地派出方旅行社的名称、旅游目的地组团旅行社的名称、旅游团的代号、人数、领队姓名（无领队的团要核实游客的姓名）、下榻饭店等。

（3）提高警惕，严防社会其他人员非法接走旅游团。

（二）错接的处理

一旦发现错接，地陪应立即采取如下措施：

（1）报告领导。发现错接后，马上向接待社有关人员报告，查明错换团的情况，再做具体处理。

（2）将错就错。如果经调查核实，错接发生在本社的两个旅游团之间，两个导游人员又同是地陪，那么就将错就错，两名地陪将接待计划交换之后就可继续接团。

（3）必须交换。经核查，错接的团是两家接待社的团，必须交换旅游团。两个团虽都属于一个旅行社接待，但两个导游人员中有一名是地陪兼全陪，因此也必须交换旅游团。

(4) 地陪要实事求是地向游客说明情况，并诚恳地道歉，以求得游客的谅解。

(5) 如发生其他人员（非法导游）将游客带走，应马上与饭店联系，看游客是否已住进应下榻的饭店。

【案例讨论】

近年来，我国有些城市不止一次发生接错团的情况，即甲社的导游员把乙社的一个旅游团误认为是自己的团而接走，车抵饭店才发现差错。请问，如果你是地陪，应从哪些方面着手，防止此类事故发生？

点评：

(1) 站在出站口醒目的位置上举起接站牌，以便领队、全陪（或游客）前来联系；

(2) 主动地从游客的民族特征、衣着、组团社的徽记等分析判断或上前委婉询问；

(3) 及时找到领队和全陪，问清姓名、国别（地区）、团号和人数；

(4) 如该团无领队和全陪，应与该团成员核对团名、国别（地区）及团员姓名等。

第三节　误机（车、船）事故的预防和处理

误机（车、船）事故是指因故造成旅游团（者）没有按原定航班（车次、船次）离开本站而导致暂时滞留。

一、误机（车、船）事故的原因

（一）客观原因导致的非责任事故

由于游客走失、不听安排或由于途中遇到交通事故、严重堵车、汽车发生故障等突发情况造成迟误。

（二）主观因素导致的责任事故

从工作角度分析，导致误机（车、船）事故发生的原因主要是导游人员安排日程不当，没有留有余地，临行前安排旅游者去地域复杂的游览景点或商

业区参观游览和购物，延误了时间；导游人员没有按服务规范提前抵达机场（车站、码头）；在每年新旧航班（车次、船次）时刻交替时间，导游人员本着经验主义，仍按以往的班次离开时间送客；航班班次（车次、船次）变更，旅行社内勤没有及时通知导游人员或导游人员没有提前与内勤联系和确认航班（车次、船次）时刻，仍按原计划预订的航班（车次、船次）时间送客，等等。

二、误机（车、船）事故的预防

误机（车、船）事故是属重大事故，不仅给旅行社造成巨大的经济损失，而且还会使旅游者蒙受经济或其他方面的损失，严重影响旅行社的声誉。因此，无论是旅行社还是导游人员都必须高度认识这一事故的严重后果，杜绝这一事故的发生。杜绝此类事故的发生关键在预防，地陪应做到以下几点：

（1）认真核实机、车、船票的班次、车次、日期、时间及在哪个机场车站码头乘机（车、船）等。

（2）如果票据未落实，接团期间应随时与接待社有关人员保持联系。没有行李车的旅游团在拿到票据核实无误后，地陪应立即将其交到全陪或游客手中。

（3）离开当天不要安排旅游团到地域复杂、偏远的景点参观游览，不要安排自由活动。

（4）留有充足的时间去机场、车站、码头，要考虑到交通堵塞或突发事件等因素。

（5）保证按规定的时间到达机场、车站。

乘国内航班，提前一个半小时到达机场。乘国际航班出境，提前两个小时到达机场。乘火车，提前一个小时到达火车站。

三、误机（车、船）事故的处理

一旦发生误机（车、船）事故，导游员应按照下列步骤进行处理：

（1）导游人员应立即向旅行社领导及有关部门报告，并请求协助。

（2）地陪和旅行社尽快与机场（车站、码头）联系，争取让游客乘最近班次的交通工具离开本站，或采取包机（车厢、船）或改乘其他交通工具前往下一站。

（3）稳定旅游团（者）的情绪，安排好在当地滞留期间的食宿、游览等事宜。

（4）及时通知下一站，对日程作相应的调整。

（5）向旅游团（者）赔礼道歉。

（6）写出事故报告，查清事故的原因和责任，责任者应承担经济损失并受政纪处分。

【案例讨论】

KZH1015 团将于 10 月 17 日 17：40 乘火车离 A 市赴 E 市。地陪小胡带领该团游览了清静寺后于 16：00 将该团带到市中心购物。16：40 全团上车后发现少了两名客人。于是小胡让带队照顾全团在原地等候，自己和全陪分头去找这两名客人。等找到客人回到车上时，离火车开车时间只有 20 分钟了。驾驶员立即开车，可是汽车抵达火车站时，火车已驶离站台，试分析造成这次误车事故的原因，并说明小胡应采取什么补救措施？

点评：

第一，造成这次误车事故的原因是：

（1）不应安排旅游团在快离开本地前到市中心购物；

（2）地陪、全陪不应分头去找人，而是地陪应将车票交全陪，请他带团前往火车站；地陪去寻找未归者，找到后坐出租车赶往火车站。

第二，地陪应采取的补救措施为：

（1）立即与车站调度室联系，商量怎样尽早让旅行团离开本地；

（2）报告旅行社领导，请示处理意见；

（3）请旅行社有关部门安排好该团的食宿；

（4）请旅行社有关部门通知 E 市接待旅行社，该团不能按原计划抵达 E 市；

（5）安排好该团离开 A 市前的游览活动；

（6）妥善处理行李；

（7）离开 A 市的车次确定后，提醒内勤及时通知 E 市接待旅行社。

第四节　游客遗失证件、钱物、行李的预防和处理

从旅游心理学角度看，在旅游期间，旅游者经常会表现出自由散漫、丢三落四等“旅游病”症状，丢失证件、财物现象时有发生。

一、游客证件、钱物、行李遗失的预防

（1）多做提醒工作。参观游览时，导游人员要提醒游客带好随身物品和提包；在热闹、拥挤的场所和购物时，导游人员要提醒游客保管好自己的钱包、提包和贵重物品；离开饭店时，导游人员要提醒游客带好随身行李物品，检查是否带齐了旅行证件；下车时提醒游客不要将贵重物品留在车上。

（2）不代为游客保管证件。导游人员在工作中需要游客的证件时，要经由领队收取，用毕立即如数归还，不要代为保管；还要提醒游客保管好自己的证件。

（3）切实做好每次行李的清点、交接工作。

（4）每次游客下车后，导游人员都要提醒司机清车、关窗并锁好车门。

二、游客遗失证件的处理

丢失证件是指外国旅游者丢失外国护照和签证、华侨丢失中国护照、港澳同胞丢失“港澳居民来往内地通行证”、台湾同胞丢失“台湾同胞旅行证明”、出境旅游的中国公民丢失护照和签证、国内旅游的中国公民丢失身份证。不论是何种旅游者丢失证件，必将给旅游者带来诸多不便和损失，严重时会出不了境、回不了国、上不了飞机；给旅行社和导游人员的工作也带来不少麻烦和困难，诸如办理申领手续、补办工作等。游客遗失证件处理的一般步骤：①请失主冷静地回忆，详细了解丢失情况，找出线索，尽量协助寻找。②如确已丢失，马上报告公安部门、接待社领导和组团社，并留下游客的详细地址、电话。③根据领导或接待社有关人员的安排，协助失主办理补办手续，所需费用由失主自理。

根据游客遗失证件的类别不同，在处理步骤上也有各自具体的要求。

（一）丢失外国护照和签证

（1）由旅行社出具证明。

（2）请失主准备照片。

（3）失主本人持证明去当地公安局（外国人出入境管理处）报失，由公安局出具证明。

（4）持公安局的证明去所在国驻华使、领馆申请补办新护照。

（5）领到新护照后，再去公安局办理签证手续。

（二）丢失团体签证

（1）由接待社开具遗失公函。

（2）原团体签证复印件（副本）。

（3）重新打印与原团体签证格式、内容相同的该团人员名单。

（4）该团全体游客的护照。

（5）以上证明材料到公安局出入境管理处报失，并填写有关申请表（可由一名游客填写，其他成员附名单）。

（三）丢失中国护照和签证

1. 华侨丢失护照和签证

（1）接待社开具遗失证明。

（2）失主准备彩色照片。

（3）失主持证明、照片到公安局出入境管理处报失，并申请办理新护照。

（4）持新护照到其居住国驻华使、领馆办理入境签证手续。

2. 中国公民出境旅游时丢失护照、签证

（1）请当地陪同协助到当地警察机构报案，并取得警察机构开具的报案证明。

（2）持遗失证明到当地警察机构报案，并取得警察机构开具的报案证明。

（3）持当地警察机构的报案证明和有关材料到我国驻该国使、领馆领取《中华人民共和国旅行证》。

（4）回国后，可凭《中华人民共和国旅行证》和境外警方的报失证明，申请补发新护照。

（四）丢失港澳居民来往内地通行证（港澳同胞回乡证）

（1）向公安局派出所报失，并取得报失证明；或由接待社开具遗失证明。

（2）持报失证明或遗失证明到公安局出入境管理处申请领取赴港澳证件。

（3）经出入境管理部门核实后，给失主签发一次性《中华人民共和国入出境通行证》。

（4）失主持该入出境通行证回港澳地区后，填写《港澳居民来往内地通行证件遗失登记表》和申请表，凭本人的港澳居民身份证，向通行证受理机关申请补发新的通行证。

（五）丢失台湾同胞旅行证明

失主向遗失地的中国旅行社或户口管理部门或侨办报失，核实后发给一次性有效的入出境通行证。

（六）丢失中华人民共和国居民身份证

由接待社开具证明，失主持证明到公安局报失，经核实后开具身份证明，机场安检人员核准放行。回到居住所在地后，凭公安局报失证明和有关材料到当地派出所办理新身份证。

三、游客遗失钱物的处理

在旅游期间，旅游者不慎丢失财物，不仅给旅游者带来生活上的不便，也带来经济上的损失。如系丢失贵重物品，还影响旅游者出境，需要旅行社或导游人员帮助其办理有关证明和索赔手续，也给接待工作带来困难。要根据旅游者的类别，采取相应的处理方式。

（一）外国游客丢失钱物的处理

（1）稳定失主情绪，详细了解物品丢失的经过、物品的数量、形状、特征、价值。仔细分析物品丢失的原因、时间、地点，并迅速判断丢失的性质，是不慎丢失还是被盗。

（2）立即向公安局或保安部门以及保险公司报案（特别是贵重物品的丢失）。

（3）及时向接待社领导汇报，听取领导指示。

（4）接待社出具遗失证明。

（5）若丢失的是贵重物品，失主持证明、本人护照或有效身份证件到公安局出入境管理处填写《失物经过说明》，列出遗失物品清单。

（6）若失主遗失的是入境时向海关申报的物品，要出示《中国海关行李申报单》。

（7）若将《中国海关行李申报单》遗失，要在公安局出入境管理处申请办理《中国海关行李申报单报失证明》。

（8）若遗失物品已在国外办理财产保险，领取保险时需要证明，可到公安局出入境管理处申请办理《财物报失证明》。

（9）若遗失物品是旅行支票、信用卡等票证，在向公安机关报失的同时也要及时向有关银行挂失。

失主持以上由公安局开具的所有证明，可供海关查验或向保险公司索赔。

证件、财物、特别是贵重物品被盗是治安事故，导游人员应立即向公安机关及有关部门报警，并积极配合有关部门早日破案，挽回不良影响；若不能破

案，导游人员要尽力安慰失主，按上述步骤办理。

【案例讨论】

导游员小王接待的某旅游团原计划于12月23日16：00乘飞机由W市飞抵S市。22日晚饭后，小王突然接到内勤通知，该团因故必须乘23日8：00的航班提前离开W市。该团即将抵达机场时，团员怀特夫人神色慌张地告诉小王，她将一条钻石项链放在枕头下面，因离店时匆忙，忘记取出，要求立即返回饭店。

（1）在此情况下小王接到内勤变更通知后，如何处理？

（2）得知怀特夫人将项链遗失时又该如何处理？

点评：

第一，导游员接到通知后应做到：

（1）立即与全陪联系。

（2）对领队和团中有影响人士实事求是地说明情况，诚恳地赔礼道歉，求得他们的谅解和支持，然后分别做全团的工作。

（3）请旅行社领导出面说明情况并道歉；经领导批准，赠送纪念品。

第二，安定旅游团后，导游员要做到：

（1）通知饭店有关部门，协助饭店与有关游客结清账目。

（2）与领队商定第二天叫早、出行李、用早餐和出发的时间，由领队向大家宣布。

（3）提醒旅行社通知下一站接待旅行社。

第三，得知怀特夫人的项链遗忘在饭店房间的枕头下的事后，导游员应做到：

（1）阻止怀特夫人返回饭店寻找项链，并说明原因。

（2）用手机或到机场后立即与饭店联系（或通过旅行社与饭店联系），请其协助寻找。

（3）找到项链后，请饭店或旅行社立即派人将项链送到机场，交还怀特夫人。如果时间来不及，请他们将项链交到下一站旅游团下榻的饭店；将找到项链的消息告诉怀特夫人并告知处理办法，所需费用由怀特夫人自理。如果找不到项链，表示歉意，让她详细回忆，让饭店继续寻找。

（4）钻石项链是珍贵物品，确定找不着时，地陪要让旅行社开具遗失证明，再到当地公安局挂失，开具证明，设法送交怀特夫人，以便她出中国海关及回国后向保险公司索赔。

（二）国内游客丢失钱物的处理

（1）立即向公安局、保安部门或保险公司报案。

（2）及时向接待社领导汇报。

（3）若旅游团结束时仍未破案，可根据失主丢失钱物的时间、地点、责任方等具体情况做善后处理。

四、游客遗失行李的处理

（一）外国旅游者在来华途中遗失行李

一般是旅游者所乘飞机的航空公司的责任，但导游人员应尽力帮助其追回行李。具体做法是：

（1）协助失主到机场失物登记处办理行李丢失和认领手续。由失主出示机票和行李托运卡，详细说明始发站、中转站，行李件数及丢失行李的大小、形状、颜色、标记等特征，并一一填写在失物登记表上。

（2）导游人员应将失主所下榻饭店或房间号、电话告诉登记处，并记下登记处的电话和联系人，记下有关航空公司办事处的地址、电话，以便联系。

（3）若旅游者在当地游览期间，一时找不回行李，要协助失主购买必备的生活用品，并不时地打电话给失物登记处，询问寻找行李的情况。

（4）在旅游者离开本地前，行李还未找到，导游人员应帮助失主将全程旅游路线及各地下榻饭店名称和各地接待旅行社名称、电话告诉有关航空公司，以便行李找到后及时运往最适当的地点交还失主。

（5）如行李确系丢失，由国内组团社负责帮助失主向有关航空公司索赔。

（二）外国旅游者和国内旅游者在中国境内遗失行李

游客在我国境内旅游期间丢失行李，一般是在三个环节上出了差错，即交通运输部门、饭店行李部门和旅行社的行李员。导游人员必须认识到，不论是在哪个环节出现的问题，都是我方的责任，应积极设法负责查找。

第一，仔细分析，找出差错的线索或环节

（1）如果游客在机场领取行李时找不到托运行李，则很有可能是上一站行李交接或机场行李托运过程中出现了差错。这时，全陪应马上带领失主凭机票和行李牌到机场行李查询处登记办理行李丢失或认领手续，并由失主填写行

李丢失登记表。地陪立即向接待社领导或有关人员汇报，安排有关人员与机场、上一站接待社、有关航空公司等单位联系，积极寻找。

(2) 如果抵达饭店后，游客告知没有拿到行李，原因则可能出现在四个方面：①本团游客误拿。②饭店行李部投递出错。③旅行社行李员与饭店行李员交接时有误。④在往返运送行李途中丢失。

出现这种情况，地陪应立即依次采取以下措施：地陪与全陪、领队一起先在本团内寻找。如果不是以上原因，应立即与饭店行李部取得联系，请其设法查找。如果仍找不到行李，地陪应马上向接待社领导或有关部门汇报，请其派人了解旅行社行李员有关情况，设法查找。

第二，做好善后工作。主动关心失主，对因丢失行李给失主带来的诸多不便表示歉意，并积极帮助其解决因行李丢失而带来的生活方面的困难。

第三，随时与有关方面联系，询问查找进展情况。

第四，若行李找回，及时将找回的行李归还失主。若确定行李已丢失，由责任方负责人出面向失主说明情况，并表示歉意。

第五，帮助失主根据有关规定或惯例向有关部门索赔。

第六，事后写出书面报告（事故的全过程，如行李丢失的原因、经过、查找过程、赔偿情况及失主和其他团员的反映）。

【案例讨论】

某旅游团从A地飞往B地，在A地机场办理登机手续时，要求检查护照，全陪匆匆地向游客收取护照，办理完登机手续后，他随手将护照递给了领队，自己向游客分发登机卡。到B地后，游客彼得告诉全陪他的护照不见了，还说在A地机场收护照后好像没有还给他，但领队说他肯定将护照还给了彼得。请问：

(1) 在A地机场，全陪的行为有哪些不妥？

(2) 导游员怎样处理游客丢失护照的问题？

(3) 什么是导游员对待游客的护照等证件的正确态度？

点评：

第一，在A地机场，全陪的做法确不妥：

(1) 需要证件时不应由全陪直接向游客收取，用完后应将证件交还领队，且应当面点数。

（2）发登记卡不应是全陪，而是领队。

第二，处理游客丢失护照问题的过程：

（1）问清情况，帮助游客回忆：真的没有收到护照还是忘在什么地方。

（2）与领队联系：没有将护照还给游客还是已经还给他了，以求分清责任。

（3）与领队一起协助游客寻找护照。

（4）确定护照丢失，地方接待旅行社要开具遗失护照证明。

（5）失主持旅行社的证明到当地公安局挂失并开具遗失证明。

（6）失主持公安局的遗失证明到他所在国驻华使、领馆申请领取新护照或临时证件。

（7）领到新证件后要到我国省、市、自治区级公安局或其派出机构办理签证手续。

（8）费用问题待分清责任后处理。

第三，对海外游客的证件，导游员的正确做法是：

（1）不保管游客的护照等证件。

（2）需要时由领队收取，中方导游员在接收证件时要点清数目，用完后立即将证件交还领队并点清数目。

（3）旅游团离开本地或离境时，导游员要检查自己的行李，若有游客的证件，立即归还。

（三）中国公民在境外遗失行李事故的处理

在境外，发生旅游者行李丢失，作为领队应采取以下措施：

（1）首先向航空公司查询，看是否遗留在机舱内，或滞留在某一环节。

（2）若寻找暂时未果，应帮助失主填写一份《民航迟到行李报告》表格。

（3）协助失主在当地购买一些必备生活用品，可凭收据向当地机场报销。

（4）若在离开当地时行李仍未找到，则务必通知机场下几站目的地名称、所下榻饭店、接待社名称和电话，以便找到后，适时送往某站。

（5）若到旅游者回国时，仍未找到，回国后，由组团社负责帮助失主向航空公司索赔。

为防止遗失行李事故发生，作为旅行社方面有关责任人，地陪应与全陪、领队和行李员认真交接行李；行李员应严格按行李交接卡指定地点运送行李；领队应随时检查每件行李是否系上填写妥当的行李牌，注意行李增减情况，对境外有关行李工作人员要付给适当的小费。

第五节　游客走失的预防和处理

在参观游览或自由活动时，时常有游客走失的情况。一般说来，造成游客走失的原因有三种：一是导游人员没有向游客讲清车号、停车位置或景点的游览路线；二是游客对某种现象和事物产生兴趣，或在某处摄影滞留时间较长而脱离团队自己走失；三是在自由活动、外出购物时游客没有记清饭店地址和路线而走失。

无论哪种原因，都会影响游客情绪，有损带团质量。导游员只要有责任心，肯下功夫，就会降低这种事故的发生率。一旦发生这种事故，也要立即采取有效措施以挽回不良影响。

一、游客走失的预防

为了防止游客走失，导游首先要做好预防工作。

（一）做好提醒工作

提醒游客记住接待社的名称，旅行车的车号和标志，下榻饭店的名称、电话号码，带上饭店的店徽等。

团体游览时，地陪要提醒游客不要走散；自由活动时，提醒游客不要走得太远；不要回饭店太晚；不要去热闹、拥挤、秩序混乱的地方。

（二）做好各项活动的安排和预报

在出发前或旅游车离开饭店后，地陪要向游客报告一天的行程，上、下午游览点和吃中、晚餐餐厅的名称和地址。

到游览点后，在景点示意图前，地陪要向游客介绍游览线路，告知旅游车的停车地点，强调集合时间和地点，再次提醒旅游车的特征和车号。

（三）时刻和游客在一起，经常清点人数

一旦缺少，立即寻找并等候。

（四）地陪、全陪和领队应密切配合，全陪和领队要主动负责做好旅游团的断后工作

互相配合，不落下一个人。

（五）导游人员要以高超的导游技巧和丰富的讲解内容吸引游客

让游客情不自禁被吸引住，不开小差。

二、游客走失的处理

一旦发生游客走失的事故，导游应根据不同的情况及时、冷静地按照要求进行处理。

（一）游客在旅游景点走失

1. 了解情况，迅速寻找

导游人员应立即向其他游客、景点工作人员了解情况，并迅速寻找。地陪、全陪和领队要密切配合，一般情况下是全陪、领队分头去找，地陪带领其他游客继续游览。

2. 寻求帮助

在经过认真寻找仍然找不到走失者后，应立即向游览地的派出所和管理部门求助，特别是面积大、范围广、进出口多的游览点，因寻找工作难度较大，争取当地有关部门的帮助尤其必要。

3. 与饭店联系

在寻找过程中，导游人员可与饭店前台、楼层服务台联系，请他们注意该游客是否已经回到饭店。

4. 向旅行社报告

如采取了以上措施仍找不到走失的游客，地陪应向旅行社及时报告并请求帮助，必要时请示领导，向公安部门报案。

5. 做好善后工作

找到走失的游客后，导游人员要做好善后工作，分析走失的原因。如属导游人员的责任，导游人员应向游客赔礼道歉；如果责任在走失者，导游人员也不应指责或训斥对方，而应对其进行安慰，讲清利害关系，提醒以后注意。

6. 写出事故报告

若发生严重的走失事故，导游人员要写出书面报告，详细记述游客走失经过、寻找经过、走失原因、善后处理情况及游客的反映等。

（二）游客在自由活动时走失

1. 立即报告接待社和公安部门

导游人员在得知游客自己在外出时走失，应立即报告旅行社领导，请求指示和帮助；通过有关部门向公安局管区派出所报案，并向公安部门提供走失者可辨认的特征。

2. 做好善后工作

找到走失者，导游人员应表示高兴；问清情况，安抚因走失而受惊吓的游客，必要时提出善意的批评，提醒其引以为戒，避免走失事故再次发生。

3. 积极处理

若游客走失后出现其他情况，应视具体情况作为治安事故或其他事故处理。

（三）出境旅游团的旅游者在境外走失

1. 安顿其他旅游者

在境外活动期间，存在语言不通、环境生疏的情况。一旦发生旅游者走失，其他旅游者又焦急不安，作为海外领队一方面要与当地陪同进行分工，寻找走失者，一方面安定其他旅游者的情绪。

2. 立即报案

若一时找不到，特别是在自由活动时发生走失事故，应在当地陪同的协助下，及时向当地警察机构报案，请求帮助寻找。

3. 报告国内组团社

若在离开一地之际仍未找到，则应报告国内组团社和我驻当地外事部门，并再向警方确认尚未找到，请他们继续协助寻找。离开当地时，应留人继续处理此事，并妥善保管好走失者的行李、证件等。

4. 写出书面报告

为了最大限度地避免走失事故的发生，导游人员应时刻做好提醒工作，对重要事宜要重申；时刻与旅游者在一起，切不可离团，并经常清点人数；要向旅游者交代清楚行程的具体安排；可向旅游者提供便条，写明所下榻饭店名称、地址、电话号码；告诫旅游者，一旦走散，应站在原地等候；作为领队还应与当地陪同配合，做好断后工作。

第六节　游客患病、死亡问题的处理

一、游客患病的预防

在旅游过程中，因劳累或水土不服或不注意起居饮食，常常会引起旅游者身体不适，为了防止游客在旅游过程中发生此类问题，导游人员一定要做好有关的预防准备工作。

（1）游览项目选择有针对性。在做准备工作时，应根据旅游团的信息材料，了解旅游团成员的年龄及旅游团其他情况，做到心中有数。选择适合这一年龄段游客的游览路线，如游览磨山时，老年人多的团可选择坐缆车下山而不要用滑道下山。

（2）安排活动日程要留有余地。做到劳逸结合，使游客感到轻松愉快；不要将一天的游览活动安排得太多、太满；更不能将体力消耗大、游览项目多的景点集中安排，要有张有弛；晚间活动的时间不宜排得过长。

（3）随时提醒游客注意饮食卫生，不要买小贩的食品，不要喝生水。

（4）及时报告天气变化。提醒游客随着天气的变化及时增减衣服、带雨具等，尤其是炎热的夏季要注意防中暑。

二、游客患一般疾病的处理

经常有游客会在旅游期间感到身体不适或患一般疾病，如感冒、发烧、水土不服、晕车、失眠、便秘、腹泻等，这时导游员应注意做好以下工作。

1. 劝其及早就医，注意休息，不要强行游览

在游览过程中，导游人员要观察游客的神态、气色，发现游客的病态时，应多加关心，照顾其坐在较舒服的座位上，或留在饭店休息，但一定要通知饭店给予关照，切不可劝其强行游览。游客患一般疾病时，导游人员应劝其及早去医院就医。

2. 关心患病的游客

对因病没有参加游览活动、留在饭店休息的游客，导游人员要主动前去问候询问身体状况，以示关心。必要时通知餐厅为其提供送餐服务。

3. 需要时，导游人员可陪同患者前往医院就医

但应向患者讲清楚，所需费用自理。

严禁导游人员擅自给患者用药。

三、游客突患重病的处理

（一）在前往景点途中突然患病

游客在去旅游景点的途中突然患病，导游人员应采取以下方式妥善处理：

（1）在征得患者、患者亲友或领队同意后，立即将患重病游客送往就近医院治疗，或拦截其他车辆将其送往医院。必要时，暂时中止旅行，用旅游车将患者直接送往医院。

（2）及时将情况通知接待社有关人员。

（3）一般由全陪、领队、病人亲友同往医院。如无全陪和领队，地陪应立即通知接待社请求帮助。

（二）在参观游览时突然患病

（1）不要搬动患病游客，让其就地坐下或躺下（急救知识见第七章第四节）。

（2）立即拨打电话叫救护车（医疗急救电话：120）。

（3）向景点工作人员或管理部门请求帮助。

（4）及时向接待社领导及有关人员报告。

（三）在饭店突然患病

游客在饭店突患重病，先由饭店医务人员抢救，然后送往医院，并将其情况及时向接待社领导汇报。

（四）在向异地转移途中突患重病

在乘飞机、火车、轮船前往下一站的途中游客突患重病，全陪应请求乘务员帮助，在乘客中寻找从医人员，或就近送往医院；若路途远，可通知下一站旅行社做好抢救的各项准备工作。

（五）处理要点

（1）游客病危，需要送往急救中心或医院抢救时，需由患者家属、领队或患者亲友陪同前往。

（2）如果患者是国际急救组织的投保者，导游人员应提醒其亲属或领队及时与该组织的代理机构联系。

（3）在抢救过程中，需要领队或患者亲友在场，并详细记录患者患病前后的症状及治疗情况，同时还要请接待社领导到现场或与接待社保持联系。随时汇报患者情况。

（4）如果需要做手术，须征得患者亲属的同意，如果亲属不在，需由领队同意并签字。

（5）若患者病危，但亲属又不在身边时，导游人员应提醒领队及时通知患者亲属。如果患者亲属系外国人士，导游员要提醒领队通知所在国使、领馆。患者亲属到后，导游人员要协助其解决生活方面的问题；若找不到亲属，一切按使、领馆的书面意见处理。

（6）有关诊治、抢救或动手术的书面材料，由主治医生出具证明并签字，要妥善保存。

（7）地陪应请求接待社领导派人帮助照顾患者、办理医院的相关事宜，同时安排好旅游团继续按计划活动，不得将全团活动中断。

（8）患者转危为安但仍需要继续住院治疗，不能随团继续旅游或出境时，接待社领导和导游人员（主要是地陪）要不时去医院探望，帮助患者办理分离签证、延期签证以及出院、回国手续及交通票证等事宜。

（9）患者住院和医疗费用自理。如患者没钱看病，请领队或组团社与境外旅行社、其家人或保险公司联系解决其费用问题。

（10）患者在离团住院期间未享受的综合服务费由中外旅行社之间结算后，按协议规定处理。患者亲属在此期间的一切费用自理。

【案例讨论】

美BTS旅游团一行15人按计划5月3日由W市飞往S市，5月7日离境。在从W市飞往S市途中，团内一位老人心脏病复发，其夫人手足无措……该团抵达S市后，老人马上被送医院，经抢救脱离危险，但仍需住院治疗。半个月后老人痊愈、返美。

（1）老人在途中心脏病复发，全陪应该采取哪些措施？

（2）在医院抢救过程中，地陪要做哪些工作？

（3）老人仍需住院治疗期间，地陪要做哪些工作？

点评：

第一，全陪在途中应采取以下措施：

（1）让老人平躺，头略高。

（2）让其夫人或旅游团成员在老人身上找药，让其服下。

（3）请空中小姐在飞机上找医生，若有，请其参加救护工作。

（4）请机组与S市的急救中心和接待旅行社联系。

第二，老人在医院抢救期间，地陪要做好以下工作：

（1）请领队、老人的夫人及旅行社领导到现场。

（2）详细了解老人的心脏病史及治疗情况，作好文字记录，以备医院

参考。

（3）医院要采取特殊措施时，要征得老人夫人的同意并由其签字。

（4）老太太身体不支，需要其子女来华时，应协助与其子女联系；子女来到后要安排好他们的生活。

第三，老人脱离危险，但仍需住院治疗时，不仅不能随团活动，而且不能按时离境，地陪要做如下工作：

（1）不时去医院探视，帮助解决老人及亲属生活方面的问题。

（2）帮助办理分离签证手续，必要时办理延长签证手续。

（3）出院时帮其办理出院手续。

（4）帮助老人夫妇重订航班、机座。

上述各项所需费用均由老人自理。在他离团住院期间未享受的综合服务费由中外旅行社之间结算，按旅游协议书规定退还老人。

四、游客因病死亡的处理

游客在旅游期间不论什么原因导致死亡，都是一件很不幸的事情。当出现游客死亡的情况时，导游员应沉着冷静，立即向接待社领导和有关人员汇报，按有关规定办理善后事宜。

（1）如果死者的亲属不在身边，应立即通知亲属前来处理后事；若死者系外国人士，应通过领队或有关外事部门迅速与死者所属国的驻华使、领馆联系，通知其亲属来华。

（2）由参加抢救的医师向死者的亲属、领队及好友详细报告抢救经过，并出示"抢救工作报告"、"死亡诊断证明书"，由主治医生签字后盖章，复印后分别交给死者的亲属、领队或旅行社。

（3）对死者一般不做尸体解剖，如果要求解剖尸体，应由死者的亲属或领队，或其所在国家使、领馆有关官员签字的书面请求，经医院和有关部门同意后方可进行。

（4）如果死者属非正常死亡，导游人员保护好现场，立即向公安局和旅行社领导汇报，协助查明死因。如需解剖尸体，要征得死者亲属和领队或所在国驻华使、领馆人员的同意，并签字认可。解剖后，写出《尸体解剖报告》（无论属何种原因解剖尸体，都要写《尸体解剖报告》）。此外，旅行社还应向司法机关办理《公证书》。

（5）死亡原因确定后，在与领队、死者亲属协商一致的基础上，请领队向全团宣布死亡原因及抢救、死亡经过情况。

（6）遗体的处理，一般以火化为宜，遗体火化前，应由死者亲属或领队，或所在国家驻华使、领馆写出“火化申请书”，并签字后进行火化。

（7）死者遗体由领队、死者亲属护送火化后，火葬场死者《火化证明书》交给领队或死者亲属；我民政部门发给对方携带骨灰出境证明。各有关事项的办理，我方应予以协助。

（8）死者如在生前已办理人寿保险，我方应协助死者亲属办理人寿保险索赔、医疗费报销等有关证明。

（9）出现因病死亡事件后，除领队、死者亲属和旅行社代表负责处理外，其余团员应当在代理领队带领下，仍按原计划参观游览。至于旅行社派何人处理死亡事故，何人负责团队游览活动，一律请示旅行社领导决定。

（10）若死者亲属要求将遗体运回国，除需办理上述手续外，还应由医院对尸体进行防腐处理，并办理“尸体防腐证明书”、“装殓证明书”、“外国人运送灵柩（骨灰）许可证”和“尸体灵柩进出境许可证”等有关证件，方可将遗体运出境。灵柩要按有关规定包装运输，要用铁皮密封，外廓要包装结实。

（11）由死者所属国驻华使领馆办理一张经由国的通行证，此证随灵柩通行。

（12）有关抢救死者的医疗、火化、尸体运送、交通等各项费用，一律由死者亲属或该团队交付。

（13）死者的遗物由其亲属或领队、死者生前好友代表、全陪或所在国驻华使、领馆有关官员共同清点造册，列出清单，清点人要在清单上一一签字，一式两份，签字人员分别保存。遗物要交死者亲属或死者所在国家驻华使、领馆有关人员。接收遗物者应在收据上签字，收据上应注意接收时间、地点、在场人员等。

处理要点提示：在处理死亡事故时，应注意的问题是：①必须有死者的亲属、领队、使、领馆人员及旅行社有关领导在场，导游人员和我方旅行社人员切忌单独行事。②在有些环节还需公安局、旅游局、保险公司的有关人员在场。每个重要环节应经得起事后查证并有文字根据。③口头协议或承诺均属无效。事故处理后，将全部报告、证明文件、清单及有关材料存档备单。

【案例讨论】

一天，全陪发现一位每天准时用早餐的住单人房间的游客没有来吃早饭，他有点纳闷，但以为已起身外出散步，没有在意。但集合登车时还没有见此游客，他就找领队询问，领队也不知道；于是打电话，没人接，他们俩就上楼找。敲门，无人答应；推门，门锁着；问楼层服务员，回答说没见人外出。于是请服务员打开门，发现游客已死在床上。两人吓得跑到前厅，惊恐地告诉大家该游客死亡的消息。地陪当即决定取消当天的游览活动，并赶紧打电话向地方接待旅行社报告消息，请领导前来处理问题。然后就在前厅走来走去，紧张地等待领导。

请问：在上述描述中，导游员在哪些方面做得不对？应该怎样做？

点评：

第一，导游员行动的不妥之处有：

（1）发现游客死在床上，两人不应该都跑下来。

（2）不应该惊恐地当众宣布死讯。

（3）地陪不应该立即宣布取消当天的游览活动。

（4）地陪不应该只打电话向旅行社报告游客死亡的消息。

（5）不应该在大厅焦急地等待旅行社领导而不管其他游客。

第二，导游员正确的做法是：

（1）应有一人留在原地与楼层服务员一起保护现场。

（2）应与地陪商量后向游客宣布死讯。

（3）应安定其他游客的情绪。

（4）地陪（或由旅行社另派地陪）应继续带团到预定地点游览。

（5）在通知旅行社的同时要通知饭店保卫部门。

（6）向旅行社领导作翔实报告。

（7）有关部门来调查时，应积极配合。

第七节　游客越轨言行的处理

所谓越轨行为是指旅游者的个人行为超越我国法律和法规所界定的合法范围。从国际旅游者角度，越轨行为还可视为违反国际公认的国际准则或某种游戏规则。作为旅游者，无论来自何方，都必须严格遵守中国的法律、法规，若违法，将受到中国法律的制裁。

旅游者的越轨言行属个人问题，但处理不当会产生不良后果。轻者，可能引起其对旅行社或相关服务部门或导游人员的不满，也会影响其他旅游者的情绪，导致旅游计划难以顺利实施。重者，可能会影响到民族关系，甚至国家关系。因此对游客越轨言行的处理，事前一定要认真调查核实，处理时要特别注意"四个分清"：分清越轨行为和非越轨行为的界限，分清有意和无意的界限，分清无故和有因的界限，分清言论和行为的界限。

作为导游人员要具有高度的政策、法规观念，要熟悉各国、各民族的社会制度、政治观点、民族习惯；要积极向旅游者（特别是外国旅游者）宣传和介绍中国的有关法律、法规、注意事项和道德观念，以免个别旅游者无意中作出越轨行为；要提高警惕，发现可疑现象，要进行针对性提醒和警告。一旦问题出现，导游人员要坚持原则，对可疑问题进行合情、合理、合法的处理；对顽固不化的人员，必要时可向有关部门报告，并协助有关部门进行处理。

一、对攻击和诬蔑言论的处理

由于社会制度不同、政治观点差异，导致海外旅游者对我国的方针政策、法律、法规误解或不理解，在一些问题上出现分歧（如我国的对外政策、人权平等、计划生育、宗教政策等问题）。因此，导游人员应有针对性地积极宣传中国，认真回答旅游者的问题。用形象、生动和有说服力的宣传方式介绍我国的政策、法律及基本国情，阐明我方对某些问题的观点、立场，求同存异，帮助他们了解中国，促进各国、各族人民的团结。

若有旅游者站在敌对立场上进行攻击和诬蔑我国社会主义制度，导游人员要严正驳斥，必要时报告有关部门进行查处。

二、对违法行为的处理

对此类问题，导游人员要讲清道理，指出问题的性质、错误的责任，并报告有关部门，根据情节进行适当处理。对明知故犯者，导游人员要提出严正警告，并报告公安部门，对此进行严肃处理，情节严重者应绳之以法。

无论是境内还是境外旅游者，若有窃取国家机密、经济情报，走私，贩毒，偷窃文物，倒卖金银，套购外汇，从事色情等犯罪活动的，一旦发现，导游人员应立即报告并配合司法部门查明罪责，严肃处理。

三、对进行非法宗教活动行为的处理

我国法律规定，宗教信仰自由，合法的宗教活动是受法律保护的。但若旅游者在旅游地散发宗教宣传品，或主持宗教活动，或进行布道活动，导游人员应向其指出不经我国宗教团体邀请和允许，不得在我国境内进行上述活动。处理这类问题时要注意政策界定和方式方法，但对不听劝告并继续坚持不合法的宗教活动者或有明显破坏性活动的情况，应立即报告，由宗教、司法、公安等有关部门处理。

四、对违规行为的处理

（一）对异性越轨行为的处理

当异性旅游者对导游人员行为不轨时，导游人员应坦然处之、正气凛然、进退有度、言行有分寸地对其进行阻止，并告之中国人的道德观念和异性间的行为准则；对不听劝告者应指出问题的严重性，必要时采取果断措施，或报告旅行社，或求助于其他旅游者。

为了尽可能避免这类问题的发生，作为导游人员（特别是女性导游人员）应做到自尊自爱，不单独去异性房间，不单独与异性相处，对异性的挑逗和非礼要求，要委婉但明确地表示拒绝，并设法找借口避开。

（二）对酗酒闹事行为的处理

导游人员对旅游者酗酒应加以劝阻，向他们说明我国的法律规定，酗酒者在酒醉状态下的犯罪行为同样应负法律责任。对不听劝告、酗酒闹事、扰乱社会秩序、触犯他人、造成人身和物质损失的肇事者，导游人员应配合司法部门追究其相应的法律责任。

第八节　旅游安全事故的预防与处理

国家旅游局在《旅游安全管理暂行办法实施细则》中规定：凡涉及游客人身、财产安全的事故均为旅游安全事故。旅行社接待过程中可能发生的旅游安全事故，主要包括交通事故、治安事故、火灾事故、食物中毒等。

一、交通事故

（一）交通事故的预防

（1）司机开车时，导游人员不要与司机聊天，以免分散其注意力。

（2）安排游览日程时，在时间上要留有余地，避免造成司机为抢时间、赶日程而违章超速行驶。不催促司机开快车。

（3）如遇天气不好（下雪、下雨下雾）、交通堵塞、路况不好，尤其是狭窄道路、山区行车时，导游人员要主动提醒司机注意安全、谨慎驾驶。

（4）如果天气恶劣，地陪对日程安排可适当灵活地加以调整；如遇有道路不安全的情况，可以改变行程。必须把安全放在第一位。

（5）阻止非本车司机开车。提醒司机在工作期间不要饮酒。如遇司机酒后开车，决不能迁就，地陪要立即阻止并向领导汇报，请求改派其他车辆或换司机。

（6）提醒司机经常检查车辆，消除事故的隐患；一旦发现问题，应及时提出更换车辆的建议。

（二）交通事故的处理

1. 立即组织抢救

导游人员应立即组织现场人员迅速抢救受伤的游客，特别是抢救重伤员，并尽快让游客离开事故车辆。立即打电话叫救护车或拦车将重伤员送往距出事地点最近的医院抢救。

2. 立即报案，保护好现场

事故发生后，不要在忙乱中破坏现场，要设法保护现场，并尽快通知交通、公安部门（交通事故报警台电话：122），争取尽快派人来现场调查处理。

3. 迅速向接待社报告

地陪应迅速向接待社领导和有关人员报告，讲清交通事故的发生和游客伤亡情况，请求派人前来帮助和指挥事故的处理，并要求派车把未伤和轻伤的游客接走，或送至饭店或继续旅游活动。

4. 做好安抚工作

事故发生后，交通事故的善后工作将由交运公司和旅行社的领导出面处理。导游人员在积极抢救、安置伤员的同时，做好其他游客的安抚工作，力争按计划继续进行参观游览活动。待事故原因查清后，请旅行社领导出面向全体

游客说明事故原因和处理结果。

5. 请医院开出诊断和医疗证明书，并请公安局开具交通事故证明书，以便向保险公司索赔。

6. 写出书面报告

交通事故处理结束后，需有关部门出具有关事故证明、调查结果，导游人员要立即写出书面报告。报告内容包括事故的原因和经过；抢救经过和治疗情况；人员伤亡情况和诊断结果；事故责任及对责任者的处理结果；受伤者及其他旅行者对处理的反映等。书面报告力求详细、准确、清楚、实事求是，最好和领导联署。

二、治安事故

在旅游活动过程中，遇到坏人行凶、诈骗、偷窃、抢劫，导致游客身心及财物受到不同程度的损害，统称治安事故。

（一）治安事故的预防

导游人员在接待工作中要时刻提高警惕，采取一切有效的措施防止治安事故的发生。

（1）入住饭店时，导游人员应建议游客将贵重财物存入饭店保险柜。不要随身携带大量现金或将大量现金放在客房内。

（2）提醒游客不要将自己的房号随便告诉陌生人；更不要让陌生人或自称饭店的维修人员随便进入自己的房间；尤其是夜间决不可贸然开门，以防意外；出入房间一定锁好门。

（3）提醒游客不要与私人兑换外币，并讲清关于我国外汇管制规定。

（4）每当离开游览车时，导游人员都要提醒游客不要将证件或贵重物品遗留在车内。游客下车后，导游人员要提醒司机锁好车门、关好车窗，尽量不要走远。

（5）在旅游景点活动中，导游人员要始终和游客在一起，随时注意观察周围的环境，发现可疑的人或在人多拥挤的地方，提醒游客看管好自己的财物，如不要在公共场合拿出钱包，不买小贩的东西（防止物品被小贩偷去），并随时清点人数。

（6）汽车行驶途中，不得停车让非本车人员上车、搭车；若遇不明身份者拦车，导游人员提醒司机不要停车。

（二）治安事故的处理

导游人员在陪同旅游团（者）参观游览的过程中，遇到此类治安事件的发生，必须挺身而出，全力保护游客的人身安全。决不能置身事外，更不能临阵脱逃。发现不正常情况，立即采取行动。

1. 全力保护游客

遇到歹徒向游客行凶、抢劫，导游人员应做到临危不惧，毫不犹豫地挺身而出，奋力与坏人拼搏，勇敢地保护游客。同时，立即将游客转移到安全地点，力争在现场的群众和公安人员的帮助下缉拿罪犯，追回钱物，但也要防备犯罪分子携带凶器狗急跳墙。因此，切不可鲁莽行事，要以游客的安全为重。

2. 迅速抢救

如果有游客受伤，应立即组织抢救，或送伤者去医院。

3. 立即报警

治安事故发生后，导游人员应立即向公安局报警（电话：110），如果罪犯已逃脱，导游人员要积极协助公安局破案。要把案件发生的时间、地点、经过、作案人的特征，以及受害人的姓名、性别、国籍、伤势及损失物品的名称、数量、型号、特征等向公安部门报告清楚。

4. 及时向接待社领导报告

导游人员在向公安部门报警的同时还要向接待社领导及有关人员报告。如情况严重，请求领导前来指挥处理。

5. 妥善处理善后事宜

治安事件发生后，导游人员要采取必要措施稳定游客情绪，尽力使旅游活动继续进行下去。并在领导的指挥下，准备好必要的证明、资料，处理好受害者的补偿、索赔等各项善后事宜。

6. 写出书面报告

事后，导游人员要按照有关要求写出详细、准确的书面报告。

三、火灾事故

（一）火灾事故的预防

1. 做好提醒工作

提醒游客不要携带易燃、易爆物品；不乱扔烟头和火种，不要躺在床上吸烟；向游客讲清，在托运行李时应按运输部门有关规定去做，不得将不准作为托运行李运输的物品夹带在行李中。只有这样，才能尽可能减少火灾。

2. 熟悉饭店的安全出口和转移路线

导游员带领游客住进饭店后，在介绍饭店内的服务设施时，必须介绍饭店楼层的太平门、安全出口、安全楼梯的位置，并提醒游客进入房间后，看懂房门上贴的安全转移路线示意图，掌握因一旦失火时应走的路线。

3. 牢记火警电话

导游人员一定要牢记火警电话（火警：119）；掌握领队和全体游客的房间号码。一旦火情发生，能及时通知游客。

（二）火灾事故的处理

万一发生了火灾，导游人员应做好以下几项工作：

（1）立即报警；

（2）迅速通知领队及全团游客；

（3）配合工作人员，听从统一指挥，迅速通过安全出口疏散游客；

（4）判断火情，引导自救。

如果情况危急，不能马上离开火灾现场或被困，导游人员应采取的正确做法是：①千万不能让游客搭乘电梯或慌乱跳楼。尤其是在三层以上的旅客，切记不要跳楼；②用湿毛巾捂住口、鼻，尽量身体重心下移，使面部贴近墙壁、墙根或地面；③必须穿过浓烟时，可用水将全身浇湿或披上浸湿的衣被捂住口鼻，贴近地面蹲行或爬行；④若身上着火了，可就地打滚，将火苗压灭，或用厚重衣物压灭火苗；⑤大火封门无法逃脱时，可用浸湿的衣物、被褥将门封堵塞严，或泼水降温，等待救援；⑥当见到消防队来灭火时，可以摇动色彩鲜艳的衣物为信号，争取救援。

（5）协助处理善后事宜。游客得救后，导游人员应立即组织抢救受伤者；若有重伤者应迅速送医院，有人死亡，按有关规定处理；采取各种措施安定游客的情绪，解决因火灾造成的生活方面的困难，设法使旅游活动继续进行；协助领导处理好善后事宜；写出翔实的书面报告。

四、食物中毒

游客因食用变质或不干净的食物常会发生食物中毒。其特点是潜伏期短，发病快，且常常集体发病，若抢救不及时会有生命危险。

（一）食物中毒的预防

为防止食物中毒事故的发生，导游人员应：

(1) 严格执行在旅游定点餐厅就餐的规定。

(2) 提醒游客不要在小摊上购买食物。

(3) 用餐时，若发现食物、饮料不卫生，或有异味变质的情况，导游人员应立即要求更换，并要求餐厅负责人出面道歉，必要时向旅行社领导汇报。

（二）食物中毒的处理

发现游客食物中毒，导游人员应：设法催吐，让食物中毒者多喝水以加速排泄，缓解毒性；立即将患者送医院抢救，请医生开具诊断证明；迅速报告旅行社并追究供餐单位的责任。

五、旅游安全事故处理的一般程序

旅游事故发生后，一定要按照规定程序进行处理。依照《旅游安全管理暂行办法》的规定，旅行社在接待旅游团体过程中，发生旅游安全事故后，应按下列程序处理。

1. 组织紧急救援

在场的导游人员应冷静沉着地协同有关部门抢救重伤员和控制事态的继续发展。

2. 立即报告

导游人员应立即向所在旅行社和有关消防、公安、交通部门报告，旅行社应当及时报告当地旅游行政管理部门，同时报告组团旅行社。当地旅游行政管理部门在接到一般、重大、特大旅游安全事故报告后，要尽快向当地人民政府报告。对重大、特大旅游安全事故，要同时向国家旅游行政管理部门报告（即在24小时内写出书面报告，报上述部门）。

3. 保护事故现场

在旅游安全事故发生后，公安部门人员尚未进入事故现场前，如因抢救工作需移动物证时，应做好标记，并尽量保护事故现场的客观、完整。

4. 妥善地做好旅游安全事故的善后工作

(1) 确认伤亡人员。事故报告单位在组织救援的同时，应检查伤亡人员的团队名称、国籍、姓名、性别、年龄、护照号码及国内外保险情况，作书面记录。

（2）通知外国使、领馆及伤亡者家属、海外组团社。如有死亡事故发生，伤亡者中有来自海外的旅游者，有关单位应迅速通过外事部门通知伤亡者所在国驻华使、领馆和死难者家属；同时通过国内组团社通知有关海外组团社。

（3）慰问伤者及接待伤亡者家属。事故发生后，接待社、组团社及有关部门应派人前往医院慰问伤员；海外伤亡者家属抵达后，有关部门、接待社或组团社要向其提供必要的食宿和交通条件，并前往住地表示慰问。

（4）向伤残者或伤亡家属提供必要的证明文件。责任方及主管部门负责联系有关部门向伤残者或伤亡者家属提供以下证明文件：由县级或县级以上医院向伤残人员出具“伤残证明”；由县级或县级以上医院向伤亡者家属出具“死亡证明书”、抢救经过“诊断书”或“病历摘要”。若死者家属或其所有国驻华使、领馆提出解剖要求，则应向其出具“解剖结果证明书”。对于非正常死亡，由公安机关或司法机关的法医出具“死亡鉴定书”。须注意的是以上证明必须与死因相符。

（5）尸体处理。对死因尚未明确的伤亡者的尸体要做好防腐、冷冻处理，妥善保存。对死因明确的伤亡者尸体的处理，应尊重其家属的意见，可在当地火化，也可同意将尸体运送出境。但对严重腐败的尸体或因患检疫传染病而死亡的尸体，必须就近火化。

若尸体在当地火化，应由死者家属或所在国驻华使、领馆提出书面请求并签字，再由医院出具“死亡证明书”或由公安机关、司法机关的法医出具“死亡鉴定书”，到民政部门开具“火化证明书”后进行，骨灰盒交签字者带回或运送出境。

若遗体遣返回国，则除了具备“死亡证明书”或“死亡鉴定书”外，还必须由医院出具“尸体防腐证明书”，及防疫部门检疫后出具的“棺柩出境许可证”。

（6）死者遗物的清理。对死者的遗物，应由死者同行人员及其所属国在华使、领馆人员和我方人员共同清点。若无同行人员及使、领馆人员在场，可请公证人员到场。清点完毕，列出清单，由清点人员逐一签字，并办理公证手续，一式数份。遗物移交时，请接受遗物者出具收据，并注明接受地点、时间、在场人员等。若死者有遗嘱，应将遗嘱拍照或复印留存，原件交死者家属或所有国驻华使、领馆。

（7）事故的调查。事故调查的内容应包括事故发生的原因，人员伤亡及财产损失情况；事故的性质和责任等内容。

（8）写出书面总结报告。书面总结报告应包括事故调查结果；事故处理经过；善后工作的进行及伤者、死者家属和有关人员的反映；提出防止类似事故再次发生的建议；提出对事故有关责任人的处理建议；检查事故的应急措施的落实情况等内容。

5. 理赔

根据《旅游安全管理暂行办法》第十一条规定：“对于外国旅游者的赔偿，按照国家有关保险规定妥善处理。”有关理赔问题这里不作详细叙述。

第五章 旅游者个别要求的处理

【本章导读】

旅游者的需要千差万别，因此，在旅行过程中他们会向导游员提出各种要求，希望能得到解决。然而，旅游者个别要求所涉及的服务项目往往属于旅游合同未明确界定或明显在此范围之外，但是处理好这些问题，往往又成为旅游者对导游服务质量评价与认可的重要因素。可见，如何正确、有效地处理好旅游者的个别要求，是导游人员在带团过程中必须面对的重要问题。

第一节 旅游者个别要求概述

旅游者的个别要求是指参加团体旅游的旅游者提出的各种计划外的特殊要求。导游人员应正确妥善地处理旅游者的特殊要求，使旅游者的愿望得到满足。旅游者是导游人员的服务对象，满足他们的要求，使他们愉快地度过旅游生活是导游人员的主要任务。旅游者外出旅游一般都会产生求全心理，同时参加团队的旅游者也存在着个人潜在的目的，这些潜在的目的因人而异。此类旅游者常常向导游人员提出各种计划之外的特殊要求、意见或建议，甚至有些旅游者会提出一些苛刻的要求，或对旅游活动的安排横加指责、一味挑剔，给导游人员的工作增加了难度。面对个别旅游者的苛刻的要求和过分的挑剔，导游人员一定要认真倾听，冷静仔细地分析，决不能置之不理，更不能断然拒绝。不应在没有听完对方讲话的情况下就胡乱解释，或表示反感、恶语相加，意气用事。处理问题要合情合理，尽量使旅游者心悦诚服；导游人员千万不能一口回绝，不能轻易地说出“不行”两字。当然，旅游团队中也难免有无理取闹者。如有偶遇，导游人员应沉着冷静、不卑不亢，不伤主人之雅又不损客人之尊，理明则让。若经过努力仍有解决不了的困难，导游员应向接待社领导汇报，请其帮助。

导游工作的本质就是导游服务，导游员的劳动价值就是通过导游服务来实现的，对游客服务是导游员的天职，“服务至上”应该成为导游人员在导游服务过程中处理与解决旅游者一切要求和问题的出发点和归宿，导游人员唯有通过优质服务才能体现出对旅游者真挚的情感。但是，在实践中不能不令人感到遗憾的是，少数导游人员微职架子大，什么样的团队，什么样的场合，服务到什么程度，界限太分明，哪怕是举手之劳，也不愿意多付出一点，以致有的境外的旅游者发出“中国的导游员可都是‘国家一级’干部，我们用不起啊”的感叹。

同时，在旅游者的心目中，导游员是他们花钱雇来为实现他们旅游目的的工作人员，因此，在他们看来导游不仅是自己旅行游览的向导，还是生活上的“保姆”，旅游者的这种特殊心态决定了他们在思想上对导游员有一种很强的依赖性。所以，我们强调“服务至上”，也正是为了满足旅游者的这种依赖心理。实践证明，导游员的“保姆”角色扮演得越好，即服务越周到，就越能赢得旅游者的信赖、尊重和理解，也越能有效地化解导游服务过程的各种矛盾和问题。导游人员对旅游者提出的意见与要求要进行冷静仔细的分析，看是否“合理而可能”，对能解决的问题应尽力而为之，想为旅游者所想，急为旅游者所急；对不能解决的问题要客观、耐心地向旅游者解释清楚，取得旅游者的谅解。

第二节 旅游者个别要求处理的一般原则

一、“合理而可能”的原则

“合理而可能”是指导游人员处理旅游者各种问题与要求的基本准则，也是导游对旅游者的要求能否满足的两个前提条件。

（一）“合理”

首先，“合理”必须“合法”，不合法就谈不上“合理”，也就是说旅游者提出的意见与要求要符合我国的法律法规。

其次，“合理”必须符合旅游合同的规定，明显超出旅游合同的有关规

定，特别是合同规定的接待标准可视为不合理，因为改变接待标准会直接波及旅行社团队接待成本核算，所以必须慎重。

再次，“合理”还必须符合人之常情和行业惯例。人之常情和行业惯例是在满足法律法规和旅游合同两个条件基础之上，主要依靠导游人员的生活和工作经验进行判断，当然最根本的还是取决于导游对旅游者的服务态度，如旅游者要求导游协助退换商品、会见客人、寻找亲人、代交物品或信件等，导游应予以满足，但对一些易燃易爆，容易腐烂变质，散发异味，保鲜期太短，容易损坏的物品一般不宜代办，这是行业惯例。

（二）“可能”

所谓“可能”就是旅游者提出的意见与要求必须在导游的能力范围之内，即导游员作出最大努力后有可能解决的问题，超出导游人员的能力范围之事就不存在解决的可能。如要求导游员担保旅游者随身带的钱物不会被盗，要求导游为团队中的某一位旅游者提供“私家式”导游服务，都明显超出导游的能力范围。

一名导游这样说道：

我当导游近8年，人生中的甜酸苦辣尝到不少。但从局外人看来，当导游整天游山玩水，惬意得很，其实，我们的烦恼事还真不少。熟知内情的人都知道，随着旅游业的兴起，出门的人越来越多，如遇旅游旺季或节假日，常因搞不到回程车船票而大伤脑筋。你想，几十个客人围住你时，实在非同小可！我们导游焦头烂额。有时回程票没有卧铺或乘船船舱等级变成散舱，做导游的也真够呛。好说歹说，讲得口干舌燥，好商量的，窝一肚子怨气，勉强走了，遇上“厉害”的游客，死活不依，还真难对付。说句老实话，对于交通部门的事，我们做导游的根本无能为力，想想以后还要有求于他们，脸上还不能流露出不快的神色。还有由于现在旅行社多，竞争激烈，旅游票价压得低，食宿标准自然也相应降低。遇到有的风景区、饭店旅馆提了价，饭店把我们拒之门外，但客人总还得要吃饭，若擅自提高膳食标准，回到旅行社，报不了账、交不了差，怪罪起来，我们做导游的也担当不起，只能靠求爹爹告奶奶，苦苦与饭店商求，人家总算答应了，但搞出的饭菜质次量少，难以填饱肚皮，游客不满，发火冲我们来，做导游的“哑巴吃黄连”，有苦只能往肚里咽。有些风景点，常借举办名目繁多的展销会，门票临时提价，而旅行社对各地的门票费用支出早有预算，多花钱买票回去不能报销，若导游自己掏腰包填上，一天工作

10 多小时，再赔本真不情愿，于是只得向客人增收门票差额，但游人意见纷纷，怨言四起，我们做导游的真是两头为难啊！有时遇到一些游客不与我们配合，也真令人头痛。有些单位搞团体包车，领队提出要我们中途更换节目或是增加景点，但我们实在无权“作主”。搞国内旅游，车辆大多是向汽车公司借的，事前就讲好游哪几个景点，一般无法变动，但我们如果回绝游客要求，有的游客就在游览点拖延时间或拒绝上车，有的借机“作梗”，搞得我们无法正常工作。遇上导游是位年轻姑娘，有个别游客言语粗俗，常使得不少女导游眼泪汪汪。遇到自由散漫的游客上车集合不守时间，每次迟到，导游加以提醒，他们说你态度恶劣，要告到旅行社去，等等。

更有难言的苦衷是：有些风景区的旅馆、餐厅为“竞争”客人，大搞“回扣战”，常拉拢一些导游和司机。旅行社三令五申不许导游、司机拿“回扣”，我们也能做到，但遇上个别司机因拿不到“回扣”，寻机给导游以“颜色”看，不是将旅游车停在离风景点老远的地方，让你走上一大段路，就是为你处处出难题，你想游程紧，赶时间，路上车开快点，“司机大爷”却给你颜色了，一会说油没了要加油，一会说车可能有故障、要修理，或者慢开车，让一辆又一辆车超过自己，游客意见一大堆，导游夹在中间真是轧扁头。

面对旅游市场这种特殊的气候和环境，导游人员要满足旅游者的种种个别要求确实有相当的难度，但导游人员只要尽心尽力地去做了，如对某个具体问题的解决只有50%的希望，而导游员却作了100%的努力，相信绝大多数旅游者是会理解的。

二、认真倾听、耐心解释的原则

旅游者提出的要求，大多数是合情合理的，但总会有人提出一些苛刻的要求，让导游员为难。苛求，即过高的要求。有些要求看似合理，但旅游合同上没有规定这类服务或在中国目前还无法提供这类服务；有些要求本身就不合理，但总会有人提出来，要求导游员给予满足；还有些人出于某种心态，对导游员的工作横加指责，过分挑剔。

面对旅游者的苛求和挑剔，导游员一要认真倾听，不要没有听完就指责游客的要求不合理或作胡乱解释；二要微笑对待，不要一听到不顺耳的话就拉长了脸，恶语相向；三要耐心解释，对合理的但不可能办到的要求，要耐心地、实事求是地进行解释，不要以“办不到”一口拒绝。总之，对旅游者的苛求

和挑剔，导游员不得意气用事。

三、“一视同仁”，尊重旅游者不卑不亢的原则

“一视同仁”就是导游员在对客服务过程中要热情周到地对待每个旅游者，不管这些旅游者来自哪个国家，哪个地区，哪个民族，信仰什么宗教，他们的社会地位如何，他们是否富裕。尤其在一个团队中，导游员不能对一部分人热情有余，而对另一部分人冷落有加，这是导游员的职业道德所不能允许的。例如：某旅行团由上海到云南旅游，旅行社派出的是一位已有数年导游经验的男性全陪。然而，没想到这位全陪在机场候机大厅经过一番寒暄后，就与团队中的几名年轻貌美、性格开朗的小姐打得火热，到云南后他（她）们一起购物、吃风味小吃、跳舞、唱卡拉 OK，朝夕相处，形影不离，他已经把对团队旅游者所有热情都倾注到了几位小姐身上，在他的脑海中已经完全没有了其他近 20 位旅游者的概念。团队绝大多数旅游者感到，他已经完全被几位小姐所“俘虏”，根本称不上团队的导游，“既然不愿意为我们服务，就不应该拿我们的服务费”，他们在气愤与失望中拨通了组团社的电话：“如果不换全陪，就中途退团!”组团社意识到问题的严重性，于是立即派了一位副经理赶赴云南，接替该团队的全陪工作，一场风波才得以平息。这就是导游不“一视同仁”所造成的后果。

另外，在原则性面前导游员也要“一视同仁”。旅游团队中难免有个别旅游者无理取闹，对这种人导游员在原则性问题上不能妥协退让，但要以不伤主人文雅、不损客人之尊为前提，做到“理明则让，事清则完”，不要纠缠不放，更不要激怒他们。如问题一时难以解决，作为地陪可以请领队或全陪出面调解。对于“好说话”的旅游者，导游不要忽略他们，要对他们倍加尊重，因为从带团策略上说，他（她）们是导游员最值得“团结”的对象，正是有了他（她）们，才有了团队稳定的基础。

第三节　餐饮、住房、娱乐、购物方面个别要求的处理

旅游者在生活、娱乐、购物方面的个别要求比较多，在食、住、行、游、购、娱等方面得到满足，是旅游活动能否顺利进行的基本保证。导游员应高度

重视旅游者在就餐、住房、娱乐、购物方面提出的个别特殊要求，认真、热情、耐心地设法满足，使旅游者高兴而来、满意而归。

一、对餐饮方面个别要求的处理

由于旅游者来自不同的国家、地区，因其宗教信仰、民族生活习俗不同，体质、年龄的差异，气候的变化等诸多原因，会在饮食方面提出各种特殊的要求。例如：不吃油腻辛辣食品，不吃猪肉或其他肉类食品，不吃某种蔬菜，甚至不吃盐、糖、酱油、味精、面食等。本节中就其中常见的八种情况讲述导游人员的处理方法。

（一）对特殊饮食要求的处理

在饮食方面经常出现两种情况：一种是在旅游协议中注明旅游者在餐饮方面的特殊要求；另一种是协议中未注明，旅游者在抵达目的地后或到达餐厅后才向导游提出特殊的用餐要求。无论遇到哪种情况，导游都要尽可能地满足其要求。

1. 仔细核实、认真落实

若所提出的特殊餐饮要求在旅游协议书中有明文规定，并在接待计划中明确注明了的，接待社有关部门应提前安排，订餐时告知餐厅。地陪在接团前应认真核实接待计划，用餐当天与餐厅联系，提前落实，不折不扣地兑现。

2. 积极协助，尽量满足

若旅游团抵达目的地后或到定点餐厅后临时提出要求，则需视情况而定。一般情况下地陪应立即与餐厅联系，在可能的情况下尽量满足其要求；如情况复杂，确实有困难满足不了其特殊要求，地陪则应说明情况，协助旅游者自行解决。如：建议旅游者到零点餐厅临时点菜或带他去附近餐馆（最好是旅游定点餐馆）用餐，餐费自理。

（二）要求换餐

积极协助，差价自理。在目的地活动的旅游团，由于一般情况下，计划中的便餐均为中餐，因此有些海外旅游者，尤其是西方入境旅游者对用中餐有所不适。前几顿饭吃中餐，出于好奇心和新鲜感，旅游者还愿意品尝，但几顿过后，有的旅游者便感到不合口味，要求换成西餐。还有的海外旅游者对中餐极感兴趣，哪种风味都想品尝；国内旅游者到目的地后不仅游兴高，“食兴”也很高，对目的地的各种风味都有意尝试。于是也常常提出将便餐换成风味餐。

总的处理原则是：积极协助，差价自理。

（1）首先要看是否有充足的时间换餐。如果旅游团在用餐前 3 小时提出换餐的要求，地陪应尽量与餐厅联系，但需事先向旅游者讲清楚，如能换妥，差价由旅游者自付。

（2）询问餐厅能否提供相应服务。若计划中的供餐单位不具备供应西餐或风味餐的能力，应考虑换餐厅。

（3）如果是在接近用餐时间或到餐厅后提出换餐要求，应视情况而定，若该餐厅没有此项服务，地陪就协助解决；如果情况复杂，餐厅又没有此项服务，一般不应接受此类要求，但应向旅游者做好解释工作。

（4）若旅游者仍坚持换餐，地陪可建议其到零点餐厅自己点菜或单独用餐，费用自理，并告知原餐费不退。

（5）若旅游者提出加菜、加饮料要求，应尽量满足，但费用自理。

（三）要求单独用餐

满足要求，费用自理。由于种种原因，比如：团内旅游者之间闹了矛盾、不合群等原因，个别旅游者要求单独用餐。导游人员要先耐心做劝说工作，并请领队协调；如果劝说、协调无效，旅游者仍坚持要单独用餐，导游人员可与餐厅联系解决，但要告知其餐费自理，而且原餐费不退。

（四）要求在客房内用餐

视情而定，酌情处理。旅游者因身体不适或其他原因提出要在客房内用餐时，导游人员应按以下方式处理。

（1）先问清该饭店对此项服务的有关规定及收费标准（由于饭店星级不同，有些饭店向住店客人免费提供客房内用餐服务，而有些饭店则要按餐费15%—30%收取服务费）。

（2）如果是由于旅游者生病不能去餐厅用餐，导游人员应积极与餐厅联系，请餐厅服务员将旅游者需要的餐食送到房间，如需交付服务费，应提前向旅游者讲清该店规定。导游人员也可主动将饭菜端进房间，以示关怀。

（3）若是健康的旅游者希望在客房内用餐，则应视情况办理：首先问清饭店餐厅是否有此项服务以及收费标准，告知旅游者，费用自理。

（五）自费品尝风味

积极协助满足要求。有些旅游团在旅游协议中没有风味餐这项内容，或用过旅游协议中规定的风味餐后想再品尝一下其他风味，提出自费品尝风味的要求，这时地陪的做法可有两种：

（1）请旅行社预订。地陪先告知接待社有关人员，请其报价（其中包括风味餐费、车费、服务费）。向旅游者讲清所需费用，若同意前去用餐请接待社有关人员预订。地陪要按预订时间带领旅游者前往风味餐厅用餐。

（2）地陪协助旅游者与餐厅联系，订妥后旅游者可自行前往。切记：不论哪种情况，须告知旅游者风味餐订妥后须在约定时间前往就餐，若不去用餐，需赔偿餐厅的损失。（注意：离用餐时间越近，交付的损失费越多）

（六）要求推迟晚餐时间

尽量满足，耐心解释。这是地陪在餐饮服务中经常遇到的问题。由于旅游者的生活习惯不同，尤其是西方国家的旅游者用晚餐的时间与我国的习惯差异较大，经常会遇到旅游者要求推迟用晚餐时间，在夏季尤为突出。当旅游者提出此类要求时，地陪应与餐厅联系，根据餐厅具体情况做相应处理：一般情况下，地陪要向旅游者说明餐厅供餐时间是固定的，过时用餐须加付服务费。也有的餐厅只有固定的服务时间，不提供过时服务。遇到此种情况，地陪应向旅游者解释清楚，劝其入乡随俗，按照餐厅供餐时间就餐。

（七）要求增加菜肴和饮料

满足要求，费用自理。同一收费标准的旅游团用餐都是统一菜单和饮料（只是由于季节不同，菜的品种不同）。因此，用餐时如果旅游者提出要求添加菜肴和饮料时，应满足其要求，但需提前讲明费用自理。

（八）旅游者不随团用餐

同意要求，餐费不退。旅游者由于某种原因不随团用餐，如外出自由活动、访友、生病、疲劳不想用餐，地陪应同意其要求，但应向其讲明餐费不退。

【案例讨论】

回族同胞的特殊要求

某20人的旅游团队，其中有两人是回族，他们在团队出发的第一天就告诉全陪自己不吃猪肉和狗肉，也不吃用猪油烧成的菜肴，要求导游员能够“特殊关照”，两人一起用餐。全陪听后解释说：“用餐的问题由当地地陪具体负责安排，而且有些景点连普通餐饮安排都有困难。我们可以做一些努力，但不能确保”。于是，这两位回族客人天天为了吃饭问题忐忑不安，使自己的旅

游情绪大受影响。

点评：

猪肉和狗肉是众所周知的饮食习俗，而且这两位旅游者在旅游团队出发时就把自己的要求告诉全陪。从职责看，全陪虽然不是当地旅游计划的执行者，但他同样有义务解决，具体的做法是受理后及时告诉有关旅游目的地的地陪，请他们具体作出安排，以满足客人的要求，对于个别景点的餐馆安排有困难，导游员也应主动提供替代食品，为客人排忧解难。从本案例看，我们通过这位全陪模棱两可的话语，可以看出他对旅游者还缺乏一颗火热的心，缺乏对回族兄弟姐妹饮食习俗应有的尊重。

二、对住房方面个别要求的处理

旅游者外出旅游，休息好是使旅游顺利进行的保证，住好是休息的前提，住房的重要性不可忽视。对于旅游者在住房方面提出的要求，导游人员一定要尽力协助解决。

（一）要求调换饭店

弄清情况，酌情处理。由于旅行社的原因，向旅游团（者）提供的饭店与计划中的不符，地陪应与接待社有关人员联系努力协调，尽量使旅游者满意。一般会出现两种情况。

（1）接待社向旅游者提供的是同星级的饭店但不是合同中注明的饭店。团体旅游者在实施旅游之前，会从旅游协议合同书中得知旅游期间在什么城市下榻于哪家饭店，享受什么星级的住房等，均有明确规定。因此，旅游者每到一站都非常清楚自己在此地住哪家饭店。

（2）接待社向旅游者提供的饭店低于合同中规定的饭店或住房标准。这种情况旅游者是不会同意的，即使是同星级的饭店替代协议中标明的饭店，旅游者都会提出异议。更何况提供的饭店或客房低于标准？旅游者提出换饭店，地陪应随时与接待社联系，接待社应负责予以调换。如确有困难，按照接待社提出的具体办法妥善解决，并向旅游者摆出有说服力的理由，提出补偿条件。

（二）要求调换房间

不同情况，不同处理。

（1）如果由于饭店客房不干净。比如房间内有蟑螂、臭虫、老鼠等，旅游者提出调换房间，应满足其要求。如客房内设施缺损，尤其是房间内卫生间达不到清洁标准时，应请服务人员立即打扫、消毒，如旅游者还不满意，仍提出调换房间，应与饭店有关部门联系满足要求，予以调换。

(2) 若旅游者对房间的朝向、层数不满意，要求调换另一朝向或另一楼层的同一标准客房时，若不涉及房间价格并且饭店有空房，可与饭店客房部联系，适当予以满足，或请领队在团队内部进行调整。无法满足时，应做耐心解释，并向旅游者致歉。有的饭店，朝向不同的同一标准客房价格也不一样。遇到这种情况时，要向旅游者讲明，若其同意交差价，饭店又有空房，可以满足其要求。

(三) 要求住更高标准客房

尽量满足，差价自理。

(1) 旅游者要求换本饭店内的高于合同规定标准的客房，地陪可直接与饭店联系，如果该饭店有空房，可以满足。但要向旅游者提前讲明要交付房费差价。如饭店没有符合旅游者要求的客房，应向旅游者解释清楚，求得谅解。

(2) 旅游者要求住高于合同规定星级的饭店，地陪可与饭店联系，如该饭店有空房，旅游者又同意交付原订饭店的退房损失费和房费差价，可予以满足。

(3) 以上两种要求落实后，地陪要将变化的情况向接待旅行社有关人员报告。

(四) 要求住单间

协助解决，房费自理。旅游者参加团队旅游一般在饭店住标准间（即双人房间）。由于旅游者的生活习惯不同或因同室旅游者之间闹矛盾，而要求住单间。导游人员应先请领队调解或内部调整，若调解调配不成，饭店如有空房，可满足其要求。但导游人员必须事先说明，房费由旅游者自理，一般由提出方付房费。

(五) 要求购买客房中的摆设或物品

积极联系，协助解决。如果旅游者看中客房内的某种摆设或物品，要求购买，导游人员应积极协助，与饭店有关部门联系，尽量满足旅游者的要求。若饭店同意，照价付款；若饭店不同意，耐心解释。

(六) 要求延长住店时间

帮助联系，房费自理。由于某种原因（生病、访友、改变旅游日程等）而中途退团的旅游者提出延长在本地的住店时间，可先与饭店联系，若饭店有

空房，可满足其要求，但延长期内的房费由旅游者自付。如原住饭店没有空房，导游人员可协助联系其他饭店，房费由旅游者自理。

【案例讨论】

因“鼾睡”引起的麻烦

某个有27人组成的香港老年旅游团到上海旅游，根据旅游合同规定，这是个标准团队。到上海后的第2天吃早饭时，有4位旅游者向地陪提出，房间的同行者晚上睡觉打鼾，无法入睡，要求调换房间。地陪一听，感到问题大了：老年人鼾睡非常普遍，这本来就是一个老年团队，这个口子一开全团住房安排就要乱了。于是对几位解释道：“老年人睡觉打鼾是正常的，你们自己睡觉也肯定打鼾，出来旅游嘛，大家多体谅一点，几天时间挺一下就过去了。”结果，几位旅游者饭也顾不上吃，对这位地陪的态度向领队提出了口头投诉。

点评：

睡觉打鼾确实比较普遍，本旅游团又是一个老年团队，突然有这么多客人因此提出换房要求，对导游员的工作造成的压力自然不在话下。但是，导游员不能见困难就退。当接到数位旅游者的换房要求后，作为地陪一方面要做好安抚工作，不要使问题失控；另一方面要与领队协商，听取领队的意见。原则上应请领队出面在团队成员中协调，在旅游者自愿的基础上，对住房重新进行安排，使问题得到合理的解决。如果此举还不能把问题完全解决，可建议旅游者住单人间，但费用必须自理。这位地陪对旅游者所表现出的冷漠态度，导游人员应该引以为戒。

三、对娱乐活动方面个别要求的处理

同一个旅游团的旅游者由于个人爱好、文化程度、欣赏水平不同，难免会对文艺活动提出各种要求。导游人员不应强求统一，本着“合理而可能”的原则，妥善处理。

（一）要求调换计划内的文娱节目

具体情况，具体处理。旅游团在一地是否有文娱节目，一般在旅游协议中都有明确规定。凡在计划内注明有文娱节目的旅游团，一般情况下，地陪应按接待社的具体安排，准时带领旅游团到指定的娱乐场所观看文艺演出。在接待社按计划中已注明的文娱节目安排好之后，旅游者又要求更换或团中部分旅游者要求观看其他演出。此时地陪可做如下处理。

(1) 如全团旅游者提出更换，地陪应与接待社计调部门联系，尽可能调换，但不要在未联系妥之前许诺；如接待社无法调换，地陪要向旅游者耐心作解释工作，并说明票已订好，不能退换，请其谅解。

(2) 如团中部分旅游者要求观看别的演出，可以协助解决，联系购票，但费用由旅游者自理，原票款不退。

(3) 若已决定分路观看文娱演出，在交通方面地陪应尽量设法提供方便。若两个演出地点在同一路线，可与司机商量，尽量为双方都提供方便；若两个演出地点不顺路则应帮助提出要求的一方另外安排车辆，但需事先说明车费自理。

（二）要求自费外出观看文娱节目

协助解决，提醒客人注意安全。旅游团在目的地旅游期间，一般可以安排观看一次文娱节目。有个别旅游团计划内没有此项活动内容，但旅游者到目的地后才向地陪提出要自费观看文艺演出或参加某种文娱活动的要求，还有的旅游团观看完计划内的文艺节目后，要求再增加，有两种处理办法地陪可酌情选择。

(1) 与接待社有关部门联系，请其报价。将接待社的对外报价（其中包括节目票费、车费、服务费）报给旅游者，并逐一解释清楚。若旅游者认可，请接待社预订，地陪同时要陪同前往，将旅游者交付的费用上交接待社，并将收据交给旅游者。

(2) 协助解决，提醒客人注意安全。地陪可帮助旅游者联系购买节目票，请旅游者自乘出租车前往，一切费用由旅游者自理。但应提醒旅游者注意安全，带好饭店的地址。必要时，地陪可将与自己联系的电话告诉旅游者。如果旅游者执意要求去大型娱乐场所或情况复杂的场所，导游人员最好采取第一种办法。

（三）要求找寻不健康的娱乐场所

断然拒绝。如果旅游者提出要求找不健康的娱乐场所或过不正常的夜生活，导游人员应讲清我国的有关法律和政府的相关规定并断然拒绝，严肃指出前往不健康的娱乐场所和不正常的夜生活在中国是被禁止的，是违法行为，若此后出现此种违法行为后果自负。导游人员不应该提供任何不健康场所的信

息，更不能一同前往。

【案例讨论】

不应成为遗憾的“遗憾”

由18人组成的某台湾旅游团在上海参观游览3天，根据旅游接待计划的安排，第2天晚上看越剧，但该团成员在第一天吃晚饭时经过一番讨论，多数人要求再看一场沪剧，如果时间不允许就把看越剧改成看沪剧，因为他们觉得到上海看沪剧更有意义。地陪说：“大家在上海只住两个晚上，第3天晚上8点就要启程去北京，而且明天晚上的戏票已经预订好了，大家要求看沪剧的愿望还是留到下次吧!”团队旅游者听后感到很遗憾。

点评：

只要导游重视旅游者的要求，办法还是有的：第一，上海的沪剧院很多，旅游者吃晚饭的时间一般是在6时左右，且团队人数不多，如果导游及时联系，可能在当天晚上就能满足旅游者的要求。第二，即使当天晚上安排不了，还可与演出沪剧的剧院预约，然后第二天与演越剧的剧院交涉，请求退票。遗憾的是这些工作导游员都没有去做，只是对旅游者的要求一味地拒绝，这种处理问题的方法显然是不妥的。

四、对购物方面的个别要求的处理

大多数旅游者都愿意在旅游目的地买些物品作为纪念或馈赠亲友。虽然地陪已为每个团队都安排了购物时间，但由于种种原因，不少旅游者还会在购物方面提出这样或那样的要求。导游人员应本着“游客至上”的原则，不怕麻烦，不图私利，设法予以满足。

（一）要求单独外出购物

视情而定。遇到此种情况，导游人员可酌情做如下处理：

(1) 时间许可，尽力帮助，写张便条，叮咛嘱咐。有的旅游者从书中看到或听朋友们介绍，得知某种物品在目的地有售，向地陪提出要单独外出购物。这时，地陪要予以帮助并当好参谋：了解其所需商品，建议他到某家商店去买或同时介绍几家商店由旅游者自己选择；必要时为旅游写张中外文便条（写明商店名称、地址、旅游者所住的饭店名称，如是外国旅游者还应写上几句简单购物用语）备用。

（2）离开目的地当天要劝阻，以防误机（车）。如果旅游者提出单独外出购物是在该团离开目的地的当天，地陪要劝其不要单独外出，以免误了飞机和火车。如果旅游者不听劝阻，执意要求单独外出，地陪应当着其他旅游者的面，向其讲清利害关系，若出意外后果自负。

（二）要求退换商品

积极协助，设法解决。旅游者在购买之后发现购买的商品是残次品、计价有误或是由于对所购商品不满意等原因，要求地陪帮助退换，地陪责无旁贷，应积极协助，想方设法帮助解决，必要时一同前往。

（三）要求再次前往某商店

协助解决，满足其要求。旅游者想购某一商品，出于“货比三家”的考虑或对于商品价格、款式、颜色等犹豫不决，当时没有购买。后来经过考虑又决定购买，要求地陪帮助。对于这种情况，地陪应热情帮助，如有时间可陪同前往，车费由旅游者自理。若因故不能陪同前往可为旅游者写张便条，写清商店地址及欲购商品的名称，请其乘出租车前往。

（四）购买古玩或仿古艺术品

讲明规定，提高警惕。有些旅游者对古玩或仿古艺术品很感兴趣，要求购买。地陪应带其到国家文物商店购买，如琉璃厂文物商店、古玩城、亮马收藏品市场；提醒旅游者买好后要妥善保存发票，不要将古玩上的火漆印弄掉，以备海关查验。如果旅游者要到地摊上或其他非法地点购买古玩，导游人员应劝阻，并告知中国政府的有关规定。如果发现个别旅游者有走私文物的嫌疑，导游人员应立即报告有关部门。

（五）要求购买中药材

有些旅游者想买些中药材，并携带出境。导游人员应告知中国海关有关规定（数量、品种、限量等）。前往国外的，中药材总值限人民币 300 元；前往港澳地区，中药材总值限人民币 150 元。寄往国外的中药材、中成药，总值限人民币 200 元；寄往港澳地区的，总值限人民币 100 元。进境旅客出境时携带用外汇购买的、数量合理的自用中药材、中成药，海关凭有关发货票和外汇兑换单放行。麝香以及超出上述规定限值的中药材、中成药不准出境。

（六）要求代办托运

热情帮助，酌情处理。许多旅游目的地的旅游定点商店都有代为消费者邮寄、托运商品的服务。旅游者在购买了较多、较重或大件的商品后需要托运时，导游人员一定要积极热情地帮助解决。如果遇到有旅游者想购买某种商品，但当时无货，旅游者离开目的地前想委托地陪代为购买并托运，对于此类要求，地陪一般应婉言拒绝。如提出方是重点旅游者或实在推托不掉时，应请示接待社有关领导，若领导同意接受此项委托，地陪应在领导的指示下认真办理委托事宜。先请该旅游者写好委托书，收取足够的钱款（其中包括贷款、托运费和手续费。余额事后由旅行社退还委托者），注意相关信息，得知货到后应及时购买，并办好相关手续，将购物发票、托运单、托运费及相关费用收据一并寄给委托人。但寄出前要复印，将复印件交接待社保存，以备查验。

【案例讨论】

要求导游代办花瓶

某法国旅游团在江西景德镇旅游，其中一位旅游者在参观一个瓷厂时，对样品室内的一件大型花瓶产生了兴趣，很想购买，但厂方说，这种花瓶已有两年多没有烧制了，现货早已卖完，如果需要，最起码10天以后才能烧制出来。于是，这位旅游者要求导游代为办理，导游非常爽快答应下来了，并预收了客人的钱款。

点评：

花瓶属于工艺品，质量很难把握，而且易碎，不便托运。这位导游是热情有余，擅做主张，很不应该。这种现象最容易出现在年轻导游员身上，需要引起年轻导游员的重视。

第四节　旅游者要求自由活动的处理

旅游者出于种种原因要求自由活动或单独活动，导游员应根据不同情况，按“合理而可能”原则妥善处理，并认真回答游客的咨询，提出建议，尽量满足他们的要求。

一、一般情况下允许旅游者自由活动

个别旅游者已多次来华，几次旅览过某一景点，因而希望不随团活动而愿

去游览另一景点或购物或探亲访友。如果他的要求不影响整个旅游活动，可满足其要求并提供必要的协助：提醒他带上饭店的店徽，写一便条交游客（上写前往目的地的名称、地址及下榻饭店的名称和电话），帮助找出租车，提醒游客晚饭的时间和用餐地点等。

到了某一游览点，若有个别旅游者希望不按规定的线路游览而自由游览或摄影，若环境许可且游人不多、秩序不乱，可准其自由活动。导游员要提醒集合的时间和地点及旅游车的车号，必要时留一字条，写清集合时间、地点和车号以及饭店名称和电话号码，以备用。

晚上，无活动安排，旅游者要求自由活动，导游员一般应准其外出，但要建议他不要走得太远，不要去秩序乱的场所，不要太晚回饭店等。

二、有时要劝阻旅游者自由活动

在下述情况下不宜让旅游者单独活动，不过导游员要耐心说明原因，以免游客产生误会。

（1）影响旅游活动计划顺利进行时，导游员应劝希望自由活动的旅游者随团活动。例如，旅游团计划去另一地游览，第二天回来，若有人要求留在本地活动，由于牵涉面大，导游员要劝其随团活动。

（2）存在安全问题时，不允许旅游者自由活动。若地方治安不理想，导游员要劝阻旅游者外出活动，更不要单独活动，但必须实事求是地说明情况。

劝阻游客去复杂、混乱的地方自由活动。

不让旅游者单独骑自行车去人生地不熟、车水马龙的街头游玩。

游河（湖）时，导游员不能答应游客希望划小船或在非游泳区游泳的要求，不能置旅游团于不顾而陪少数人去划船、游泳。

（3）旅游者要求去不对外开放的地区、机构参观游览，导游员不得答应这样的自由活动要求。导游员要劝阻旅游者去不健康的娱乐场所活动。

（4）旅游团即将离开本地时，导游员要劝阻旅游者单独活动，以免耽误离境。

总之，出现以上情况，导游人员要向旅游者耐心解释，说明原因，以免发生误会。

第五节　旅游者其他个别要求的处理

一、对要求亲友随团活动的处理

有些旅游者包括港澳台同胞和华侨在旅游目的地亲朋好友多，由于在目的地活动时间有限，又不愿舍弃参观游览项目，因此希望亲友随团活动。当旅游者向地陪提出这样的要求时，地陪应该做如下处理：

（1）首先要征得领队和旅游团其他成员的同意。

（2）与接待社有关部门联系，如无特殊情况可请随团活动的人员准备好有效身份证件到接待社填写表格，交纳费用，并办完随团手续后方可随团活动。

（3）如因时间关系无法到接待社办理相关手续，可电话与接待社有关部门联系，得到允许后代为查阅证件，收取费用并尽快将收据交给旅游者。

（4）若是外国驻华使馆人员或外国记者要求随团活动，应请示接待社领导，按照我国政府的有关规定办理，获准后方可办理入团手续。

二、对中途退团的处理

引起旅游者中途退团的原因有许多，如亲友建议、游览中不慎摔伤、生病或家中出事、工作上的急需甚至是因个人的某种要求得不到满足提出中途退团等等。但不管何种原因，当旅游者提出提前终止旅游活动时，导游人员可根据具体情况具体对待。

（1）旅游者若因为患病，或家中有事，或工作上的急需，或其他特殊情况，要求离开旅游团、中止旅游活动。导游首先向接待社报告，讲明具体情况，经接待社与组团社协商后解决。至于未享受的综合服务费，应按旅游合同规定和两社协商后办法，或部分退款，或不予退款。

（2）至于那些没有正当理由提出退团的（指旅游者个人的某个要求没有得到满足，或因与其他成员闹矛盾而提出中途退团的），地陪应配合领队，尽量做说服工作，劝其继续随团活动。劝说无效者，可参照第一条处理。

（3）地陪要在领导的指示下，协助旅游者重新订妥机、车票，办理分离签证等其他离团的相关手续。

(4) 旅游者离团所需一切费用均由旅游者自理。

三、对延长旅游期限的处理

旅游者要求延长在目的地的旅游期限，一般有以下两种情况：

(1) 由于某种原因中途退团，但本人继续在目的地逗留需延长旅游期。对无论何种原因中途退团，并要求延长在中国旅游期限的旅游者，导游人员应帮其办理一切相关手续。对那些因伤病住院，不得不退团并需延长在目的地的居留时间者，除了办理相关手续外，还应前往医院探视，并帮助解决患者或其陪伴家属在生活上的困难。

(2) 不随团离开旅游目的地或出境。旅游团在目的地的游览活动结束后，由于某种原因，旅游者不随团离开目的地或出境，要求延长逗留期限，地陪应酌情处理。若不需办理延长签证的一般可满足其要求；无特殊原因旅游者要求延长签证，原则上应予婉拒；若确有特殊原因需要留下，但需办理签证延期的，地陪应请示旅行社领导，向其提供必要的帮助。

①办理延长签证手续的具体做法：先到旅行社开证明，然后陪同旅游者持旅行社的证明、护照及集体签证到旅游目的地所在地公安局外国人出入境管理处办理分离签证手续和延长签证手续，费用自理。

②如果离团后继续留下的旅游者需要帮助，一般可帮其做以下工作：协助其重新订妥机票、火车票、饭店等等，并向其讲明所需费用自理；如其要求继续提供导游或其他服务，则应与接待社另签合同。

③离团后的一切费用均应由旅游者自理。

【案例讨论】

急为旅游者所急

一台湾旅行团到江西赣州市旅游，其中一位旅游者对导游员说，他爷爷是兴国县人，老家还有不少亲戚。此次出来旅游之前，父亲就嘱托一定要替他到老家去一趟，探望一下家里的亲戚。但前几天不小心把通讯地址遗失了，父亲又经商在外无法联系，自己只知道这是一个拥有30多户人家的林姓村庄，但具体地址记不清楚了，要求导游帮助寻找。该团队的地陪非常理解这位旅游者的心情，利用自己是本地人的优势，很快就查实了其爷爷的故乡——林姓村庄

的具体地址，并对他的探访作了周到的安排，当这位台湾同胞得知后感激不已，充满激情地说："大陆的导游不是亲人，胜似亲人！"

点评：

这位导游出于自己的责任和对台湾同胞的深厚情感，服务工作不计较分内分外，本着旅游者的需要就是自己的服务内容的理念，想为旅游者所想，急为旅游者所急，于是赢得了旅游者的赞赏，他的这种服务精神值得弘扬。所有费用均由旅游者自理。

旅游者要求暂时脱离团队

一天上午，某上海旅游团在北京长城游览时，团中一位女性旅游者正好碰上一位10年未见面的大学同学，她急匆匆找到导游员，要求暂时脱离团队与同学一起走一走，好叙叙旧。导游也是一位3年前毕业的大学生，他完全理解这位旅游者此时此刻的心情，"行，去吧，晚上回来！"于是，这位旅游者一声道谢后，扬手而去。

点评：

旅游者在参观游览过程中碰到亲朋好友，要求暂时脱离团队这是人之常情，导游根据游览点的具体情况酌情处理是应该的。长城是参观游览的安全区，交通也很方便，同意旅游者"暂时离队"的要求无可非议。但是，这位导游对这件事情的处理显然太草率。正确的做法是：①问明此事的背景情况，如毕业学校，对方的姓名及工作单位，以备万一；②明确与客人的联系方式，如手机、BP机等，并交换手机、BP机号码；③明确离团旅游者的具体归队时间，最好是要求客人在团队离开长城前归队（告知停车的地点和返回的时间），如果客人认为时间太短，就要明确晚上归队的具体时间，一般应在当晚10点钟之前归队。到时导游必须根据规定的具体时间，关心一下旅游者是否已按时归队，假如旅游者未按时归队，1小时后应主动与旅游者取得联系，问明情况。④提示旅游者应注意的事项，如安全及保持联系等。

突来的不幸

一个美国旅游团原计划在西安、北京和上海参观游览15天，让人感到不幸的是，该团刚抵达上海，也就是该团在中国旅游第12天的时候，团中一位老年旅游者突然接到家里的越洋电话，急告其老伴在5分钟前病逝于家中，要求老人火速返回。老人接到电话后含着眼泪告诉导游员家中发生的不幸。不巧这个团队的地陪是一名上岗不久的大学毕业生，她立即找到领队问如何处理，领队以不可商量的口吻回答说："立即与机场联系，帮他购买最快的返程机票。"这位地陪自然一切照办。

点评：

这位美国客人家中遭遇不幸，非常值得同情，同意其中途退团无可非议。但在操作程序上，领队对此事的处理可以发表意见，不过决定权应该在中方旅行社。地陪在知道这件事后，第一反应是向旅行社领导报告，然后再根据旅行社的意见与领队协商该旅游者的具体退团事宜，意见一致后进入办理退团的有关程序：①立即与旅行社的票务联系，争取购买到最近去美国的飞机票；②对客人家中的不幸表示同情，并做好稳定客人情绪的工作；③根据旅游合同的规定和旅行社领导的意见，联系财务，退还余款；④办理分离签证手续；⑤落实客人到机场的交通工具；⑥凭收据向客人收取为其办理回国手续所垫付的费用，并送行与告别。

四、对旅游者要求为其转递物品的处理

由于种种原因旅游者要求旅行社或地陪帮助其向有关部门或个人转递物品或信件，导游人员一般应按以下方法处理：

（1）首先婉言拒绝。向其介绍当地的邮寄和快递的情况，劝其通过邮局或快递公司投递。

（2）实在无法推托时，请示接待社领导后，按有关规定和手续办理。

①必须问清何物，若是应税物品，应促其纳税。

②请旅游者写委托书，注明物品名称、数量，并当面点清，签字，同时还要留下详细通信地址及电话。

③将物品或信件交给收件人后，请收件人写收条并签字盖章。

④将委托书和收条一并交旅行社保管，以备后用。

⑤若是转递给外国驻华使、领馆及其人员的物品或信件，原则上不能接收。在推托不了的情况下，导游人员应详细了解情况，并向旅行社领导请示，经请示同意后，将物品和信件交旅行社有关部门，并由旅行社通知使馆人员前来领取。

⑥若要求转交中央首长或有关部门的物品，经请示旅行社领导同意后，一定要请旅游者当面打电话，经对方同意后方可接收，并尽量让对方派人前来领取。

（3）若要求转递的物品为食品，导游员应婉言拒绝，请其自行处理。

（4）若要求转递信件，最好让旅游者自己去邮局寄出，导游员可提供必要的协助。若要求转递的是重要资料和信件，最好让其自行处理；若导游员答应转递，则应作必要的记录，并留下委托者的详细通讯地址；收件人收到资料和信件后要出具收据，交旅行社保存。

第六章 导游人员的带团技能

【本章导读】

导游人员带团的目的是什么呢？从旅行社的角度说，导游人员是旅行社派出的代表，旅行社派出导游人员的目的是要完成旅行社产品生产的最后一个环节，即产品的消费，从而实现产品的价值。由于旅游产品不同于工农业产品，它是无形的服务，其生产与消费是同时进行的，产品价值的实现只能在购买者到旅游目的地进行实地消费时才能完成。导游人员带领游客就是帮助游客进行旅游产品的实地消费，使旅行社产品的价值最终得以实现。从游客的角度说，游客购买旅行社的产品就是为了得到其使用价值，即获取到旅游目的地的一次满意的旅游经历和体验，包括游客在旅游目的地停留期间的生存需要、发展需要和享受需要。因此，导游人员带团的目的不是要游客服从自己、按自己的意愿行事，而是要以游客的需要为中心，帮助游客实现其购买的产品的使用价值，满足游客旅游过程中的物质和精神需要；同时也使旅行社产品的价值最终得以实现。

导游人员的带团技能就是导游人员根据旅游团的整体需要和不同游客的个别需要，熟练运用技能提高旅游产品使用价值的实现方式方法和技巧的能力。

第一节 导游带团的原则

经过长期的导游实践，我国优秀的导游员总结了一套导游带团时的服务原则，这些原则基本适合我国国情，有一定的规范性和指导性。

一、服务第一的原则

导游工作是一项服务工作。旅游者外出旅游就是花钱享受服务，从而获得物质上的享受和精神上的快乐。作为导游员要站在旅游者的角度去考察自己的言行，要想获得旅游者真诚的赞美，就必须树立服务第一的意识，这也是导游服务的重要原则。“服务第一”是将旅游者放在第一的位置，将旅游者放在自己的心上，关心旅游者，勤勤恳恳地做好服务工作，尽力满足旅游者的合理需求。在国际旅游界，人们通常将服务的标准确定为“热情友好、效率卓著、安全可靠、灵活方便和设身处地”。作为导游员，在旅游接待工作中要发扬我国热情好客、礼仪之邦的优良传统，把为旅游者服务看成是自己光荣和重要的职责，努力探求服务心理，做一名优秀的旅游导游员。

二、履行合同原则

导游人员带团要以契约为基础，是否履行旅游合同的内容是评估导游人员是否履行职责的基本尺度。这一标志涉及两个方面，一是企业内部制定的相关成本、责任等方面的约束；二是合同规定的相关服务内容与等级要求。导游人员要设身处地地为公司着想，也要为游客着想。

三、等距离交往的原则

“有朋自远方来，不亦乐乎?”自古以来，我国就是文明之邦、礼仪之邦，热情好客是中华民族的优良传统。在现代旅游业发展的今天，“宾客至上”，“顾客就是上帝”的观点，不仅仅是一句口号，更重要的是体现旅游企业的服务宗旨，行动指南。顾客是旅游企业的衣食父母，要使企业在日益竞争激烈的旅游市场上立于不败之地就必须重视顾客，以优质的服务满足游客的要求。导游员要向游客提供真诚的超常服务，热情地微笑服务，让微笑服务温暖旅游者的心。

尊重人是人际关系中的一项基本原则。不管游客是来自境外还是境内，是来自东方国家还是西方国家，也不管游客的肤色、宗教、信仰、消费水平如何，导游人员都应一视同仁地尊重他们。导游人员不应对一些游客表现出偏爱，导游人员的片面行为会造成旅游团队的内部关系紧张，因为每一位游客都为旅游付出了同样多的钱，他们要求得到同等的待遇是合情合理的，导游人员应该尽力把事情办得人人满意、皆大欢喜，除非特殊情况，导游人员应该采取的态度是对每位游客都要友好、礼貌和殷勤。

四、AIDA 原则

AIDA 是英文 Attention，Interest，Desire to act 和 Action 四个词的缩写。Attention 表示有趣地、尽可能具体形象地引起谈话，吸引注意力。Interest 表示通过进一步展开已经引起对方注意的谈话，激起谈话对象的兴趣。Desire to act 表示激起谈话对象希望进一步了解情况的心理，得到启示，加深双方关系，尤其是激起对方的占有愿望。Action，表示努力使对方采取占有行动。AIDA 原是西方商业界的市场推销原则，它简明地说明了消费者的行为模式。导游员运用这一原则，作为在整个行程过程中激发旅游者的游兴、推销附加旅游产品、处理问题的一种行为模式。这对建立导游者与旅游者的良好关系、创造友好气氛有积极作用。

以上四项原则是导游员的优质带团服务原则，也是导游处理各种问题的基本原则。“服务第一”原则是导游员工作的出发点；“履行合同”的原则是导游员处理旅游者各种问题和要求的标准；“等距离交往”原则是导游员和游客交往的规范；“AIDA”原则为导游员在行程中有效推销旅游产品提供了理论模式。这四项原则是导游员服务工作的基本要求，也是衡量导游员服务态度和服务质量的重要尺度和标准。

第二节　导游员带团的要领

一、确立在旅游团中的主导地位

旅游团队是由素不相识、各种各样的旅游者构成的临时性的团体，极具松散性。导游人员在带团过程中尽快确立自己在旅游团中的主导地位，是带好一个旅游团的关键。导游人员取得了旅游者的信任，才能具有凝聚力、影响力和调控力，才有可能和旅游者成为朋友，才能够同他们友好相处。

（一）真诚、热情

导游服务的特点之一是周期性短。每接一个团与旅游者接触的时间都不长，作全陪十几天，作地陪只有几天，不能“日久见人心”。因此，导游人员迅速与旅游者建立良好的人际关系才能顺利工作。真诚对待旅游者是建立良好关系的感情基础，“人心换人心”有诚则灵，有诚意才可靠。只有当导游人员的真诚被旅游者认可，才能赢得旅游者的好感与信赖。一些刚刚参加工作的年轻导游员带团时难免出现差错，但他们之所以能得到旅游者的肯定和欢迎，就是因为他们的热情和真诚感动了旅游者。真诚和热情有时还能弥补导游人员自身的某些不足。有时当旅游者认定导游人员是真心地维护他们的利益时，即使遇到了问题、故障，他们也会持合作的态度。例如某旅游团离京时间提前，旅游者心中不快，游览颐和园，行至长廊时又遇上了大雨，这时，该团全陪请地陪放慢速度前进，让旅游者边听讲解边避雨，他一个人冒雨跑到颐和园门外停车场，在旅游车中找到每位旅游者的雨具，又冒雨跑回长廊，将雨具送到每一位旅游者的手中。他的真诚感动了旅游者，提前离京的不快很快就消失，全团成员十分合作，全陪的工作非常顺利。

（二）树立威信，工作有序

由于导游服务与其他服务不同，是一种引导、组织旅游者进行各种旅游活动的积极行为，因此导游人员必须是旅游团的主导者。要对旅游团有“驾驭”能力，善于将旅游者的行为趋于一致，将旅游团的活动按计划进行，减少盲目性和随意性，确立自己在旅游团中的威信，控制旅游团的内容、时间和节奏，主导旅游者的情绪和意向，使一个临时组成的松散的旅游团体有序进行。

二、换位思考，宽以待客

换位思考，即导游人员以“假如我是旅游者”这种设身处地的思维方法就很容易理解对方的所想、所愿、所求和所为，做到“宽以待客，想方设法满足旅游者的要求”，理解他们的“过错”或苛求。由于客观存在的物质条件、生活水平的差距，往往旅游者在客源地很容易办到的事情到旅游目的地就很难办到，甚至成了“苛求”。如果导游人员能换位思考对旅游者提出的种种要求甚至是苛求，能平心静气地对待，努力寻找其中的合理成分，尽力使旅游者的要求达到满足，即使是苛求也能正确对待，冷静处理。

三、提供个性服务与细微服务

个性化服务是导游人员在做好旅行社接待计划要求的各项服务或规范化服务的同时，针对旅游者个别要求而提供的服务。导游人员应该明白，每位旅游者都希望导游人员一视同仁，同时又希望给予自己一些特别关照。因此导游人员既要按规范化的服务去满足旅游者的一般要求，又要根据每位旅游者的情况提供个性化服务，有针对性地满足旅游者的特殊要求。这样做旅游者会感到“导游心中有我”，感觉自己受到了优待，因此产生了满足感，增加了对旅游活动的信心，更重要的是拉近了导游人员与旅游者之间的感情距离。个性化服务虽然不是全团的共同要求，不涉及全团的利益，而是针对个别旅游者的个别要求，有时甚至是旅游者旅途中的一些生活小事，但是，做好这类小事往往会起到事半功倍的效果，给全团的影响力会大大超过小事本身，使旅游者目睹导游人员求真务实的作风和为旅游者分忧解难的精神，从而产生对导游人员的信任。导游人员不要忽视为旅游者提供细微的服务，一句话，一个动作，帮助旅游者做一件小事往往会产生预想不到的效果。提供个性化服务和细微服务做起来并不容易，关键在于导游人员是要将旅游者“放在心中”，眼中“有活儿”，主动服务。导游人员要努力了解旅游者，了解他们的心情、好恶、要求、希望和困难。用热情主动的服务尽力满足其要求。规范化服务、个性化服务和细微服务完美的结合才是优质的服务。

四、树立良好形象

导游人员要在旅游者心中确立良好的形象，让其认为你是可以信赖、可以帮助他们且有能力带领他们安全顺利地进行旅游活动。导游人员作为旅行社的代表，其良好的形象对旅行社的管理水平和服务水平产生积极的宣传作用，因此在旅游者心目中树立良好的形象是获得旅游者的认同、接受、吸引与团结旅游者高质量完成导游工作的前提和条件。

（一）树立良好的第一印象

对于旅游者来说，遇到一个好的导游人员就会带来一次愉快成功的旅行。反之，则可能会是一次不成功的甚至是失败的旅行。因此旅游者每到一地，总是怀着一种新奇的忐忑不安的心情，用审视的甚至近于挑剔的目光“称量”他们的导游人员。

迎接旅游者是导游员与旅游者接触的开始，导游人员给旅游者的首次印象，对旅游者心理有重大影响。第一印象的好坏常常构成人们的心理定势，不知不觉成为判断一个人的依据，特别是短期接触，正可谓先入为主，导游人员使旅游者产生的第一印象往往会左右旅游者在以后的旅游活动中判断和认识。良好的第一印象可为以后导游服务的顺利开展铺平道路。但有一些年轻的导游人员往往忽视自己在旅游者面前的形象，满不在乎，匆匆上阵，不作任何准备，杂乱无章，结果使自己处处被动。

导游人员从在机场、车站第一次接触旅游者起就必须注意树立自己的形象，要庄重、态度热情、充满自信、办事稳重干练，不仅要注意外表的形象和态度对旅游者心理的影响，而且要以周密的工作安排、良好的工作效率给旅游者留下美好的第一印象。从机场到饭店的交通工具、行李运送、住房、用餐都要做好妥善的安排，迅速地满足旅游者的要求，同时还应特别注意在细微之处关心旅游者，如提醒旅游者再检查一下随身携带的行李物品，就近上一下洗手间。导游人员在接团前如能记住团里旅游者的特征、姓名，迎客时就能叫出他们的名字，旅游者就会迅速消除初到异地时的疑虑和茫然感，增强安全感和信任感。这是导游服务成功的良好开端，也为以后在服务中遇到问题时能圆满处理奠定了一定的感情基础。但是，导游人员真正的第一次"亮相"是在致欢迎词的时候，只有在这时，旅游者才会静下心来，掂一掂导游人员的分量：他们用审视的目光观察导游员的衣着装束和举止风度，用耳倾听导游员的讲话声音、语调，用词是否得体，态度是否真诚等等，然后通过思考对导游员作出初步的结论，也正是在这个时候，领队、全陪和旅游者才会逐步消除对地陪的陌生感、隔离感，而决定是否与之密切合作。因此，地陪必须花大力气全力致好欢迎词，因为它可以尽快缩短导游人员与旅游者的心理距离，增进感情，创造一种良好的导游气氛和环境。

（二）保持良好的形象

有些导游人员只是在接团的第一天注意一下自己的形象，给旅游者留下的第一印象不错，但是，他们忽略了保持和维护自己的形象，与旅游者接触的时间稍长一些就放松了对自己的要求，比如不修边幅，说话不注意，承诺不兑现，迟到等等。于是在旅游者中的威信逐渐降低，工作自然不好开展。导游人员必须明白良好的第一印象不会"一劳永逸"，应在以后的服务中注意维护和保持自己的良好形象。因为形象的塑造是一个动态过程，要贯穿于导游服务全过程。为适应旅游者心理上对导游人员的期望，导游人员要始终表现出自信、精神饱满、衣着得体、沉着果断、办事利落、讲解知识丰富、语言得体；导游人员切记不懂装懂、狂妄自大、说话随便；对旅游者的承诺一定要兑现。

总之，要自始至终用使旅游者满意的行为来加深、巩固良好形象。同第一印象一样，导游人员留给旅游者的最终印象也非常重要的，若导游人员给旅游者的最终印象不好，就可能导致前功尽弃的不良后果。一个游程下来，尽管导游人员已感到很疲惫，但从外表上仍然要保持精神饱满而且热情不减，这一点常令旅游者对整个游程抱肯定和欣赏的态度。同时导游人员要针对旅游者此时开始想家的心理特点，要提供周到的服务，不厌其烦地帮助他们，如帮助旅游者选购商品和捆扎行李等。致欢送词，要对服务中的不尽如人意之处，深表歉意，诚恳地请他们代为问候亲人。导游人员此时以诚相待是博取旅游者好感的最佳策略。在仪表方面要与迎客时一样着正装，送别时要行注目礼或挥手示意，一定要等飞机起飞、火车启动、轮船驶离后方可离开。良好的最终印象能使旅游者对即将离开的旅游地和导游人员产生较强烈的恋恋不舍的心情，从而激起再游的动机，并可起到良好的宣传作用。

第三节 处理好各种关系

一、导游人员与领队的合作共事

领队是受海外旅行社委派，全权代表该旅行社带领旅游团从事旅游活动的人员。领队具有多重身份，既是该旅游团的领导者和代言人，同时又是海外组团社的代表和导游服务集体中一员。是组团社和接待社之间、旅游者和导游人员之间的桥梁。能否圆满完成旅游服务工作，在很大程度上靠领队的合作和支持，其作用不可低估，因此与领队合作共事就成为我方导游人员不能忽视的重要内容。

（一）尊重领队，主动争取配合

带领旅游团到中国来旅游的领队，多数是职业领队，在海外旅行社任职时间较长并受过专业训练，对我国的情况尤其是我国旅游业的业内情况相当熟悉。领队从组团出发到散团都和旅游者在一起，多数领队服务周到细致，十分注意维护组团社的信誉和旅游者的权益，与旅游者语言相通，感情相通，旅游者十分信任依赖领队。此类领队是我方旅行社（组团社、接待社）长期合作的海外客户代表，也是旅游团中的“重点客人”，对他们一定要尊重。尊重领队就是遇事要与他们多磋商。旅游团抵达后，对该团的活动日程安排一定要征求领队的意见，如无原则问题应尽量考虑采纳他的建议和要求，因为领队比我

方的导游人员更了解团内旅游者的情况，同时旅游者又是对他十分信任，领队的意见和建议可以理解为全体旅游者的意见。在遇到问题处理故障时，全陪、地陪更要与领队磋商，争取他的理解和支持，旅游者的工作就好做了。

（二）关心领队、支持领队的工作

职业领队常年远离家庭，远离家乡，远离自己的祖国，在异国他乡履行自己的使命，重复着同一条路线，进行着重复性的工作，十分辛苦。无论他心情如何，身体舒服不舒服都要“奔波在外”，热情为旅游者服务。由于他的“特殊身份”，旅游者只顾要求他如何满足自己的要求，如何关心自己而很少甚至不可能主动关心领队。因此，我方的导游员如果对领队在生活上表示些关心，他会很感动，工作上给予他支持他会很感激。当领队的工作不顺利或旅游者有误解时，全陪、地陪应主动助其一臂之力，我方能办到的尽量帮助联络，做不到的多向旅游者做解释工作，为其解围，比如说明原因不在领队是我方硬件原因；条件有限还是不可拒的原因造成的等等，为领队解围。支持领队的工作并不是取代领队，我方导游人员还应握有度。领队又是旅游团中的一员，是“重点人物”，生活上要给予适当照顾并提供方便，但要注意掌握分寸、注意场合，否则会引起旅游者的误会和心理上的不平衡。

（三）坚持原则，避免正面冲突

海外旅游团的领队中也不乏工作不熟练、常出“新点子”、个性比较突出、难于合作比较挑剔或好显示自己者。无论遇到哪种领队，遇到何种情况和问题，我方导游人员都要沉着、冷静、坚持原则，分清责任；对违反合同内容，不合理的要求不能迁就；对于某些“过火”言辞或出现带侮辱性的语言不能置之不理，要有理、有利、有节地讲清道理，使之主动道歉但要注意方法，不能“逼到绝路”，因为以后还要合作。

（四）技高一筹，掌握主动权

旅游团成员对领队工作的评价好坏，会直接影响着领队的得失进退。于是有的领队可能为讨好旅游者“抢话筒”自我表白没完没了；指手画脚，当着全团旅游者的面“出主意”，使旅游者产生“领队如果不说，地陪就不干”的感觉，使地陪的工作比较被动。遇到类似的情况地陪应采取措施变被动为主动，对于“抢话筒”的领队，地陪既不能马上反抢，也不能听之任之，最好的办法是先让其“亮相”一番，可记住其中讲话中的错误和不足，在适当的时候给予纠正，让旅游者感到“还是地陪讲得好”。这样，我方的导游人员就表明了自己的长项，即本人熟悉的、擅长的、有把握的话题讲解。导游人员要正视自己知识的不足，抓紧时间查资料或向别人求教，想方设法在本团离开目的地之前，在适当的时机向全团旅游者补充讲解，以求完满。

（五）争取多数旅游者的理解和支持

有时领队提出的做法行不通，我方导游人员无论怎样耐心解释说明，领队仍坚持已见。这时全陪和地陪就要向全团讲明情况，争取旅游团内大多数旅游者的理解和支持，但要注意，即使领队的意见被证明不妥也要使领队有“台阶”下，适当给领队留面子，维护领队的自尊和威信，而不能对其表示冷漠和疏远。在我方导游人员与领队的合作共事中，相对而言，我方应处在主导地位，把握好工作、友情和原则三者之间的关系，彼此尊重、相互学习、勇担责任。总之，为了提高旅游服务的质量，带好旅游团，导游人员应与领队搞好关系。

二、导游人员与旅游接待单位的协作

（一）旅游接待单位间的关系

从旅游目的地角度出发，旅游产品是指旅游经营者为旅游者在旅游过程中提供的旅游景点、旅游设施和服务的总和。这是一种组合性的整体产品，既有有形的物质实体，也有无形的非物质的服务。现代旅行产品之一的综合包价，就是由多个单项旅游产品组合而成的整体产品，不仅包括沿线的旅游景点，还包括沿线提供的交通、食宿、餐饮等各种旅游设施和服务，需要旅行社、饭店餐厅、交通部门、游览娱乐场所等旅游接待单位的高度协作。没有高质量的旅游产品就没有旅游接待单位的高度协作，就不可能有完美的、高质量的旅游产品，没有高质量的旅游产品就没有旅游接待单位的高经济效益。各接待单位之间即使有摩擦也是暂时的，协作却是长久的，而且协作之中也应含有补合作用。旅游消费的六大内容——食、住、行、游、购、娱，需要各旅游接待单位组成一体化的旅游供给系统。为了使旅游供给有序进行并有质量保证，这些接待单位的关系应是相互配合、相互依存、长期协作。

（二）导游人员与其他旅游接待单位协作的方法

1. 及时协调，作好衔接工作

导游人员在向旅游者提供导游服务的过程中，要与饭店、车队、机场、车站、景点、商店等许多部门和单位打交道，主动协调好旅游供给关系对保证旅游产品的整体形象和质量十分重要，其中任何一个接待单位或某一环节出现失

误和差错，都会影响旅游者的满意程度。导游人员尤其是地陪在服务工作中要善于发现整合联络，使各个接待单位的供给正常有序。比如，旅游团活动日程变更涉及用餐、用车时，地陪要及时通知供餐、供车单位和饭店有关部门，并进行协调以保证旅游团的食、住、行能很好地衔接，使供给有序。

2. 遇到困难，争取协作单位的帮助

导游服务工作流动性大，工作内容繁杂，有时只是导游人员一人在外独立带团，常常会有意外、紧急情况发生，只靠一个人的力量问题很难解决，因此导游人员要善于利用各地旅游接待单位的协作关系，争取得到他们的帮助。如车站、机场有两个旅客出口，在迎接一名旅游者时容易出错，为避免漏接，地陪可请司机师傅协助在另一个出口举接站牌帮助迎接；再如离站时旅游者到达机场后才发现自己的贵重物品遗放在饭店客房内，导游人员可请求饭店协助查找，找到后将物品立即送到机场。

（三）导游人员与合作者的关系

这里讲述的导游人员的合作者是指为同一旅游团提供旅游服务的其他接待单位的工作人员，如旅游车司机、商店售货员、饭店服务人员等，他们受不同接待单位的委派，与该团导游人员执行同一个协议，只是由于分工不同而服务的形式和内容有所不同，但都是旅游服务的提供者。导游人员与合作者的关系是平等的关系。导游人员把自己摆在高于或低于合作者的位置都是不对的。比如，有的导游人员认为自己是“坐车的”、“吃饭的”，是旅游服务的接受者，而对合作者的工作指手画脚、命令、指责；还有的走向另一面把自己摆在低于合作者的位置，认为自己是“坐人家的车”、“吃人家的饭”，常常显得怯懦，被牵着鼻子走，对某些合作者违反协议、损害旅游者利益的行为不制止，一味迁就，听之任之，处处被动。

导游人员的正确做法是：第一，要尊重合作者，与之建立良好的“人与人之间”的关系。一位老导游说得好，在游客面前“同胞相等、理所当然”。第二，要善于向合作者学习，有事多请教。第三，坚持原则，平等协商。以“为旅游者提供优质服务”为目的，但不违反协议的原则，遇到问题和困难要平等协商。遇到合作者“打个人小算盘”，提出改变日程，减少参观游览时间、增加购物等不正确的做法，导游人员应向其讲清道理，尽量说服坚持按计划执行，如对方仍坚持己见、一意孤行或刁难导游人员，应采取必要的措施并及时向接待社反映。

第四节　引导游客审美

一、导游人员应具备的心理品质

（一）良好的感知能力和观察能力

导游人员要善于感知和观察各种旅游者不同的心理反应，及时调整自己的导游内容，使旅游者在服务中得到身心的满足，感到愉快。观察是人们对客观事物感性认识的一种积极主动的形式，使人们自觉有目的、有计划的知觉就是观察。而观察力是指人们在观察客观事物过程中，善于发现事物特征的能力，是人们比较稳定的个性心理特性。观察能力的强弱对导游工作的影响很大。有的导游人员受旅游者欢迎的原因之一，就在于善于通过不同形式自觉地观察并及时发现旅游者的心理变化和需求，及时调整导游讲解的详略、快慢和深浅。

通过长期的工作体验，人们认识到，导游服务一定要突出一个“活”字，其根据就是通过观察得来的信息。观察就是要随时注意观察旅游者的神态表情、行动和言谈。根据这些观察得来的信息，对工作对象的心理需求做出接近于实际的判断，然后，对自己导游的讲解内容作适当的调整，使之更具有针对性；否则，效果就会不很理想。可见，导游人员善于感知和具备较强的观察能力是做好导游工作的必要条件之一。

例如，甲乙两导游人员引领外国旅游团参观同一博物馆。他们的语言水平不相上下，工作态度都认真。但导游员甲很成功，近两个小时的导游，前团始终跟着他，注意听讲，效果很好；导游员乙却不能把全团吸引在自己周围。导游员甲的诀窍是什么？就是注意观察，察言观色，随机应变，灵活导游。他回顾了导游过程中对旅游者的留心观察和自己的应对措施，他说：“在去博物馆途中，我同旅游者作了试探性的交谈，了解到他们对中国古代文化有兴趣，我决定讲解得详细一点。到了青铜器陈列室，我看到大家听得很认真，有一些人还拿出本子记录，我当然要讲得系统有条理。到了陶瓷器陈列室，他们的行动较快，一个劲儿往前走，我觉察到他们对原始陶瓷器部分不太感兴趣，因此我讲得十分简要，一带而过。但到了唐三彩展品面前很多人又放慢了脚步，不仅观赏得仔细，而且时常用探询的目光朝我看，显然，他们希望我多讲一点，我

满足了他们的要求，结果，他们流露出满意的神情。到了绘画陈列室，我一边讲解，一边留心他们的反应，我感觉到当我在讲解中国画的艺术手法时，他们反映冷漠，似懂非懂，有的人开始看窗外，有的人开始同旅伴小声讲话，我立即意识到要赶快改变内容，调换一种导游方法。于是，我从中国画突出写意，表达作者较高的思想感情这一点，一下转到作品创作背景和画家的生平轶事上去，这一改变果然奏效，全团又开始静静地听我导游讲解，我在他们的脸上又看到了笑容，他们被我讲的画家的生平故事所吸引了。事实上，我讲画家的故事并未完全脱离绘画陈列馆的展品，而且正是由于他们了解了画家的坎坷生平和作品的创作背景，反而加深了他们对画的主题思想的理解，产生了意想不到的导游效果。”这位导游员的成功经验说明，导游员应该具有较强的观察能力，那就是我们平时所说的要反应灵敏，做到眼观六路、耳听八方，对旅游者及周围事物要善于感知。善于发现新情况，以便采取必要的措施和多变的手法，保证导游服务顺利进行，并满足旅游者的要求。导游人员感知能力和观察能力的提高，一方面要靠长期工作的实践，另一方面也需要在平时进行有意识的观察练习，这是培养自己观察能力的有效途径。

（二）良好的注意能力

导游人员应具有良好的注意力。一方面要求导游人员在工作时必须集中注意力，把自己的心理活动稳定地、自觉地指向并集中在旅游环境、服务对象以及自身的导游讲解行为上，也就是说导游人员要有良好的注意品质，有明确的注意范围和注意的稳定性。另一方面要求导游人员必须合理分配注意力，即在同一时间内把注意力分配到两种或几种不同的对象或活动上。例如，在游览过程中，导游人员就应该同时注意观察对象、旅游者以及自己的导游讲解和周围环境等几个方面。忽略其中的任何一方，或者注意力过分集中在一方面，都是不合适的。导游人员一定要合理地分配注意力，既不能把全部注意力放在旅游者身上，也不能全部放在自己的导游讲解上。所谓合理分配注意力就是要各方面兼顾，既要把大部分注意力放在导游讲解上，设法使内容生动、语句流畅，又要留部分注意力观察旅游者的反应，以调整讲解内容和方法。这样可以同旅游者有感情上的交流，满足他们需要。合理分配自己的注意力是一种技能，需要平时注意练习，要真正做到这一点，导游人员就应该十分熟悉各个旅游景点，而且自己的讲解要达到语言流畅、脱口而出的熟练程度。只有达到这一步，导游人员临场时才不会手忙脚乱、语无伦次，才能使导游活动和谐、完美、顺利地进行。

（三）良好的意志品质

人们平时常说的坚强意志和顽强的毅力，就是指某人具有良好的意志品质。意志品质主要表现在自觉性、果断性、坚持性和自制性等几个方面。这对导游员来说是十分重要的。导游工作是一项高级、综合性的服务工作，从某种意义上讲，确有伺候他人的性质，而且具有面广、事杂、时间长、周而复始重复同样的工作等特点，导游工作又多是单独进行的，难以用统一标尺来衡量，所有这些特点都决定了导游人员的自觉性是提高导游服务质量的基本前提。导游人员没有明确的工作目的，没有正确的工作动机，就不能长期坚持高质量服务，就难以保证导游任务的出色完成。况且，在导游工作中，每个导游人员都可能碰到各种各样难伺候的、古怪的旅游者，碰到复杂难办的事，遇到不顺利的情况，有时工作繁忙，弄得身心疲劳。同时，导游人员本身也可能有不顺心的事而致情绪不佳。在诸如此类的情况下，能否克制自己的感情，对旅游者始终保持良好的情绪、态度热情地投入导游工作，是对每一个导游人员的一个考验，也是评价导游服务质量高低的关键。一个情绪低落、脸色阴沉的人不能给人以快乐的感觉。相反，在自己心情沉重时，能看到一张十分愉快的笑脸，自己也会受到一定的感染而变得开心一些，因此，导游人员自身情感的克制对于搞好导游服务是十分重要的。而导游人员的自我克制同导游人员意志品质中的自制性有很大关系。自制性表现于导游人员能正确对待各种精神污染与物质诱惑。在导游工作过程中，还会出现意外的事故或者种种意想不到的险情，碰到这种情况还需要导游人员具有镇静、沉着、临阵不慌，而且能果断处理的能力，这往往可以使事故得以避免，或者化险为夷，或者由于及时果断的措施而减少损失、挽回影响。总而言之，在导游工作过程中，无论从思想政治、服务质量、工作态度，还是克服困难的决心等方面来说，良好的意志品质对于导游人员都是不可缺少的。在任何情况下，导游人员都应加强自身良好的意志品质的培养，这样，才能出色地完成导游任务，以自己优秀的服务赢得旅游者的尊敬。

二、调整旅游者的情绪

旅游者在游览过程中，会随着自己的需要是否得到满足而产生不同的情绪体验。当他们的需要得到满足时，就会产生愉快、满意、欣喜、欢乐等积极

的、肯定的情感。反之，需要得不到满足则会产生烦恼、不快、懊悔甚至愤怒等消极的、否定的情感。导游人员应该善于从言谈、举止、表情的变化去了解旅游者的情绪变化。因此，在发现旅游者有焦虑、不安、烦恼、不满、气愤等否定情绪后，要及时找出原因，采取措施来消除或调整其情绪。这些措施有以下几方面：

（一）补偿法

就是找出旅游者不快的原因，迅速加以弥补，从而使旅游者的需要得到满足，情绪好转。如旅游者丢失物品，神情沮丧，导游人员应迅速同各方面联系，迅速找回。如果是由于导游人员解说不清，旅游者听不懂解说内容，造成骚动、不满意，导游人员则应扼要地重复一次，或旁征博引，加以解释。

（二）分析说服法

由于某种不可改变的原因，造成旅游者不快而又无法补偿时，导游人员应加以分析，讲清道理，争取旅游者的理解与合作，缓和或消除否定性情绪。由于交通工具拥挤等原因而不得不改变日程，旅游者还要花时间于旅途之中，常常会引起旅游者不满，甚至大嚷大叫、愤怒抗议。导游人员应耐心地向旅游者解释造成改变日程的客观原因，并表示歉意；分析改变日程的利弊，强调有利的一面；或强调改变日程增加的游览项目的有趣之处，这往往能收到较好的效果。

（三）转移注意法

转移注意法是指在旅游者产生烦闷或不快情绪时，导游人员运用转移注意的方法使旅游者不再注意不愉快、不顺心的事，而注意愉快事情，转忧为喜。比如，旅游者由于对参观什么内容意见不统一，有人因此不高兴；或者在游览中不小心碰坏了照相机；或者触景生情，产生令人伤感的回忆或联想等等，导游人员除了说服、安慰旅游者以外，还可用讲民间故事、讲笑话、组织唱歌、学说本地话或幽默生动的解释等方式来活跃气氛，使其注意力转移到当前有趣的活动上来，忘却不快，体验愉快的情绪。

（四）暗示法

暗示法在导游过程中是一种控制或影响旅游者心理的有效手段。旅游者的情绪由于身在异国他乡，时时处于动荡之中，特别容易受导游人员的支配或影响。导游人员可以充分利用有利时机，通过自己的言语、表情、手势、行为和威望影响和改变旅游者的心理活动。有的旅游者在参观中对所看见的内容表示怀疑、茫然或带有偏见，如果导游员带着亲切、自然的微笑和友好、自信的态度，进行绘声绘色的讲解，并表现出通今博古、见多识广的才智来，就容易使旅游者的心理受到暗示，在不知不觉中改变原来的认识和情感，达到导游讲解的目的。如发生意外事故，旅游者恐慌忙乱时，导游人员镇定自若的神情和有条不紊的指挥，能使旅游者情绪很快安定下来，觉得导游人员是他们可以信赖的保障。反之，如果导游人员自已都惊慌失措，旅游者就会感到害怕，甚至把发生意外和游览被打断的责任归之于导游人员，变得怒气冲冲，或对导游人员产生冷漠、不信任的情绪。调整旅游者的情绪之所以可能，是因为情绪与人的需要有关，具有暂时性和可变性。当旧的需要、旧的刺激消失时，旧的情绪也就随之消失；新的需要、新的刺激出现时，新的情绪也就取代旧的情绪而出现。当旅游者认识到某种新刺激与自身需要的关系时，大脑皮层下有关中枢协同兴奋，就会产生特定的情绪体验。而且，人可以由语言代替具体刺激物而引起某种情感，也可以由语言抑制情感。这就为导游人员调整旅游者的情绪提供了可能性。在上述调整情绪的方法中，导游人员应根据实际情况，选用一种或多种方法，以求取得较好的效果。

三、营造愉快氛围

导游服务要有好的效果，最重要的是要激发、巩固旅游者对旅游活动的兴趣，使旅游者自始至终沉浸在愉快的氛围之中，导游人员组织的每次活动都能使旅游者尽兴，流连忘返。兴趣是人们力求认识某种事物或某种活动的倾向，它是一种重要的心理倾向。这种倾向一经产生，就会表现为聚精会神、紧张愉快、主动积极等心理状态，形成良好的游览心境。为此，导游人员应随时观察旅游者的情绪反应，是兴高采烈，还是迷惑不解；是心不在焉，还是厌倦烦躁；同时，还要了解旅游者的思维特点，掌握旅游者在游览中想些什么，需要了解什么，然后有针对性地进行导游。

（一）激发旅游者兴趣

激励因素主要是直观形象和语言。导游人员应设法突出游览对象本身的直观形象。例如，房山石花洞是一个宏伟壮观的多层岩洞穴，其规模之大、景物之美能与桂林的芦笛岩相媲美，堪称我国北方溶洞之最。第一层洞内景观分为曲径通幽、蓬莱仙境、洞天福地、灵宵天界四个景区。洞内玉笋、玉柱、玉塔林立两壁石幔叠置倒挂，洞顶钟乳悬垂，似瓔珞，若流苏，千姿百

态美不胜收。导游人员要引导旅游者在最佳的角度观赏，才能突出它们的形象。

（二）运用语言艺术调动旅游者的情绪

导游人员还要运用语言艺术调动旅游者的情绪。可讲生动的历史故事来激发旅游者对名胜古迹、民间工艺品奥秘的探索；可朗诵著名诗篇引起旅游者漫游名山大川的激情；可提出盎然有趣的问题，使旅游者形成悬念，急于知道答案。这样营造出愉快的氛围可使旅游者的游兴浓烈。

（三）组织丰富多彩的活动

调动旅游者的积极性，导游人员的讲解固然重要，但是如果一个旅游团在北京活动三、四天，每天都由地陪一个人连续不断地讲，即使讲得再好也难免使旅游者感觉枯燥。导游人员还应善于抓住时机，组织丰富多彩的活动，动员全团旅游者营造愉快氛围，如在旅游活动开始不久，请旅游者们做自我介绍，可加速旅游者之间的了解，缓解拘泥的气氛，还可以发现“人才”（有特长者、活跃者）；如去往下一个景点的路途较长，在返回的路上，导游人员可组织旅游者联欢，猜谜语、唱歌、做游戏、教外国旅游者学说中国话、使用筷子等等；还可以用“记者招待会”的形式，回答旅游者的各种问题；如果旅游团中有很活跃的且多才多艺的旅游者，可请他出来主持或表演等等。导游人员也应有一两手“绝活儿”来回报旅游者的盛情邀请，效果极佳。如有一位导游人员会演奏民族乐器，常带着唢呐、笛子上团，从长城回饭店的途中，他为旅游者演奏中国乐曲，使外国旅游者惊叹不已，对中国乐器兴趣倍增。

（四）适当使用声像导游手段

在去一个风景游览点之前，可先为旅游者放映幻灯片、录像带或光盘，也能收到事半功倍的效果。有时有些景点因受时间、地点的限制或因旅游者体力不支，看不到该景点的全貌或精彩之处，给旅游者留下不少遗憾。声像导游材料则可弥补这一缺憾，给旅游者留下完整的、美好的印象。导游人员在旅游车上进行导游讲解时，可以利用车上的音响设备配上适当的音乐，或在讲解间歇时播放些有地方特色的乐曲、歌曲、戏曲等，也可以产生良好的效果，使车厢内的气氛轻松愉快。

第五节　重点旅游者的接待

成千上万的旅游者来自不同的国家与地区，他们在年龄、职业、宗教信仰、社会地位等方面存在很大差异，有些旅游团（者）在某一方面的特点极为突出，必须给予特别重视和关照，因此称之为特殊旅游团或重点旅游团。虽然他们都是以普通旅游者的身份而来，但接待方法要有别于一般旅游团，如果注意不到、工作不细或重点不突出，就会造成很多麻烦和不良影响，直接影响接待质量和旅行社的信誉。

一、对儿童的接待

在旅游者中，经常有携带未成年子女旅游的情况，尤其是国内旅游者出游的目的，很大程度上是为了让孩子增长见识而来。导游人员应注意儿童的生理、心理特点，做好接待。

（一）重视儿童的安全问题

对儿童的安全要予以足够的重视，购买半价票的儿童旅游者、尤其是2—6岁的儿童，他们天生好动，因此要特别注意他们的安全。

地陪可酌请讲些有趣的童话和小故事吸引他们，既活跃了气氛，又使他们不到处乱跑，保证了安全。对于家庭旅游团，地陪还可帮助他们的父母领着孩子，既增加了导游人员与旅游者之间的感情，又可有效地防止儿童乱跑走失。在旅游过程中，经常会出现中国的游人出于对外国儿童的喜爱要和其合影留念的情况。面对好客的中国人，孩子和孩子的家长开始时很兴奋、新鲜，很愿意合作。但时间一长、次数一多，他们就会产生厌烦情绪。遇到这种情况，导游员一方面代他们婉言谢绝，另一方面也做一些工作，尽量让双方都满意。

（二）掌握“四不宜”的原则

（1）不宜突出了儿童，冷落了其他旅游者。

（2）不宜给儿童买食物，买玩具。

（3）即使家长同意也不宜单独把旅游者的孩子带出活动。

（4）儿童生病，应及时建议家长请医生诊治，而不宜建议其给孩子服什么药，绝不能将自己随身携带的药品给儿童服用。

（三）给予儿童格外的关照

(1) 用餐关照：由于儿童的个子小，外国儿童对中餐用具使用起来更困难。地陪要根据具体情况，事先给餐厅打电话，要求准备儿童用椅、刀、叉、勺等一些儿童必备用具，以减少用餐时的不便。

(2) 导游人员在儿童的饮食起居方面要特别关心，如天气变化时，要及时提醒家长给孩子增减衣服。北方天气干燥，提醒家长多给孩子喝水等等。

（四）注意儿童的接待价格标准

对儿童的收费根据不同的年龄有不同的收费标准和规定，如机票、车（船）票、住房、用餐等，导游人员应特别注意。

二、对高龄旅游者的接待

随着中国对外影响的扩大和近年来国内旅游的兴起，来华旅游的外国旅游者和国内旅游者越来越多，其中老年旅游者占很大比例。而在这些老年旅游者中还有高龄群体——高龄旅游者（80 岁以上）。自古以来，我们中华民族就有尊敬老人的优良传统和美德，因此，面对这些高龄旅游者，导游人员最好、最有说服力的做法就是对他们有谦恭尊敬的态度、体贴入微的关怀以及不辞辛苦的服务。导游人员在接待高龄旅游者时应做到以下几个方面。

（一）旅游放慢速度

1. 适当放慢行走的速度

高龄人自己感觉身体不错时，才出国或到外地旅游，但毕竟年龄不饶人，大多数腿脚不太灵活，力不从心。为了安全起见，地陪在带团游览时，一定要放慢脚步，照顾走得慢、落在后面的高龄旅游者，选台阶少、较平坦的地方走，以防摔倒碰伤。

2. 放慢讲解速度

导游人员在向高龄旅游者讲解时，应适当放慢速度，加大音量，吐字要清楚，必要时多重复。

（二）耐心解答问题

由于国情不同，外国旅游者大多对中国的情况如风俗民情等了解甚少，老年旅游者喜欢提问题，好刨根问底，再加上年纪大，记忆力不好，一个问题经常重复问几遍。遇到这种情况，导游人员不应表示反感，要耐心、不厌其烦地给予解答。

（三）预防高龄旅游者走失

1. 进入游览景点之前要反复强调上车地点

每到一个景点，地陪要不怕麻烦，对高龄旅游者多重复几遍旅游路线及旅行车停车的地点（大部分景点都不是同一地点上下车）。外国的老年人不愿意给别人添麻烦，也不愿被别人当成负担，所以，当他们体力不支、行走困难、感觉疲劳时，就想先回到车上，于是便按原路返回，结果可想而知，有时后果严重。因此，一定要反复讲清停车地点。

2. 提前嘱咐高龄旅游者

老年人，尤其是高龄老年人，最担心找不到团队。一旦走失，孤独无助的感觉比一般旅游者更厉害。因此要告诉他们一旦发现找不到团队，千万不要着急，要在原地等待，不要到处乱走，导游人员会按原路来找。

（四）多做提醒工作

第一，此类旅游者由于年龄大，记忆力减退，动作较迟缓，视力欠佳，因此地陪每天应重复讲解第二天的活动日程，并提醒注意事项。如预报天气情况，提醒增减衣服，走路较多，需穿旅游鞋，以及第二天的出发时间等。进入游人多的旅游景点时，一定要多次提醒他们提高警惕，带好自己的随身物品。

第二，提醒准备适量的零钱。外国旅游者对人民币不熟悉，加上年纪大，视力差，使用起来有困难。为了使用方便或不被不法之人蒙骗，提醒其准备适量的小面值人民币。提前提醒不要与私人换外汇（因为老年人更容易被切汇，或换到假币。在实际工作中此类事情屡屡发生）。由于饮食习惯和生理上的原因，带高龄老人的团，地陪应当增加去厕所的次数，并提前提醒他们，准备好零钱（收费厕所）。

（五）采取多种措施以保证和尽快恢复年龄旅游者的体力

1. 适当增加休息时间

参观游览时，上、下午尽量安排中间休息一次；如果条件允许，在晚餐和看节目之前，安排回饭店休息一会儿，晚间活动不要回饭店太晚。

2. 劳逸结合，灵活安排日程

导游人员应考虑老年人的生理特点和身体情况，对高龄团队的活动日程一定不要安排得太紧，活动量不要过大，项目不宜过密。要考虑到老人的爱好，在不减少项目的情况下，做到选择便捷路线和有代表性的景观，少而精，不可

面面俱到。细看，慢讲为宜。带高龄老人团千万别用激将法和诱导法，以免消耗体力过大，发生危险。

3. 选择安全停车地点

晚间看节目或用晚餐时，提醒司机将车停在有灯光、没有台阶和障碍物的地方，以免摔伤。

三、对残疾旅游者的接待

在团队旅游者中，有时会有截瘫、视力障碍（盲人）、聋哑等残疾旅游者，在任何时候、任何场合都不应讥笑和歧视他们，而应表示尊重和友好。导游人员必须懂得，外国残疾旅游者要克服许多常人难以想象的困难来中国、来北京旅游，这说明他们对中国有着特殊的感情，对中国悠久的历史文化有特别的兴趣，也说明他们之所以在众多的旅游目的国（地）之中选择了中国、选择了北京，就是想信中国人、相信中国的导游人员不会歧视他们。此类旅游者的自尊心和独立性很强。虽然他们需要更多的关照，但又不愿给别人增添麻烦。因此，在接待这些残疾旅游者时，导游人员要特别注意方式方法，既要满腔热情、细心周到、尽可能地为他们提供方便，又要不给他们带来压力或伤害他们的自尊心。旅游者如不主动介绍，不要打听其残疾的原因，以防引起其不快。有残疾旅游者时，应做好以下工作：

（一）对截瘫旅游者的服务，准备工作要细

（1）根据计划内容分析，旅游者是否需要轮椅，如需要，应提前准备，尽快与饭店或有关部门联系借用事宜。

（2）要求派方便的车：与计调或有关部门联系，最好派有行李箱的车，以便放轮椅或其他物品。

（3）进机场卫星厅接旅游者，要提前到达机场办理有关手续。

（二）适时、恰当的关心和照顾

（1）接到残疾旅游者后，应适时地询问需要什么帮助，但不宜问候过多。如果过多地当众关心照顾，反而会使他们反感。因为他们的自尊心很强，认为自己既然能到中国来，生活就能自理，不愿成为累赘。

（2）时刻关注残疾旅游者。导游人员在工作中，要时刻想着他们，注意他们的行踪，因为他们毕竟是残疾人，与常人相比有诸多不便，的确需要照顾。因此，在安排活动时，要考虑到他们的生理条件和特殊需要，如选择路线时应尽量不走或少走台阶，提前告诉他们洗手间的位置，通知餐厅安排在一层就餐等。

（3）对聋哑旅游者的服务。接待聋哑旅游者要安排他们在车前排就座，因为他们需要通过读口形来获取信息，也就是通过导游员讲解时的口形来了解讲解的内容。这时，地陪应有意识地面向他们放慢讲解速度，使他们能了解更多讲解内容。

（4）对视力障碍旅游者服务。尽最大努力争取将讲解的内容细致形象。讲解时，可主动站在其身边，上车安排就座，能用手触摸的地方、物品可以尽量让他们触摸。向他们介绍北京有盲道和有特殊设置的地方。

四、对宗教界人士的接待

在来华的旅游者中，有宗教界人士以旅游者的身份来华旅游，同时进行宗教交流活动。他们大都友善，但特殊要求多，因此对于接待宗教界人士导游人员应注意以下几点：

（一）学习了解我国的宗教政策，掌握有关基本情况

《中华人民共和国宪法》中直接涉及宗教问题的条款有两条。第三十四条规定：“中华人民共和国年满十八周岁的公民，不分民族、种族、性别、职业、家庭出身、宗教信仰、教育程度、财产状况、居住期限，都有选举权和被选举权；但是依照法律被剥夺政治权利的人除外。”第三十六条规定：“中华人民共和国公民有宗教信仰自由。任何国家机关、社会团体和个人不得强制公民信仰宗教或者不信仰宗教，不得歧视信仰宗教的公民和不信仰宗教的公民。国家保护正常的宗教活动。任何人不得利用宗教进行破坏社会秩序、损害公民身体健康、妨碍国家教育制度的活动。宗教团体和宗教事务不受外国势力的支配。”

（二）提前做好准备工作

（1）认真分析接待计划，了解接待对象的宗教信仰及其职位。对接待对象的宗教教义、教规等情况要有所了解和准备，以免在接待中发生差错。

（2）了解教堂位置及开放时间。接到接待宗教团的计划后，看清此团在游览地期间是否包括星期日，若有，要征求领队或旅游者的意见，是否需要安排去教堂，要弄清该团信仰什么教，要去哪个教堂，此教堂的位置及开放时间。

（三）满足特殊要求

一般宗教界人士在生活上都有些特殊的要求和禁忌，导游人员应不折不扣地兑现，设法给予满足。

（1）饮食方面的禁忌和特殊要求。一定要提前通知饭店、餐厅，做好准备。

（2）有些伊斯兰教界人士用餐时，一定要去有穆斯林标志牌的餐厅用餐，地陪要认真落实，以免引起误会。

（四）尊重旅游者的宗教信仰及习惯

在接待过程中，要特别注意其宗教习惯和戒律，处处尊重宗教旅游者的宗教信仰和习惯。

例如，如果是信仰天主教人士组成的旅游团，每天早晨开车前，他们会在车上讲经、作祈祷。这时，陪同、司机应主动下车，等他们祈祷完毕，再上车开始一天的游览活动。不要向对方宣传“无神论”，避免涉及有关宗教问题的争论，更不要把宗教、政治、国家之间的问题混为一谈、随意评论。

五、对有特殊身份和社会地位旅游者的接待

有特殊身份和地位的旅游者指外国在职或曾经任职的政府高级官员、对华友好的官方或民间组织团体的负责人、社会名流或在国际国内有一定影响的各界知名人士、某些国家的皇室或贵族成员、国际或某一国著名的政治家、社会活动家、大企业家等。这些旅游者除游览外，往往还有其他任务或使命。他们以普通旅游者的身份出现，但日程又与普通旅游者不同，如经常有中央领导人或有关负责人的接见等活动。做好这些人的接待工作，对扩大我国对外影响、加强中国人民与世界各国人民之间的友好往来，具有十分重要的意义。

（一）知识要渊博，准备要充分

这些身份较高的旅游者人品好，素质高，知识面也很广。因此导游人员要提前做好相关的知识准备，如专用术语和行业知识等等，以便能选择交流的话题，并能流利地回答他们提出的问题。

（二）要有自信心

导游人员不要因为对方地位高而胆怯。往往越是身份高的人越懂得尊重别人。他们接人待物非常友好、客气，十分尊重他人的人格和劳动。此时自己心

理压力大，会影响本人能力的发挥，反倒效果不好。

（三）多请示、汇报

按照有关规定接待。在接待此种旅游团（者）时，由于有时中央领导人或有关负责人要接见、会谈，因此游览日程、时间变化较大，地陪一定要灵活掌握，随时向有关领导请示、汇报，协助安排接见、会见的时间。

第七章　导游人员的语言讲解技能

【本章导读】

导游语言是导游人员从事旅游接待服务的重要工具，要想取得良好的导游效果，必须熟练掌握并不断提高语言艺术水平；学习在导游工作中如何正确运用口头语言、书面语言、态势语言；掌握导游交际语言与导游讲解的基本使用方法与技巧。

第一节　导游人员的语言技能

对于导游人员而言，语言是他们用来做好导游服务工作的重要手段和工具，导游服务效果的好坏在很大程度上取决于导游人员掌握和运用语言的能力。通过导游语言表达，可使祖国的大好河山更加生动形象，使祖国各地的民俗风情更加绚丽多姿，使沉睡了千百年的文物古迹死而复活，使令人费解的自然奇观有了科学答案，使造型奇巧的传统工艺品栩栩如生，使风味独特的名点佳肴内涵丰富，从而使游客感到旅游生活妙趣横生，留下经久难忘的深刻印象。所以，导游人员掌握和运用语言的能力对做好导游服务工作、提高导游服务质量至关重要。

一、导游语言的基本要求

从狭义的角度说，导游语言是导游人员与游客交流思想感情、指导游览、进行讲解、传播文化时使用的一种具有丰富表达力、生动形象的口头语言；从广义的角度说，导游语言是导游人员在导游服务过程中必须熟练掌握和运用的所有含有一定意义并能引起互动的一种符号。所谓“所有”，是指导游语言不仅包括口头语言，还包括态势语言、书面语言和副语言。其中副语言是一种有声而无固定语义的语言，如重音、笑声、叹息、掌声等；所谓“含有一定意义”，是指能传递某种信息或表达某种思想感情。如介绍旅游景观如何美、美在何处等；所谓“引起互动”，是指游客通过感受导游语言行为所产生的反应。例如，导游人员微笑着搀扶老年游客上车，其态势语言（微笑语和动作语）就会引起游客的互动：老年游客说声“谢谢”，周围游客投来“赞许的目光”；所谓“一种符号”，是指导游过程中的一种有意义的媒介物。

导游人员无论是进行导游讲解，还是回答游客的问题，或同游客交谈，在发音之前都要对所讲、所谈的内容进行组织，即将有关词汇按照语法规律组合成具有一定语义的句子，然后用语言表示出来，同时语言在运用中又存在着方法和技巧。对于导游人员来说，由于服务的对象是不同的游客，他们的性格、兴趣和爱好各异，导游人员的语言除了要符合语言规范之外，还要满足以下基本要求。

（一）导游语言的正确性

导游语言的正确性是指导游人员的语言必须以客观实际为依据，即在遣词造句、叙事上要以事实为基础，准确地反映客观实际。无论是说古论今，是议人还是叙事，是讲故事还是说笑话，都要做到以实论虚、入情入理，切忌空洞无物或言过其实。导游人员的语言要保证正确性，必须做好如下几个方面：

1. 严肃认真的科学态度

严肃认真的科学态度是做好导游语言正确性的前提。首先要求导游人员有竭诚为游客服务的思想，有不断提高导游服务质量的意愿，才能抱着对游客、对自己、对旅行社、对国家负责的态度。说话时，实事求是地用恰当的语言予以表达，而不要信口开河、东拉西扯、言不由衷、词不达意。其次，要有锲而不舍、勤学苦练的科学精神。只有这样才能不断进取，认真地对待语言中的每一个词语，使之符合语境并贴切地反映客观实际。

2. 了解和熟悉所讲、所谈的事物和内容

如果导游人员对景点的情况，对游客要讲的内容不了解、不熟悉，很难想象其语言能表达得清楚、准确，更谈不上流畅、优美了。如果导游人员对所讲、所谈的事物和内容有充分的准备，谙熟于胸，讲起来不仅侃侃而谈、旁征博引，而且遣词造句也十分贴切，就能准确地反映所讲、所谈事物的本来面貌，易于为游客所接受和理解。

3. 遣词造句准确，词语组合、搭配恰当

首先，一个句子或一个意思要表达确切、清楚，关键在用词与词语的组合及搭配上，要在选择恰当词汇的基础上，按照语法规律和语言习惯进行有机组合和搭配。如游客问："长城是什么时候修建的?"导游人员回答："秦朝"。这种回答属于表述不清，因为早在春秋战国时期，燕、赵、秦三国为防御北方的匈奴、东胡等民族的骚扰就筑起了高大的城墙，即为长城的起源。秦统一六国后，在原有长城的基础上修筑成一条具有今天规模的长城。如果对外国游客，还应讲清春秋战国和秦朝的公历年代，这样外国游客才会对中国长城的历史有一个明确的认识。

其次，词语的组合、搭配要恰当。导游人员在选择贴切的词汇基础上，还要进行词语的组合与搭配，使之组合符合规范，搭配相宜，这样才能准确地表达意思。如导游人员在向游客介绍了某一自然景观之后说："这里的景色真叫人心旷神怡。"这里的"叫"字同心旷神怡的搭配就不如用"令"字更好，因为"令"字有"使"的含意，即客观事物使人们主观上产生一种感受。

（二）导游语言的逻辑性

1. 导游人员的思维要符合逻辑规律，其语言要保持连贯性

导游人员要能掌握并正确地运用各种逻辑形式，遵守形式逻辑的思维规律，使自己的思维具有确定的、前后一贯的、有条理的状态，从而在语言表达上保持首尾一致，具有较强的逻辑性。

如导游人员在讲西湖孤山时，说"孤山不孤、断桥不断、长桥不长"。导游人员作出"孤山不孤"这一判断是从"孤"和"不孤"选择而来的，作出这一选择是由其思维逻辑确定的，即孤山是由火山喷出的流纹岩组成的，整个岛屿原来是和陆地连在一起的，所以说"孤山不孤"。那么为什么又叫它孤山呢? 一是因为自然的变迁，湖水将它与陆地分隔开来；二是因为这个风景优美的岛屿过去一直被称为孤家寡人的皇帝所占有。同样，"断桥不断"、"长桥不长"也是如此。在这里，导游人员运用了形式逻辑中的排中律，从地质学的角度分析了孤山这个岛屿同陆地的内在联系及其转化。

2. 语言表达要有层次感

导游人员应根据思维逻辑，将要讲的内容分成前后次序，即先讲什么，后讲什么，使之层层递进、条理清楚、脉络清晰。

（三）导游语言的生动性

导游人员向游客提供面对面的服务时，游客大多数情况下是在听导游人员说话，所以导游人员的语言除了语音、语调、语速要有准确性和逻辑性之外，生动性也至关重要。导游人员的语言表达要力求与神态表情、手势动作及声调和谐一致，使之形象生动、言之有情。如果导游人员的语言表达平淡无奇，和尚念经般的单调、呆板，或者十分生硬，游客听了必定兴趣索然，甚至在心理上产生不爱听、不耐烦或厌恶的情绪。反之，生动形象、妙趣横生、幽默诙谐、发人深省的导游语言不仅能引人入胜，而且会起到情景交融的作用。为此，导游语言的表达应力求：使用形象化的语言，以创造美的意境；使用鲜明生动的语言，以增加语言的情趣性；使用幽默诙谐的语言，以增强语言的感染力。

要使口语表达生动形象，导游人员除了要把握好语音、语调之外，还要善于运用比喻、比拟、夸张、映衬、引用等修辞手法。

1. 比喻

（1）使抽象事物形象化的比喻。如："土家族姑娘山歌唱得特别好，她们的歌声就像百灵鸟的声音一样优美动听"。这里土家族姑娘的歌声是抽象的，将其比喻为百灵鸟的声音就形象化了。

（2）使自然景物形象化的比喻。如："如果说，云中湖是一把优美的琴，那么，喷雪崖就是一根动听的琴弦。"这里将云中湖比喻为琴，将喷雪崖比喻为琴弦，显得既贴切又形象。

（3）使人物形象更加鲜明的比喻。如："屈原的爱国主义精神和《离骚》、《九歌》、《天问》等伟大的诗篇与日月同辉，千古永垂！"这里将屈原比喻为"日月"，使其形象更加突出。

（4）使语言简洁明快的比喻。如："鄂南龙潭是九宫山森林公园的一条三级瀑布，其形态特征各异，一叠仿佛白练悬空；二叠恰似银缎铺地；三叠如同玉龙走潭。"这里将瀑布比喻为白练、银缎和玉龙，言词十分简洁明快。

（5）激发丰富想象的比喻。如："陆水湖的水，涟涟如雾地缠绕在山的肩头；陆水湖的山，隐隐作态地沉湎在水的怀抱。陆水湖的山水像一幅涂抹在宣纸上的风景画，极尽构图之匠心，俱显线条之清丽，那么美轮美奂地舒展着，那么风情万种地起伏着。她用山的钟灵揽天光云影，她用水的毓秀成鉴湖风月。"这里将陆水湖比喻为山水风景画，令人产生无穷的遐想。

2. 比拟

在导游语言中，最常用的是将物拟作人。例如："迎客松位于九宫山狮子坪公路旁，其主干高大挺直，修长的翠枝向一侧倾斜，如同一位面带微笑的美丽少女向上山的游客热情招手。"迎客松是植物，赋予人的思想感情后，会"面带微笑"，能"热情招手"，显得既贴切又生动形象。

运用比拟手法时，导游人员要注意表达恰当、贴切，要符合事物的特征，不能牵强附会；另外，还要注意使用场合。比拟的手法在描述景物或讲解故事传说时常用，而在介绍景点和回答问题时一般不用。

3. 夸张

在导游语言中，夸张可以强调景物的特征，表现导游人员的情感，激起游客的共鸣。如："相传四川、湖北两地客人会于江上舟中，攀谈间竞相夸耀家乡风物。四川客人说'四川有座峨嵋山，离天只有三尺三'，湖北客人笑道'峨嵋山高则高矣，但不及黄鹤楼的烟云缥缈。湖北有座黄鹤楼，半截插在云里头'。惊得四川客人无言以对。"这里用夸张的手法形容黄鹤楼的雄伟壮观，使游客对黄鹤楼"云横九派"、"气吞云梦"的磅礴气势有了更深的认识。

导游人员运用夸张手法应注意两点：一是要以客观实际为基础，使夸张具有真实感；二是要鲜明生动，能激起游客的共鸣。

4. 映衬

在导游讲解中运用映衬的手法可以增强口语表达效果，激发游客的情趣。如："太乙洞（咸宁）厅堂宽敞、长廊曲折，石笋耸立、钟乳倒悬，特别是洞中多暗流，时隐时现、时急时缓，水声时如蛟龙咆哮，闻者惊心动魄；时如深夜鸣琴，令人心旷神怡。"这里"宽敞"和"曲折"，"耸立"与"倒悬"，"隐"和"现"，"急"与"缓"，"蛟龙咆哮"和"深夜鸣琴"形成强烈的对比，更加深了游客对洞穴景观的印象。

5. 引用

在导游讲解中经常运用这种方法来增强语言的表达效果，它包括名人名言、古今中外典故、成语、寓言、诗词等。如在讲解安徽省泾县桃花潭时，可引用李白的诗句："桃花潭水深千尺，不及汪伦送我情。"这样可使游客对景观有了感性认识，同时也让讲解充满诗情画意。

导游人员在运用引用手法时，既要注意为我所用恰到好处，不能断章取义，又要注意不过多引用，更不能滥引。

二、导游口头语言的运用技巧

在导游服务中，口头语言是使用频率最高的一种语言形式，是导游人员做好导游服务工作最重要的手段和工具。美学家朱光潜告诉我们："话说得好就会如实地达意，使听者感到舒服，发生美感。这样的说话就成了艺术。"由此可见，导游人员要提高自己的口头语言表达技巧，必须在"达意"和"舒服"上下功夫。

（一）口头语言的基本形式

（1）独白式。独白式是导游人员讲，游客倾听的语言传递方式，如导游人员致欢迎辞、欢送辞或进行独白式的导游讲解等。

（2）对话式。对话式是导游人员与一个或一个以上游客之间所进行的交谈，如问答、商讨等。在散客导游中，导游人员常采用这种形式进行讲解。

（二）口头语言表达的要领

（1）音量大小适度。导游人员在进行导游讲解时，要注意控制自己的音量，力求做到音量大小适度。一般说来，导游人员音量的大小应以每位游客都能听清为宜，但在游览过程中，音量大小往往受到游客人数、讲解内容和所处环境的影响，导游人员应根据具体情况适当进行调节。例如，当游客人数较多时，导游人员应适当调高音量，反之则应把音量调低一点；在室外嘈杂的环境中讲解，导游人员的音量应适当放大，而在室内宁静的环境中则应适当放小一些；对于导游讲解中的一些重要内容、关键性词语或要特别强调的信息，导游人员要加大音量，以提醒游客注意，加深游客的印象。如："我们将于七点三十分出发"，这里"七点三十"要加大音量，强调出发的时间，以提醒游客注意。

（2）语调高低有序。语调一般分为升调、降调和直调三种，高低不同的语调往往伴随着人们不同的感情状态。

（3）语速快慢相宜。导游人员在导游讲解或同游客谈话时，要力求做到徐疾有致、快慢相宜。如果语速过快，会使游客感到听起来很吃力，甚至跟不上导游人员的节奏，对讲解内容印象不深甚至遗忘；如果语速过慢，会使游客感到厌烦，注意力容易分散，导游讲解亦不流畅；当然，导游人员如果一直用同一种语速往下讲，像背书一样，不仅缺乏感情色彩，而且使人乏味，令人昏昏欲睡。

在导游讲解中，较为理想的语速应控制在每分钟200字左右。当然，具体情况不同，语速也应适当调整。例如，对中青年游客，导游讲解的速度可稍快些，而对老年游客则要适当放慢；对讲解中涉及的重要或要特别强调的内容，语速可适当放慢一些，以加深游客的印象，而对那些不太重要的或众所周知的事情，则要适当加快讲解速度，以免浪费时间、令游客不快。

（4）停顿长短合理。这里所说的停顿不是讲话时的自然换气，而是语句之间、层次之间、段落之间的有意间歇。其目的是集中游客的注意力，增强导游语言的节奏感。导游讲解停顿的类型很多，常用的有以下几种：①语义停顿：是指导游人员根据语句的含义所作的停顿。一般来说，一句话说完要有较短的停顿，一个意思说完则要有较长的停顿。②暗示省略停顿：是指导游人员不直接表示肯定或否定，而是用停顿来暗示，让游客自己去判断。通过停顿让游客去思考、判断，从而留下深刻的印象。③等待反应停顿：是指导游人员先说出令人感兴趣的话，然后故意停顿下来以激起游客的反应。导游人员故意停顿下来，看到游客脸上流露出急于知道答案的神情，再接着介绍。④强调语气停顿：是指导游人员讲解时，每讲到重要的内容，为了加深游客内心的印象所作的停顿。就是在讲解中故意把问题打住，然后带团继续参观，使游客在参观过程中联系这个问题进行思考。

三、导游态势语言的运用技巧

态势语言亦称体态语言、人体语言或动作语言，它是通过人的表情、动作、姿态等来表达语义和传递信息的一种无声语言。同口头语言一样，它也是导游服务中重要的语言艺术形式之一，常常在导游讲解时对口头语言起着辅助作用，有时甚至还能起到口头语言难以企及的作用。态势语言种类很多，不同类型的态势语言具有不同的语义，其运用技巧亦不相同，下面介绍一些导游服务中常用的态势语言。

（一）首语

首语是通过人的头部活动来表达语义和传递信息的一种态势语言，它包括点头和摇头。一般说来，世界上大多数国家和地区都以点头表示肯定，以摇头表示否定。而实际上，首语有更多的具体含义，如点头可以表示肯定、同意、承认、认可、满意、理解、顺从、感谢、应允、赞同、致意，等等。另外，因民族习惯的差异，首语在有些国家和地区还有不同的含义，如印度、泰国等地某些少数民族奉行的是点头不算摇头算的原则，即同意对方意见用摇头来表示，不同意则用点头表示。

（二）表情语

导游人员的面部表情要给游客一种平和。松弛、自然的感觉，要尽量使自己的目光显得自然、诚挚，额头平滑不起皱纹，面部两侧笑肌略有收缩，下唇方肌和口轮肌处于自然放松的状态，嘴唇微闭。这样，才能使游客产生亲切感。

微笑是一种富有特殊魅力的面部表情，导游人员的微笑要给游客一种明朗、甜美的感觉，微笑时要使自己的眼轮肌放松，面部两侧笑肌收缩，口轮肌放松，嘴角含笑，嘴唇似闭非闭，以露出半牙为宜。这样才能使游客感到和蔼亲切。

（三）目光语

艺术大师达·芬奇说："眼睛是心灵的窗户"，意思是透过人的眼睛，可以看到他的心理情感。导游人员一般连续注视游客的时间应在1—2秒钟以内，以免引起游客的厌恶和误解。目光接触的向度是指视线接触的方向。一般来说，人的视线向上接触（即仰视）表示"期待"、"盼望"或"傲慢"等含义；视线向下接触（即俯视）则表示"爱护"、"宽容"或"轻视"等含义；而视线平行接触（即正视）表示"理性"、"平等"等含义。导游人员常用的目光语应是"正视"，让游客从中感到自信、坦诚、亲切和友好。

导游讲解是导游人员与游客之间的一种面对面的交流。游客往往可以通过视觉交往从导游人员的一个微笑，一种眼神，一个动作，一种手势中加强对讲解内容的认识和理解。在导游讲解时，运用目光的方法很多，常用的主要有以下几种。

（1）目光的联结。导游人员在讲解时，应用热情而又诚挚的目光看着游客。正如德国导游专家哈拉尔德·巴特尔所说的："导游人员的目光应该是开诚布公的、对人表示关切的，是一种可以看出谅解和诚意的目光。"那种一直低头或望着毫不相干处，翻着眼睛只顾自己口若悬河的导游人员是无法与游客产生沟通的。因此，导游人员应注意与游客目光的联结，切忌目光呆滞（无表情）、眼帘低垂（心不在焉）、目光向上（傲慢）、视而不见（轻视）和目光专注而无反应（轻佻）等不正确的目光联结方式。

（2）目光的移动。导游人员在讲解某一景物时，首先要用目光把游客的

目光牵引过去，然后再及时收回目光，并继续投向游客。这种方法可使游客集中注意力，并使讲解内容与具体景物和谐统一，给游客留下深刻的印象。

(3) 目光的分配。导游人员在讲解时，应注意自己的目光要统摄全部听讲解的游客，即可把视线落点放在最后边两端游客的头部，也可不时环顾周围的游客，但切忌只用目光注视面前的部分游客，使其他的游客感到自己被冷落，产生遗弃感。

(4) 目光与讲解的统一。导游人员在讲解传说故事和轶闻趣事时，讲解内容中常常会出现甲、乙两人对话的场景，需要加以区别，导游人员应在说甲的话时，把视线略微移向一方，在说乙的话时，把视线略微移向另一方，这样可使游客产生一种逼真的临场感，犹如身临其境一般。

（四）服饰语

导游人员的服饰要注意和谐得体。加拿大导游专家帕特里克·克伦认为，衣着装扮得体比浓妆艳抹更能表现一个人趣味的高雅和风度的含蓄。导游人员的衣着装饰要与自己的身材、气质、身份和职业相吻合，要与所在的社会文化环境相协调，这样才能给人以美感。例如，着装不能过分华丽，饰物也不宜过多，以免给游客以炫耀、轻浮之感。在带团旅游时，男导游人员不应穿无领汗衫、短裤和赤脚穿凉鞋；女导游人员不宜戴耳环、手镯等等。

（五）姿态语

(1) 坐姿。导游人员的坐姿要给游客一种温文尔雅的感觉。其基本要领是：上体自然挺直，两腿自然弯曲，双脚平落地上，臀部坐在椅子中央。男导游人员一般可张开双腿，以显其自信、豁达；女导游人员一般两膝并拢，以显示其庄重、矜持。坐态切忌前俯后仰、摇腿跷脚或跷起二郎腿。

(2) 站姿。导游人员的站姿要给游客一种谦恭有礼的感觉。其基本要领是：头正目平，面带微笑，肩平挺胸，立腰收腹，两臂自然下垂，两膝并拢或分开与肩平。不要两手叉腰或把手插在裤兜里，更不要有怪异的动作，如抽肩、缩胸、乱摇头、擤鼻子、掐胡子、舔嘴唇、拧领带、不停地摆手等等。

(3) 走姿。导游人员的走姿要给游客一种轻盈稳健的感觉。其基本要领是：行走时，上身自然挺直，立腰收腹，肩部放松，两臂自然前后摆动，身体的重心随着步伐前移，脚步要从容轻快、干净利落，目光要平稳，可用眼睛的余光（必要时可转身扭头）观察游客是否跟上。行走时，不要把手插在裤袋里。

导游人员在讲解时多采用站立的姿态。若在旅游车内讲解，应注意面对游客，可适当倚靠司机身后的护栏杆，也可用一只手扶着椅背或护栏杆；若在景点站立讲解，应双脚稍微分开（两脚距离不超过肩宽），将身体重心放在双脚上，上身挺直双臂自然下垂，双手相握置于身前以示“谦恭”或双手置于身后以示“轻松”。如果站立时躬背、缩胸，就会给游客留下猥琐和病态的印象。

（六）手势语

（1）握手语

①握手要领：与人握手时，上身应稍微前倾，立正，面带微笑，目视对方；握手时要摘帽和脱手套，女士和身份高者可例外；握手时不要将自己的左手插在裤袋里，不要边握手边拍人家肩头，不要眼看着别人或与他人打招呼，更不要低头哈腰；无特殊原因不要用左手握手；多人在一起时要避免交叉握手。

②握手顺序：男女之间，男方要等女方先伸手后才能握手，如女方不伸手且无握手之意，男士可点头或鞠躬致意；宾主之间主人应先向客人伸手，以表示欢迎；长辈与晚辈之间，晚辈要等长辈先伸手；上下级之间，下级要等上级先伸手以示尊重。

③握手时间：握手时间的长短可根据握手双方的关系亲密程度灵活掌握。初次见面一般不应超过三秒钟，老朋友或关系亲近的人则可以边握手边问候。

④握手力度：握手力度以不握疼对方的手为最大限度。在一般情况下，握手不必用力，握一下即可。男士与女士握手不能握得太紧，西方人往往只握一下女士的手指部分，但老朋友可例外。

导游人员在与游客初次见面时，可以握手表示欢迎，但只握一下即可不必用力。对年龄或身份较高的游客应身体稍微前倾或向前跨出一小步双手握住对方的手以示尊重和欢迎。在机场或车站送行与游客告别时，导游人员和游客之间已建立起较深厚的友谊，握手时可适当紧握对方的手并微笑着说些祝愿的话语。对于给予过导游人员大力支持和充分理解的海外游客及友好人士等更可加大些力度，延长握手时间，或双手紧握并说些祝福感谢的话语以表示相互之间的深厚情谊。

（2）手指语

手指语是一种较为复杂的伴随语言，是通过手指的各种动作来传递不同信息的手势语。由于文化传统和生活习俗的差异，在不同的国家、不同的民族中手指动作的语义也有较大区别，导游人员在接待工作中要根据游客所在国和民族的特点选用恰当的手指语，以免引起误会和尴尬。例如，竖起大拇指，在世界上许多国家包括中国都表示“好”，用来称赞对方高明、了不起、干得好，但在有些国家还有另外的意思，如在韩国表示“首领”、“部长”、“队长”或“自己的父亲”，在日本表示“最高”、“男人”或“您的父亲”，在美国、墨西哥、澳大利亚等国则表示“祈祷幸运”，在希腊表示叫对方“滚开”，在法国、英国、新西兰等国人们做此手势是请求“搭车”。伸出食指，在新加坡表示“最重要”，在缅甸表示“拜托”、“请求”，在美国表示“让对方稍等”，而在澳大利亚则是“请再来一杯啤酒”的意思。伸出中指，在墨西哥表示“不满”，在法国表示“下流的行为”，在澳大利亚表示“侮辱”，在美国和新加坡则是“被激怒和极度的不愉快”的意思。伸出小指，在韩国表示“女朋友”、“妻子”，在菲律宾表示“小个子”，在日本表示“恋人”、“女人”，在印度和缅甸表示“要去厕所”，在美国和尼日利亚则是“打赌”的意思。伸出食指往下弯曲，在中国表示数字“九”，在墨西哥表示“钱”，在日本表示“偷窃”，在东南亚一带则是“死亡”的意思。用拇指与食指尖形成一个圆圈并手心向前，这是美国人爱用的“OK”手势，在中国表示数字“零”或“三”，在日本则表示“金钱”，而希腊人、巴西人和阿拉伯人用这个手势表示“诅咒”。伸出食指和中指构成英语“Victory”（胜利）的第一个字母“V”，西方人常用此手势来预祝或庆贺胜利，但应注意把手心对着观众，如把手背对着观众做这一手势，则被视为下流的动作。

在导游服务中，导游人员要特别注意不能用手指指点游客，这在西方国家是很不礼貌的动作，例如导游人员在清点人数时用食指来点数，就会引起游客的反感。

（3）讲解时的手势

在导游讲解中，手势不仅能强调或解释讲解的内容，而且还能生动地表达口头语言所无法表达的内容，使导游讲解生动形象。导游讲解中的手势有以下三种：

①情意手势。是用来表达导游讲解情感的一种手势。例如，在讲到“我们湖北的社会主义现代化建设一定会取得成功”时，导游人员用握拳的手有力地挥动一下，既可渲染气氛，也有助于情感的表达。

②指示手势：是用来指示具体对象的一种手势。例如，导游人员讲到黄鹤楼一楼楹联“爽气西来，云雾扫开天地撼；大江东去，波涛洗尽古今愁”时，可用指示手势来一字一字地加以说明。

③象形手势：是用来模拟物体或景物形状的一种手势。例如，当讲到“有这么大的鱼”时，可用两手食指比一比；当讲到“五公斤重的西瓜”时，可用手比成一个球形状姿势。导游讲解时，在什么情况下用何手势，都应视讲解的内容而定。在手势的运用上必须注意：一要简洁易懂；二要协调合拍；三要富有变化；四要节制使用；五要避免使用游客忌讳的手势。

四、导游交际语言的常用技巧

在导游服务中，导游人员主要是同游客和相关接待单位有关人员进行接触，而接触过程中，语言是最基本、最重要的工具，语言表达方式、方法和技巧对接触效果都会产生影响。因此，为了同游客（主要接触对象）及相关接待单位友好相处，导游人员应不断提高自己的导游交际语言技能。

导游交际语言包含的内容很多，如见面时的语言、交谈时的语言、致辞（欢迎辞、欢送辞）的语言，同游客交往中对游客进行劝服、提醒、拒绝、道歉的语言等。

（一）称谓的语言技巧

一般情况下，导游人员对游客的称谓经常使用三种方式。

（1）交际关系型。交际关系型的称谓主要是强调导游人员与游客在导游交际中的角色关系。如“各位游客”、“诸位游客”、“各位团友”、“各位嘉宾”等，这类称谓角色定位准确，宾主关系明确，既公事公办，又大方平和，特别是其中的“游客”称谓是导游语言中使用频率最高的一种。

（2）套用尊称型。套用尊称是在各种场合都比较适用，对各个阶层、各种身份也比较合适的社交通称。如“女士们、先生们”、“各位女士、各位先生”等，这类称谓尊称意味浓厚，适用范围广泛，回旋余地较大。但一般对涉外团较好，对国内团有点太正规。

（3）亲密关系型。多用于比较密切的人际关系之间的称谓。如“各位朋友”、“朋友们”等，这类称谓热情友好，亲和力强，注重强化平等亲密的交际关系，易于消除游客的陌生感，建议在和游客熟悉了后再用此称谓。

在旅游活动中，对游客的称谓总的原则应把握三点，一要得体，二要尊

重，三要通用。

（二）交谈的语言技巧

在导游交际过程中，虽然导游讲解占据主要的地位，但往往还有大量的时间是属于同游客自由交谈的时候，这种情况下的交谈对导游人员与游客的沟通、对游客情况的了解非常关键，因此在与游客自由交谈时要注意讲究聊天的技巧。

导游交际中的聊天与一般社交场合的聊天一样，话题往往是随意的，而且可以不时转换，内容也是海阔天空、无所不可的。但不同的是，导游人员与游客的聊天意图是明确的，是为了达到协调双方关系、缩短双方心理距离、建立良好的交际基础为基本目的的。因此，导游人员与游客聊天时主要是从对方感兴趣的或对方关心的话题切入。如对旅游目的地的提前了解，女性游客对时装、美容、小孩的关注，老年游客对身体健康、怀旧的兴趣等。

导游人员还应注意创造聊天的条件，营造聊天的氛围，根据游客的心理特征、语言习惯、文化水平、脾气秉性等各种因素，随机应变地引导聊天的过程，使交谈气氛融洽，交流愉快，达到与游客互相理解、有效沟通的目的。

（三）劝服的语言技巧

在导游服务过程中，导游人员常常会面临各种问题，需要对游客进行劝服，如旅游活动日程被迫改变需要劝服游客接受；对游客的某些越轨行为需要进行劝说等。劝服一要以事实为基础，即根据事实讲明道理；二要讲究方式、方法，使游客易于接受。

（1）诱导式劝服。诱导式劝服即循循善诱，通过有意识、有步骤的引导，澄清事实，讲清利弊得失，使游客逐渐信服。如某游团原计划自武汉飞往深圳，因未订上机票只能改乘火车，游客对此意见很大。这时导游人员首先要十分诚恳地向游客致歉，然后耐心地向游客说明原委并分析利弊。导游人员说："没有买上机票延误了大家的旅游行程，我很抱歉，对于大家急于赴深圳的心情我很理解。但是如果乘飞机去深圳还得等两天以后，这样你们在深圳只能停留一天，甚至一天还不到；如果现在乘火车，大家可在深圳停留两天，可以游览深圳的一些主要景点。另外，大家一路旅途都非常辛苦，乘火车一方面可以观赏沿途的自然风光，一方面也可以得到较好的休息。"导游人员的这席话使游客激动的情绪开始平静了下来，一些游客表示愿意乘坐火车，另一些游客在他们的影响下也表示认可。

对这类问题的劝服，导游人员一是要态度诚恳，使游客感到导游人员是站在游客的立场上帮助他们考虑问题；二是要善于引导，巧妙地使用语言分析其利弊得失，使游客感到上策不行取其次也是最好的选择。

（2）迂回式劝服。迂回式劝服方式的好处是不伤害游客的自尊心，而又使游客较易接受。如某旅游团有一位游客常常在游览中喜欢离团独自活动，出于安全考虑和旅游团活动的整体性，导游人员走过去对他说："××先生，大家现在游览休息一会儿，很希望您过来给大家讲讲您在这个景点游览中的新发现，作为我导游讲解的补充。"这位游客听了会心一笑，自动地走了过来。

在这里，导游人员没有直接把该游客喊过来，因为那样多少带有命令的口气。而是采用间接的、含蓄的方式，用巧妙的语言使游客领悟到导游人员话中的含意，游客的自尊心也没有受到伤害。

（3）暗示式劝服。暗示式劝服是指导游人员不明确表示自己的意思，而采用含蓄的语言或示意的举动使人领悟的劝说。如有一位游客在旅游车内抽烟，使得车内空气混浊。导游人员不便当着其他游客的面，伤了这位游客的自尊，在其面向导游人员又欲抽烟时，导游人员向他摇了摇头（或捂着鼻子轻轻咳嗽两声），使游客熄灭了香烟。这里导游人员运用了副语言——摇头、捂鼻子咳嗽，暗示在车内"请勿吸烟"，使游客产生了自觉的反应。

总之，劝服的方式要因人而异、因事而异，要根据游客的不同性格、不同心理或事情的性质和程度，分别采用不同的方法。

（四）提醒的语言技巧

在导游服务中，导游人员经常会碰到少数游客由于个性或生活习惯的原因表现出群体意识较差或丢三落四的行为，如迟到、离团独自活动、走失、遗忘物品等。对这类游客，导游人员应从关心游客安全和旅游团集体活动的要求出发，给予特别关照，在语言上要适时地予以提醒。

提醒的语言方式很多，除了直截了当的命令式（这种方式切忌使用）之外，还有其他的委婉方式。由于导游人员处在为游客服务的位置，导游人员对游客首先应予尊重，其次要有服务意识，对游客的安全负责，对游客中某些行为需要提醒时，应使用委婉的语言。导游人员提醒的语言要富有情感，要体现对游客的关心，使提醒能在愉悦的气氛中被游客所接受。提醒的语言方式具体有以下几种。

（1）敬语式提醒。敬语式提醒是导游人员使用恭敬口吻的词语，对游客直接进行的提醒方式，如“请”、“对不起”等。导游人员在对游客的某些行为进行提醒时应多使用敬语，这样会使游客易于接受，如“请大家安静一下”、“对不起，您又迟到了”。这样的提醒比“喂，你们安静一下”、“以后不能再迟到了”等命令式语言要好得多。

(2) 协商式提醒。协商式提醒是导游人员以商量的口气间接地对游客进行的提醒方式，以取得游客的认同。协商将导游人员与游客置于平等的位置上，导游人员主动同游客进行协商，是对游客尊重的表现。一般说来，在协商的情况下，游客是会主动配合的。如某游客常常迟到，导游人员和蔼地说：“您看，大家已在车上等您一会儿了，以后是不是可以提前做好出发的准备。”又如，某游客在游览中经常离团独自活动，导游人员很关切地询问他：“××先生，我不知道在游览中您对哪些方面比较感兴趣，您能否告诉我，好在以后的导游讲解中予以结合。”

(3) 幽默式提醒。导游人员运用幽默的语言进行提醒，既可使游客获得精神上的快感，又可使游客在欢愉的气氛中受到启示或警觉。如导游人员在带领游客游览长城时，提醒游客注意安全并按时返回时说：“长城地势陡峭，大家注意防止摔倒。另外，也不要头也不回一股脑儿地往前走，一直走下去就是丝绸之路了，有人走了两年才走到，特别辛苦。”又如，几位年轻游客在游览时，纷纷爬到一尊大石象的背上照相，导游人员见了连忙上前提醒他们：“希望大家不要欺负这头忠厚老实的大象！”这比一脸严肃地说：“你们这样做是损坏文物，是要罚款的。”效果好得多。

（五）回绝的语言技巧

在导游服务中，导游人员常常会碰到游客提出的各种各样的问题和要求，除了一些通常的问题和一些合理的但经过努力可以办到的要求可予以解释或满足外，也有一些问题和要求是不合理的或不可能办到的，对这类问题则要求导游人员给予回绝。但是，囿于导游人员同游客之间主客关系的束缚，导游人员不便于直接回答“不”，必须注意回绝的语言表达方式和技巧。

(1) 柔和式回绝。柔和式回绝是导游人员采用温和的语言进行推托的回绝方式。采取这种方式回绝游客的要求，不会使游客感到太失望，避免了导游人员与游客之间的对立状态。如某领队向导游人员提出是否可把日程安排得紧一些，以便增加一两个旅游项目。导游人员明知道这是计划外的要求不可能予以满足，于是采取了委婉的拒绝方式，“您的意见很好，大家希望在有限的时间内多看看的心情我也理解，如果有时间能安排的话我会尽力的。”这位导游人员没有明确回绝领队的要求，而是借助客观原因（时间），采用模糊的语言暗示了拒绝之意。又如，一位美国游客邀请某导游人员到其公司里去工作，这位导游人员回答说：“谢谢您的一片好意，我还没有这种思想准备，也许我的根扎在中国的土地上太深了，一时拔不出来啊！”这位导游人员也未明确表示同意与否，然而却委婉地谢绝了游客的提议。

上述这类回绝在方式上是柔和的、谦恭的，采用的是拖延策略，取得了较好的效果。

（2）迂回式回绝。迂回式回绝是指导游人员对游客的发问或要求不正面表示意见，而是绕过问题从侧面予以回应或回绝。如一次某导游人员在同游客交谈时谈到了西藏，这时一位美国游客突然发问：“你们1959年进攻西藏是否合法？”该导游人员想了想说：“你认为你们在19世纪60年代初期派兵进攻密西西比河南方的奴隶主是否合法？”美国游客一时语塞。

对这类政治性很强的问题，尤其是西方游客长期受资本主义宣传的影响，一时难以和他们讲清楚，采取这种迂回式的反问方式予以回绝也是一种选择。

（3）引申式回绝。引申式回绝是导游人员根据游客话语中的某些词语加以引申而产生新意的回绝方式。如某游客在离别之前把吃剩的半瓶药送给导游人员并说：“这种药很贵重，对治疗我的病很管用，现送给你作个纪念”。导游人员谢绝地说：“既然这种药贵重，又对您很管用，送给我这没病的人太可惜了，还是您自己带回去慢慢用更好。”

这里导游人员用客人的话语进行的引申十分自然，既维护了自己的尊严，又达到了拒绝的目的。

（4）诱导式回绝。诱导式回绝是指导游人员针对游客提出的问题进行逐层剖析，引导游客对自己的问题进行自我否定的回应方式。如有位法国游客问导游人员：“有人说，西藏应是一个独立的国家，对此你是怎样看的？”这位导游人员反问他：“您知道西藏政教领袖班禅、达赖的名字是怎么来的吗？”该游客摇摇头说：“不知道。”导游人员接着说：“我告诉您吧，他们的名字是清朝皇帝册封的，可见西藏早就是中国的一部分。正如布列塔尼是法国的一部分一样，您能因为那里的居民有许多自己的风俗就说它是一个独立的国家吗？”这位法国游客摇摇头笑了。

总之，导游人员无论用哪种回绝方式，其关键都在于尽量减少游客的不

快。导游人员应根据游客的情况、问题的性质、要求的合理与否，分别采用不同的回绝方式和语言表达技巧。

（六）道歉的语言技巧

在导游服务中，因为导游人员说话的不慎、工作中的某些过失或相关接待单位服务上的欠缺，会引起游客的不快和不满，造成游客同导游人员之间关系的紧张。不管造成游客不愉快的原因是主观的还是客观的，也不论责任在导游人员自身还是在旅行社方面，抑或相关接待单位，导游人员都应妥善处置，需要采用恰当的语言表达方式向游客致歉或认错，以消除游客的误会和不满情绪，求得游客的谅解，缓和紧张关系。

（1）微笑式道歉。微笑是一种润滑剂，微笑不仅可以对导游人员和游客之间产生的紧张气氛起缓和作用，而且微笑也是向游客传递歉意信息的载体。如某导游人员回答游客关于长城的提问时，将长城说成建于秦朝，其他游客纠正后，导游人员觉察到这样简单地回答是错误的，于是对这位游客抱歉地一笑，使游客不再计较了。

（2）迂回式道歉。迂回式道歉是指导游人员在不便于直接、公开地向游客致歉时，而采用其他的方式求得游客谅解的方式。如某导游人员在导游服务中过多地接触和关照部分游客，引起了另一些游客的不悦，导游人员觉察后，便主动地多接触这些游客，并给予关照和帮助，逐渐使这部分游客冰释前嫌。在这里，导游人员运用体态语言表示了歉意。又如，某旅游团就下榻饭店早餐的品种单调问题向导游人员表示不满，提出要换住其他饭店。导游人员经与该饭店协商后，增加了早餐的品种，得到了游客的谅解。

导游人员除了采用迂回道歉方式改进导游服务外，还可请示旅行社或同相关接待单位协商后，采用向游客赠送纪念品、加菜或免费提供其他服务项目等方式向游客道歉。

（3）自责式道歉。由于旅游供给方的过错，使游客的利益受到较大损害而引起强烈不满时，即使代人受过，导游人员也要勇于自责，以缓和游客的不满情绪。如某导游人员接待了一个法国旅游团，该团从北京至武汉，17：00入住饭店后发现团长夫人的一只行李箱没有了，团长夫人非常气愤，连18：30法国驻华大使的宴请也没有参加。至次日零时，该件行李还未找到，所有团员均未睡觉，都在静静地等着。在这种情况下，陪同的导游人员一面劝游客早点休息，一面自责地对团长和团长夫人说：“十分对不起，这件事发生在我们国家是一件很不光彩的事，对此我心里也很不安，不过还是请你们早点休息，当地的工作人员还在继续寻找，我们一定会尽力的”。不管这位团长夫人的行李最终是否找到，但导游人员这种勇于自责的道歉，一方面体现了导游人员帮助客人解决问题的诚意，另一方面也是对客人的一种慰藉。

不管采用何种道歉方式，道歉首先必须是诚恳的；其次，道歉必须是及时的，即知错必改，这样才能赢得游客的信赖；最后，道歉要把握好分寸，不能因为游客某些不快就道歉，要分清深感遗憾与道歉的界限。

第二节　导游人员的讲解技能

导游服务是一门艺术，它集表演艺术、语言艺术和综合艺术于一身，集中体现在导游讲解之中。导游讲解是导游人员的主要工作之一，导游人员通过讲解，一方面向游客传播旅游目的地国家或地区的景点景区的知识，增加他们对旅游目的地的了解，另一方面宣传我国的有关方针政策和社会主义建设的成就，增进他们对我国有关政策的理解和认识。所以导游讲解的好坏不仅关系到游客需求的满足，而且对能否做好旅游宣传工作产生重大影响。

导游讲解就是导游人员以丰富多彩的社会生活和绚丽多姿的自然美景为题材，以兴趣爱好不同、审美情趣各异的游客为对象，对自己掌握的各类知识进行整理、加工和提炼，用简洁明快的语言进行的一种意境的再创造。

一、导游讲解应遵循的原则和基本要求

导游讲解是导游人员的一种创造性的劳动，因而在实践中导游讲解的方式、方法可谓千差万别。但是，这并不意味着导游人员在讲解过程中可以随心所欲、异想天开。相反，要保证导游讲解的服务质量，无论何种导游讲解方式、方法的创造，或导游讲解艺术的创造都必须符合导游讲解的基本规律，要遵循一些基本的原则和符合一定的导游讲解要求。

（一）导游讲解应遵循的原则

（1）实事求是的原则。在导游讲解中，导游人员无论采用什么方法或运用何种技巧，都必须以客观存在为依托，必须建立在自然界或人类社会某种客观现实的基础上。只有这样，经过导游人员的加工、整理，构造出来的意境才

能令游客信服，对其产生感染力。

（2）针对性原则。导游人员应从游客的实际情况出发，因人而异、有的放矢地进行导游讲解。游客来自四面八方，情况复杂，层次悬殊，审美情趣各不相同，因此，导游人员要根据不同游客的具体情况，在接待方式、服务形式、导游内容、语言运用、讲解的方式方法上有所区别。导游讲解时，导游词内容的广度、深度及结构应该有较大的差异。通俗地说，就是要看人说话，投其所好，导游人员讲的正是游客希望知道的、有能力接受的并且感兴趣的内容。这样才能使不同类型的游客各得其所，使游客的不同需求都得到合理的满足。

（3）计划性原则。导游人员要在特定的工作对象和时空条件下发挥主观能动性，科学地安排游客的活动日程，有计划地进行导游讲解。

周密的计划是导游服务成功的保证，旅游团在目的地的活动日程和时间安排是计划性原则的中心。一般的旅游团在目的地的逗留时间只有短短的几天，这就需要导游人员对旅游团的活动做出周密的安排，使游客在有限的时间里获得最大的满足。遇到因某种原因需缩短或延长在目的地游览的时间时，导游人员更应制定出适应变化的，尽量使游客满意的新日程。

导游人员在按照接待计划带领旅游团进行每一天的旅游活动时，还要特别注意科学地分配时间。如饭店至各参观游览点的距离及行车所需时间、出发时间、各条参观游览线所需时间、途中购物时间、午间就餐时间等等。如果在时间安排上缺乏计划性，就会出现“前松后紧”或“前紧后松”的被动局面，甚至有的活动被挤掉，影响计划的实施而导致游客的不满甚至投诉。

计划性的另一个具体体现是每个参观游览点的导游方案。导游人员应根据游客的具体情况合理安排在景点内的活动时间，选择最佳游览路线，导游讲解内容也要作适当取舍。什么时间讲什么内容、什么地点讲什么内容以及重点介绍什么内容都应该有所计划，这样才能达到最佳的导游效果。

（4）灵活性原则。导游讲解要因人而异、因时制宜、因地制宜。旅游活动往往受到天气、季节、交通以及游客情绪等因素的影响，我们所讲的最佳时间、最佳线路、最佳景点都是相对而言的，客观上的最佳条件若缺乏主观上完美导游艺术的运用就不可能有很好的导游效果。因此，导游人员在导游讲解时，要根据游客的具体情况以及天气、季节的变化和时间的不同，灵活地运用导游知识，采用切合实际的导游内容和导游方法。

导游讲解以客观现实为依托，针对性、计划性和灵活性体现了导游活动的本质，也反映了导游方法的规律。导游人员应灵活运用这四个基本原则，自然而巧妙地将其融于导游讲解之中，这样才能不断提高自己的讲解水平。

（二）导游讲解应符合的具体要求

导游讲解是为了向游客有效地传播知识、联络感情的一种服务方式。一方面，导游人员讲解的知识要能够为游客所理解；另一方面，要使游客在心理上或行为上产生认同，在情感上与导游人员趋同。导游人员在讲解时应符合以下八项具体要求。

（1）言之有物。导游讲解要有具体的指向，不能空洞无物。讲解资料应突出景观特点，简洁而充分。可以充分准备，细致讲解，不要东拉西扯、缺乏主题、缺乏思想、满嘴空话、套话。导游人员应把讲解内容最大限度地“物化”，使所要传递的知识深深地烙在游客的脑海中，实现旅游的最大价值。

（2）言之有理。导游人员讲解的内容、景点和事物等都必须要以事实为依据，要以理服人，不要言过其实和弄虚作假，更不要信口开河。那种违反以事实为依据的讲解，一旦游客得知事实真相，即刻会感到自己受了嘲弄和欺骗，导游人员的形象在游客的心目中一落千丈。

言之有理不仅在讲道理的“理”，另外一层含义是导游讲解要符合一定的生活和风俗习惯，符合人们的欣赏习惯，符合法律法规。

（3）言之有趣。导游人员在讲解时要生动、形象、幽默和风趣，要使游客紧紧地以导游人员为核心，在听讲解的过程中，要感受到一种美好的享受和满足。需要指出的是，导游人员在制造风趣幽默时，比拟要自然，要贴切，千万不可牵强附会，不正确的比拟往往会伤害游客的自尊心，并对其他游客产生不良的影响和引起反感。总之，用令人愉快的语言，创造出活跃热烈的气氛。

（4）言之有神。导游讲解应尽量突出景观的文化内涵，使游客领略其内在的神采。其讲解内容要经过综合性的提炼并形成一种艺术，让游客得到一种艺术享受。同时，导游人员要善于掌握游客的神情变化，分析和掌握哪些内容游客感兴趣，哪些内容游客不愿听，游客的眼神是否转移，游客是否有人打呵欠……这些情况要随时掌握，及时调整所讲内容。为加强语言效果使言必传神，另外导游人员自己在讲解时也要精神饱满、引人入胜。

（5）言之有力。导游人员在讲解时要正确掌握语音、语气和语调，既要有鲜明生动的语言，又要注意语言的音乐性和节奏感。此外，导游人员在讲解结尾时，语音要响亮，让游客有心理的准备。

(6) 言之有情。导游人员要善于通过自己的语言、表情、神态等传情达意。讲解时，应充满激情和热情，又充满温情和友情，富含感情和人情的讲解更容易被游客接受。

(7) 言之有喻。导游人员应结合游客的欣赏习惯，恰当地运用比喻手法，减少游客理解的难度，增加旅游审美中的形象和兴趣。

(8) 言之有礼。导游人员的讲解用语和动作、行为要文雅、谦恭，让游客赏心悦目，获得美的享受。

二、实地导游讲解的常用方法与技巧

(一) 概述法

概述法是导游人员就旅游城市或景区的地理、历史、社会、经济等情况向游客进行概括性的介绍，使其对即将参观游览的城市或景区有一个大致的了解和轮廓性认识的一种导游方法。这种方法多用于导游人员接到旅游团后坐车驶往下榻饭店的首次沿途导游中，它好比是交响乐中的序曲，能起到引导游客进入特定的旅游意境，初步领略游览地奥秘的作用。

(二) 分段讲解法

分段讲解法就是对那些规模较大、内容较丰富的景点，导游人员将其内容分为前后衔接的若干部分来逐段进行讲解的导游方法。运用此方法时，导游人员可首先在前往景点的途中或在景点入口处的示意图前用概括法介绍景点概况(包括历史沿革、占地面积、景观区域分布、主要景观名称、游览线路、观赏价值等)，使游客对即将游览的景点有个初步印象，达到“见树先见林”的效果，从而产生“一睹为快”的愿望，即通过游前导，将游客导入审美对象的意境。然后带团到景点按顺次游览，进行分段导游讲解。在讲解这一部分的景物时，注意不要过多涉及下一部分的景物，但要在快结束这一部分的游览时适当地讲一点下一部分的内容，目的是为了引起游客对下一部分的兴趣，并使导游讲解环环相扣、景景相连。

(三) 突出重点法

突出重点法是在导游讲解时避免面面俱到，而突出某一两个方面的导游讲解方法。一处大的景点，往往要讲解的内容很多，导游人员必须根据不同的时空条件和接待对象区别对待，有的放矢地做到轻重搭配，重点突出，详略得当，疏密有致。导游讲解时一般要突出以下四个方面。

(1) 突出景点的独特之处。游客来到目的地旅游，要参观游览的景点很多，其中不乏一些与国内其他地方类似的景点。导游人员在讲解时必须讲清这些景点的特征及与众不同之处，尤其在同一次旅游活动中参观多处类似景观时，更要突出介绍其特征。以有效地吸引游客的注意力，避免产生“雷同”的感觉。

(2) 突出具有代表性的景观。游览规模大的景点，导游人员必须事先做好周密的计划，确定好景点中的重点景观进行游览和讲解。这些景观既要有自己的特征，又具有时代特色，实地参观游览时，导游人员主要向游客讲解这些具有代表性的景观。

(3) 突出游客感兴趣的内容。游客的兴趣爱好各不相同，但从事同一职业的人、文化层次相同的人往往有共同的爱好。导游人员在研究旅游团的资料时要注意游客的职业和文化层次，以便在游览时重点讲解旅游团内大多数成员感兴趣的内容。这种投其所好的导游讲解既是适应游客的需要，又往往能收到较好的效果。

(4) 突出“……之最”。面对某一景点，导游人员可根据实际情况，介绍这是世界或中国最大（最长、最古老、最高，甚至可以说是最小）的……因为这也是在介绍景点的特征，很能引起游客的兴致。这样的导游讲解突出了景点的价值，使国内游客产生自豪感、外国游客产生敬佩感，从而留下深刻的印象。不过，在使用“……之最”进行导游讲解时，必须实事求是、言之有据，绝不能杜撰，也不要张冠李戴，以免弄巧成拙，使导游人员陷入尴尬之地。

突出重点法能使导游人员讲解的主旨鲜明，能给游客留下较深的印象。其次，对于游览范围较大的景点，而时间又较紧的情况下，此法可以较好地处理时间与景点讲解的关系，提高时间利用率。

（四）问答法

问答法就是在导游讲解时，导游人员向游客提问题或启发他们提问题的导游讲解方法。使用问答法的目的是为了活跃游览气氛，激发游客的想象思维，促使游客和导游人员之间产生思想交流，使游客获得参与感或自我成就感的愉快。同时，还可避免导游人员唱独角戏的灌输式讲解，加深游客对所游览景点的印象。

问答法包括自问自答法、我问客答法、客问我答法和客问客答法四种

形式。

（1）自问自答法。为了减少导游人员平铺直叙讲解的枯燥，活跃讲解的气氛，在讲解中导游人员自己提出问题，并做适当停顿，让游客猜想，但并不期待他们回答，只是为了吸引他们的注意力，促使他们思考，激起兴趣，然后做简洁明了的回答或做生动形象的介绍，还可借题发挥，给游客留下深刻的印象。

（2）我问客答法。导游人员要善于提问题，但要从实际出发，根据游客的文化层次和表现出的兴趣，适当运用，而不要出难题为难游客。导游人员要诱导游客回答，但不要强迫他们回答，以免使游客感到尴尬，影响游览气氛。游客的回答的水平如何，不论对错，导游人员都不应打断，更不能笑话，而要给予鼓励。最后由导游人员讲解，并引出更多、更广的话题。

（3）客问我答法。导游人员要善于调动游客的积极性和他们的想象思维，欢迎他们提问题。游客提出问题，证明他们对某一景物产生了兴趣，进入了审美角色。对他们提出的问题，即使是幼稚可笑的，导游人员也绝不能置若罔闻，千万不要笑话他们，更不能显示出不耐烦，而是要善于有选择地将回答和讲解有机地结合起来。不过，对游客的提问，导游人员不要他们问什么就回答什么，一般只回答一些与景点有关的问题，注意不要让游客的提问冲击你的讲解，打乱你的安排。在长期的导游实践中，导游人员要学会认真倾听游客的提问，善于思考，掌握游客提问的一般规律，并总结出一套相应的“客问我答”的导游技巧，以随时满足游客的好奇心理。

（4）客问客答法。导游人员对游客提出的问题并不直截了当地回答，而是有意识地请其他游客来回答问题。亦称“借花献佛法”。导游人员在为“专业团”讲解专业性较强的内容时可运用此法，但前提是必须对游客的专业情况和声望有较深入的了解，并事先打好招呼，切忌安排不当，引起其他游客的不满。如果发现游客回答问题时所讲的内容有偏差或不足之处，导游人员也应见机行事，适当指出，但注意不要使其自尊心受到伤害。此外，这种导游方法不宜多用，以免游客对导游人员的能力产生怀疑，产生不信任感。

（五）虚实结合法

虚实结合法就是在导游讲解中将典故、传说与景物介绍有机结合，即编织故事情节的导游讲解方法。采用这一方法的好处，是可以使导游讲解生动形象，能对游客产生更强的艺术感染力。虚实结合法中的“实”，是指景观的实体、实物、史实、艺术价值等，一般有据可查；而“虚”则指与景观有关的民间传说、神话故事、趣闻轶事等，一般无据可查。“虚”与“实”必须有机结合，但以“实”为主，以“虚”为辅，“虚”为“实”服务，以“虚”烘托情节，以“虚”加深“实”的存在，努力将无情的景物变成有情的导游讲解。在实地导游讲解中，导游人员一定要注意不能“为了讲故事而讲故事”，任何“虚”的内容都必须落到“实”处。

导游人员在讲解时还应注意选择“虚”的内容要“精”、要“活”。所谓“精”，就是所选传说故事是精华，与讲解的景观密切相关；所谓“活”，就是使用时要灵活，见景而用，即兴而发。总之，讲解每一个景点，导游人员都应该事先打好腹稿，先讲什么，后讲什么，中间穿插什么典故、传说，心中都要有数，再加上生动形象的语言，抑扬顿挫的声调，这样的讲解才会受到游客的欢迎。

（六）触景生情法

触景生情法就是在导游讲解中见物生情、借题发挥的一种导游方法。在导游讲解时，导游人员不能就事论事地介绍景物，而是要借题发挥，利用所见景物制造意境，引人入胜，使游客产生联想，从而领略其中之妙趣。触景生情法的第二个含义是导游讲解的内容要与所见景物和谐统一，使其情景交融，让游客感到景中有情，情中有景。

触景生情贵在发挥，要自然、正确、切题地发挥。导游人员要通过生动形象的讲解、有趣而感人的语言，赋予死的景物以生命，注入情感，引导游客进入审美对象的特定意境，从而使他们获得更多的知识和美的享受。

（七）制造悬念法

制造悬念法就是导游人员在导游讲解时提出令人感兴趣的话题，但故意引而不发，激起游客急于知道答案的欲望，使其产生悬念的导游方法，俗称“吊胃口”、“卖关子”。通常是导游人员先提起话题或提出问题，激起游客的兴趣，但不告知下文或暂不回答，让他们去思考、去琢磨、去判断，最后才讲出结果。这种“先藏后露、欲扬先抑、引而不发”的手法，一旦“发（讲）”出来，会给游客留下特别深刻的印象，而且导游人员在讲解过程中始终处于主导地位，成为游客注意的中心。

制造悬念是导游讲解的重要手法，在活跃气氛、制造意境、激发游客游兴等方面往往能起到重要作用。此外，采用此方法还有助于导游人员掌握导游活

动的主动权，将游客较好地吸引在自己周围，所以导游人员都比较喜欢用这一手法。但是，再好的导游方法都不能滥用，“悬念”不能乱造，以免起反作用。

（八）类比法

类比法就是在导游讲解中用风物对比，以熟喻生，以达到类比旁通的一种导游方法。导游人员用游客熟悉的事物与眼前景物进行比较，既便于游客理解，又使他们感到亲切，从而达到事半功倍的导游效果。

类比法可分为同类相似类比和同类相异类比两种。同类相似类比是将相似的两物进行比较，便于游客理解并使其产生亲切感。例如，将北京的王府井比作日本东京的银座、美国纽约的第五大街、法国巴黎的香榭丽舍大街；参观苏州时，将其称作“东方威尼斯”（马可·波罗称苏州为“东方威尼斯”）；讲到梁山伯和祝英台或《白蛇传》中许仙和白娘子的故事时，将其称为中国的罗密欧和朱丽叶等等。同类相异类比则是将两种同类但有明显差异的风物进行比较，比出规模、质量、风格、水平、价值等方面的不同，以加深游客的印象。例如，在规模上将唐代长安城与东罗马帝国的首都君士坦丁堡相比；在价值上将秦始皇陵地宫宝藏同古埃及第18朝法老图但卡蒙陵墓的藏宝相比；在宫殿建筑和皇家园林风格与艺术上，将北京故宫和巴黎附近的凡尔赛宫相比，将颐和园与凡尔赛宫花园相比等等。这样不仅使外国游客对中国悠久的历史文化有较深的了解，而且对东西方文化传统的差异有进一步的认识。

要正确、熟练地使用类比法，要求导游人员掌握丰富的知识，熟悉客源国，对相比较的事物有比较深刻的了解。面对来自不同国家和地区的游客，要将他们知道的风物与眼前的景物相比较，切忌作胡乱、不相宜的比较。正确运用类比法，可提高导游讲解的层次，加强导游效果，反之，则会惹游客耻笑。

（九）妙用数字法

妙用数字法就是利用数字来帮助精确地说明事物的一种手段，以提高导游讲解中进行知识传递效果的方法。导游讲解中离不开数字，因为数字是帮助导游人员精确地说明景物的历史、年代、形状、大小、角度、功能、特性等方面内容的重要手段之一，但是使用数字必须恰当、得法，如果运用得当，就会使平淡的数字发出光彩，产生奇妙；否则，就会令人产生索然寡味的感觉。运用数字忌讳平铺直叙，因为导游讲解不同于教师上课，一味地多大、多小、多宽等，大量的枯燥数字会使游客厌烦，所以使用数字要讲究“妙用”。

在实地导游中，导游人员常用数字换算来帮助游客了解景观内容。例如，游览北京故宫时，导游人员若说故宫建成于明永乐十八年，不会有几个外国游客知道这究竟是哪一年，如果说故宫建成于公元1420年，对英国游客再加上一句"比莎士比亚诞生早144年"；对法国游客再加上一句"比凡尔赛宫早建成269年"；对美国游客再加上一句"比白宫早建成420年"，游客不仅很快记住了故宫的修建年代，而且还会产生中国人民了不起、中华文明历史悠久的感觉。

导游人员运用数字分析可以更准确地说明景观内容。例如，科学家发现各种比例关系中的最佳比值是0.618，并称其为"黄金分割率"。我国许多古建筑之所以给人布局得体、高矮适宜的感觉，就是其主要的比例关系接近黄金分割率的缘故。像北京故宫太和殿高35.03米，左右陪体（体仁阁、弘义阁）各高23.78米，比值为0.678；太和殿广场东西宽200米，南北进深130米，比值为0.65，均接近黄金分割率的比值，所以产生良好的审美效果。

导游人员还可通过数字来暗喻中国传统文化，因此导游人员在向游客讲解时，不能就事论事，只说这里有几间房，那里有几根柱子，它们面积多大，高多少等，而要透过数字讲出中国传统文化。例如，导游人员带领游客参观北京天坛祈年殿时，该殿顶周长30丈内有立柱12根。导游人员除了要将这些数字介绍给游客外，还应该讲出这些数字包含的中国传统文化的含义，即周长30丈暗喻一个月有30天（农历），12根柱子暗喻一年有12个月。

（十）画龙点睛法

画龙点睛法就是导游人员用精辟、凝练的词句概括所游览景点的独特之处，给游客留下突出印象的导游方法。游客听了导游讲解，观赏了景观，既看到了"林"，又欣赏了"树"，一般都会有一番议论。导游人员可趁机给予适当的总结，以简练的语言，甚至几个字，点出景物精华之所在，帮助游客进一步领略其奥妙，获得更多更高的精神享受。

除上述十种导游方法外，我国导游人员还总结出了简述法、详述法、联想法、猜谜法、引而不发法、引人入胜法、专题讲解法、知识渗透法、点面结合法等多种技法，这里不再一一介绍。导游方法和技巧虽多，但在具体工作中，各种导游方法和技巧都不是孤立的，而是相互渗透、相互依存、互相联系的。导游人员在学习众家之长的同时，必须结合自己的特点融会贯通，在实践中形成自己的导游风格和导游方法，并视具体的时空条件和接待对象，灵活、熟练地运用，这样才能不断提高导游讲解水平，获得良好的导游效果。

第八章　导游服务的其他技能

【本章导读】

导游员掌握导游服务的其他技能非常重要，导游服务技能包括导游词的写作和灵活运用、旅游保健、救护技能、娱乐表演技能和野外生存、自救的技能等。这些技能的熟练运用也是衡量一个导游是否合格的重要标准之一。

第一节　导游词的写作和运用

一、导游词概述

（一）导游词的概念和作用

导游词是导游人员引导游客游览观光的讲解词。这里所说的导游词，主要是指书面导游词，即用文字形式书写出来的导游词。这种导游词一般是根据实际的游览景观，遵照一定的游览线路，模拟游览活动而创作的，是口语导游词的基础与脚本。掌握了书面导游词的基本内容，根据游客的实际情况，再临场加以发挥，即成为口语导游词。

导游词具有两个作用，一是引导游客观光游览，二是宣传旅游景点，二者相辅相成、密不可分。只有在掌握丰富资料的基础上，经过科学系统的加工整理，并在实践中不断修改、丰富和完善，才能形成具有自己特色的导游词。

（二）导游词的基本结构

1. 习惯用语

即游览前的“欢迎词”、游览结束时的“欢送词”等。

2. 整体介绍

用概述法介绍旅游目的地，帮助游客宏观了解，引发游客兴趣。

3. 重点讲解

即对主要游览内容的详细讲述，因而是导游词最重要最精彩的组成部分。

二、导游词的写作要求

（一）强调知识性

一篇优秀的导游调必须有丰富的内容，融入各类知识并旁征博引、融会贯通、引人入胜。导游词的内容必须准确无误，令人信服。导游词不能只满足于一般性介绍，还要注重深层次的内容，如同类事物的鉴赏、有关诗词的点缀、名家的评论等。这样，会提高导游词的水准和档次。

（二）讲究口语化

导游语言是一种具有丰富表达力、生动形象的口头语言，这就是说，在导游词创作中要注意多用日常用语词汇和浅显易懂的书面语词汇，要避免难懂的书面语词汇和音节拗口的词汇。多用短句，以便讲起来顺口，听起来轻松。

强调导游词口语化，不意味着忽视语言的规范化。编写导游词必须注意语言的品味。

（三）突出趣味性

为了突出导游词的趣味性，必须注意以下六个方面的问题：（1）编织故事情节。讲解一个景点，要不失时机地穿插趣味盎然的传说和民间故事，以激起游客的兴趣和好奇心理。但是，选用的传说故事必须是健康的，并与景观密切相连。（2）语言生动形象，用词丰富多变。生动形象的语言能将游客导入意境，给他们留下深刻的印象。（3）恰当地运用修辞方法。导游词中，恰当地运用比喻、比拟、夸张、象征等手法，可使静止的景观深化为生动鲜活的画面，揭示出事物的内在美，使游客沉浸陶醉。（4）幽默风趣的韵味。幽默风趣是导游词艺术性的重要体现，可使其锦上添花，气氛轻松。（5）情感亲切。导游词应是文明、友好和富有人情味的语言，应言之有情，让游客赏心悦目、倍感亲切温暖。（6）随机应变，临场发挥。导游词创作成功与否，不仅表现其知识渊博，也反映出导游技能技巧。

（四）突出重点

每个景点都有代表性的景观，每个景观又都从不同角度反映出它的特色内容。导游词必须在照顾全面的情况下突出重点。面面俱到、没有重点的导游词是不成功的。

（五）强调针对性

导游词不是以一代百、千篇一律的，它必须是从实际以发，因人、因时而异，要有的放矢，即根据不同的游客以及当时的情绪和周围的环境进行导游讲解之用。切忌不顾游客千差万别，导游词仅一篇的现象。编写导游词一般应有假设对象，这样才能有针对性。

（六）重视品位

创作导游词必须注意提高品位，一要强调思想品位，因为弘扬爱国主义精神是导游员义不容辞的职责；二要讲究文学品位，导游词的语言应该是规范的，文字是准确的，结构是严谨的，内容层次是符合逻辑的，这是对一篇导游词的基本要求。如果再在关键内容之外适当地引经据典，得体地运用些诗词名句和名人警句，就会使导游词的文学品位得到提升。

三、写作导游词的必要性和灵活运用导游词

书面导游词既为导游员提供口语导游的材料与借鉴，也为不能身临其境的人们提供了精神旅游的可能性。

导游词的写作属于文学创作的范畴，但由于其实用性的特点，它又不是纯粹的文学创作。它融合了说明性与文学性的特点，是一种综合的文体。例如，在写桂林山水、云南石林、贵州龙宫、福建武夷山丹霞地貌等景点的导游词时，必须运用地质学的知识；在写作赵州桥、悬空寺等景点的导游词时，需要力学、建筑学的知识；在写作卧龙自然保护区及西双版纳热带植物园时，又要用到动物学、植物学的知识；在写作西安碑林的导游词时，需要书法、文学、历史的知识；写作拙政园、颐和园的导游词时，要用到园林、建筑的知识；写作九华山、峨眉山、武当山等景点的导游词时，需要丰富的宗教、风景美学知识。

第二节　旅游保健与救护技能

一、旅行中晕车（机、船）的处理与预防

晕车、晕机、晕船者旅行前不应饱食，导游应在旅行前40分钟建议其用温开水送服乘晕宁1至2粒，小儿酌减。在无乘晕宁的情况下，可用感冒通替

代，方法同上，效果一样。也可用安定片1片，维生素B_1两片，乘车前40分钟温开水送服，亦能防止晕车。当然，这些药物最好让其自备或服用医生提供的药，导游不要自主给药。可能的情况下让其坐在前排较平稳的座位上，长途旅行中旅客晕机（车、船），导游员可请乘务员协助。

在游客无晕车药的情况下，导游应指导有可能晕车者在上车前将腰带束紧，防止内脏在体内过分晃动，上车后双目注视远处，尽量少看近处物体，尤其在下坡时注意抓紧扶手，减缓惯性对内脏的冲击，密封较严的汽车或汽油味偏大的车厢要注意通风，这样有助于预防晕车现象发生，如稍感不适，应立即选择靠车前方合适位子睡觉，睡觉往往是最好最省钱有效的防晕车方法。对于一些有晕车史的游客，导游可在乘车前提醒客人饮用些酸辣开胃的食物，勿食甜食及油腻食物，且忌过饥过饱。

晕机和晕车、晕船等一样，医学上统称为运动病。晕机症状因人而异，有轻重之分。轻者表现为头痛，全身稍有不适、胸闷、脸色绯红；重者则脸色苍白发青、头痛心慌、表情淡漠、微汗；更严重的会出现浑身盗汗、眩晕恶心、呕吐不止等难以忍受的痛苦。造成晕机病的因素很多，飞机颠簸、起飞、爬高、下降、着陆、转弯、心情紧张、身体不适、过度疲劳等。一般正常健康者和有轻微晕机病的人，都不会发生晕机。有严重晕机病人，若能采取以下预防措施可以避免和减轻晕机症状。

（1）乘机前的头一天晚上，保证充足的睡眠休息，保证第二天乘机有充沛的精力。

（2）应在飞机起飞前1小时，至少也要提前半小时口服晕机宁。

（3）尽量挑选距发动机较远又靠近窗的座位，能减少噪音和扩大视野。

（4）在空中应做一些精力集中的事和活动，如看书、聊天、听音乐等。

（5）保持空间定向是十分重要的。视线要尽量放远，看远处的云和山脉、河，不要看近处的云。

（6）一旦发生晕机，在较轻的情况下，仍然不要中断集中精力的事和定向远眺；如果较重，应该安静、坐稳，最好是仰卧、固定头部。

（7）防止条件反射。发现身旁的旅客有要呕吐迹象时要立即离开现场，避开视线。

导游应根据所乘交通工具，提前做好预防晕车（机、船）的准备工作。

二、旅行时中暑的处理与预防

中暑的原因有很多，在旅途生活中，裸露在阳光下进行参观游览，受阳光直接暴晒，再加上大地受阳光的暴晒，使大气温度再度升高，使人的脑膜充血、大脑皮层缺血而引起中暑，空气中湿度的增强易诱发中暑；另外，在旅游的公共场所，人群拥挤集中，产热集中，散热困难，则极易发生中暑。

中暑的主要症状是大汗、口渴、头昏、耳鸣、眼花、胸闷、恶心、呕吐、发烧，严重者会神志不清甚至昏迷。人长时间地处在曝晒、高热、高湿热环境中容易中暑，所以盛夏旅游，导游员在带团时要注意劳逸结合，避免游客长时间地在烈日下活动；并提醒游客加强个人防护，戴遮阳帽、饮消暑饮料，有头痛、心慌时应立即送其到阴凉处及时休息、饮水。

若有人中暑，可做如下处理：（1）迅速将病人移到阴凉通风地方，解开衣扣、平卧休息。（2）用冷水毛巾敷头部，或用30%酒精擦身降温。喝一些淡盐水或清凉饮料。清醒者也可服人丹（最好让客人自己准备或购买）、绿豆汤等，缓解后让其静坐（卧）休息。（3）对发烧者要用冷水或酒精擦身散热，严重昏迷者需针刺人中、十宜穴或立即送医院。

三、旅行中跌扭伤、骨折、抽筋的处理与预防

（一）跌扭伤的处理与预防

人的韧带很坚韧，绷带似的连着骨头并且使关节保持固定的位置。所谓扭伤，是韧带过度拉长带来的损伤。韧带可能出现裂口，甚至可以完全撕裂。扭伤往往会出现在脚踝、膝盖或足底弓，扭伤的韧带会迅速肿胀而且十分疼痛。一般而言，疼痛越大损伤越严重。就多数轻微扭伤而言，大都可以自行处理。游客跌扭伤的情况多发生在登山、爬楼或是运动剧烈的过程中，所以导游应在旅游过程中时刻做好安全提示工作，并紧随游客身后，随时给一些腿脚不太灵便的游客提供帮助与支持，以降低事故的发生几率。

一旦有人发生腿脚跌扭伤，应做好安置工作。首先应将受伤游客平躺（坐）在平地上，查看扭伤部位，如游客还能动弹，司机可协助全陪导游将游客背至旅游车，并将其送回饭店里休息，地陪继续负责其他游客的参观游览活动；如果受伤时听到“砰”的响声，或者受伤者无法活动关节，这可能意味着韧带完全断裂，必须要到医院去诊治，在前往就医的途中，可使用冰袋冷

敷；如果游客到饭店后，发烧并且受伤的部位又红又烫，说明受伤部位可能感染，或是两三日之后，受伤的情况仍没有好转，导游应建议游客前去医院就诊。

在医院的诊治过程中，应在医生的遵嘱下指导游客按照 P. R. I. C. E 法则进行处理：P——为避免（protect）受伤肢体受到更多损伤，不要使用关节，可以使用夹板、拐杖等工具辅助。R——让受伤的肢体休息（rest），但也不能不活动。即使踝关节扭伤，也能通过锻炼其他肌肉。例如，利用健身房自行车，可以把受伤的踝关节放在自行车的其他部位，然后锻炼手臂和没有受伤的腿。这样，也能保证“三肢”得到锻炼，从而保持心血管适应。I——冷敷（ice）。受伤后，用冰袋、用泥敷或用一个充满冷水的压缩袖都能够限制肿胀的程度。受伤后应立即冷敷。如果用冰，小心不要用太久，因为这可能造成组织损伤。C——用绷带卷或者绷带条压住（compress）受伤区域。橡皮或者氯丁橡胶制的压缩卷或压缩袖最佳。E——无论何时，有需要时请抬起（elevate）受伤的肢体，以防止或限制肿胀。

（二）骨折的处理与预防

旅游者骨折，须及时送医院救治，但在现场，导游员应做力所能及的初步处理。

（1）止血。有人骨折，应及时止血。止血的方法常用的有：手压法，即用手指、手掌、拳在伤口靠近心脏一端压迫血管止血；加压包扎法，即在创伤处放厚敷料，用绷带加压包扎；止血带法，即用弹性止血带绑在伤口近心脏的大血管上止血。

（2）包扎。包扎前最好要清洗伤口，包扎时动作要轻柔，松紧要适度，绷带的结头不要在创伤处。

（3）上夹板。就地取材上夹板，以求固定两端关节，避免转动骨折肢体。

（三）抽筋的处理与预防

肌肉抽筋是一种常见的疾病，多发于腿部和足部。肌肉抽筋的发生是由于身体脱水（失水）与钾的流失所致，所以在天气炎热时，旅游的劳动强度过大的情况下，当游客的身体由于出汗而失去过多的水、盐和矿物质，肌肉抽筋就很可能发生。

导游在安排形成计划的时候，要注意景点的分散讲解，不可一天游览过多景点，要给游客留出足够的休息时间。一旦有游客发生全身性突然抽筋，应镇

静止痉，同时马上找医生。一般抽筋不会立即危害生命，所以不必过分惊慌。医生到来前采取的应急方法：

（1）立即将游客平放于平坦之处，头偏向一侧并略向后仰，颈部稍抬高，将患者领带、皮带、腰带等松解，注意不要让患者跌落地上。

（2）迅速清除口鼻咽喉分泌物与呕吐物，以保证呼吸道通畅与防止舌根后倒，为防止牙齿咬伤舌，应以纱布或布条包绕的压舌板或筷子放于上下牙齿之间，并以手指掐压人中穴位及合谷穴位。以上要求必须在几秒钟内迅速完成。

（3）防止患者在剧烈抽搐时与周围硬物碰撞致伤，但绝不可用强力把抽搐的肢体压住，以免引起骨折。

四、心脏病的突发处理和预防技巧

导游员在导游过程中，遇到一些惊险景点和需要游客参与的惊险性项目时，应做好提醒工作，建议心脏不好的游客避免参加该景点的游览和项目的参与。

如果旅游者中有人突然心脏病猝发，切忌急着将患者抬或背着去医院，而应让其就地平躺，头略高，由患者亲属或领队或旅游者从患者口袋中寻找备用药物让其服用；同时，地陪速到附近医务所找医生前来救治，病情稍稳定后送医院。

五、毒蛇咬伤、蝎、蜂蜇伤的预防与处理

若旅游者被毒蛇咬伤时导游应遵循的急救原则是及早防止毒素扩散和吸收，尽可能地减少局部损害。蛇毒在3—5分钟即被吸收，故急救越早越好。首先必须防止毒素扩散，方法是在咬伤肢体近侧约5—10厘米处用止血带或橡胶带等绑扎，以阻止静脉血和淋巴液回流，然后用手挤压伤口周围或口吸（口腔粘膜破溃者忌吸），将毒液排除体外。其次要局部降温，减少吸收。然后用清水、生理盐水及1/5000高锰酸钾液清洗伤口。咬伤在24小时以内者，以牙痕为中心切开伤口成“十”或“++”形，使毒液流出，亦可用吸奶器或拔火罐吸吮毒液。但吸口不宜过深，以免损伤血管。若有蛇牙残留宜立即取出。切开或吸吮应及早进行，否则效果不明显。并及时将伤者送往附近的医院。

若旅游者被蝎、蜂蜇伤，导游员要设法将毒刺拔出，用口或吸管吸出毒汁，然后用肥皂水（条件许可时用5%苏打水或3%淡氨水）洗敷伤口，服用止痛药。导游员、旅游者如识中草药，可用大黄叶、薄荷叶、两面针等捣烂外敷。严重者要送医院抢救。

六、呼吸和心跳暂停的急救处理

呼吸和心跳暂停主要是指游客突然失去意识、个人呼吸突然停止及休克等症状。

第一，病人如失去意识，应让其平卧，头偏向一侧。气道就是呼吸道，是生命的绿色通道。保持气道通畅对于危急时刻、抢救生命至关重要，也是进行人工呼吸的第一个步骤。病人意识消失后，肌肉的张力也完全消失，舌肌松弛，舌根向后下坠，会堵住气道，造成上呼吸道梗阻。在口对口吹气前，必须打开气道，使舌根抬起。如不这样，即使进行人工呼吸，空气也进不了肺部，人工呼吸也是无效的。具体操作要领：①抑头抬颈法：抢救者跪在病人头部的一侧，一手放在病人的颈后将颈部托起，另一手置于前额，并压住前额使头后仰，动作要轻柔，用力过猛可能损伤颈椎。②仰头举颏法：深昏迷病人下颌松弛，可采用此法，即一手置于前额使头部后仰，另一手的食、中指置于下颌骨之下靠近下颏处，举起下颏。此法比较仰头抬颈法优点在于对佩带牙托者较好，可支撑下颌，几乎可使牙托完全复位，从而使口对口人工呼吸更易于进行。③注意事项：颈椎骨折病人和头不能直起来的婴幼儿不适宜采用，抑头抬颈法，将头部使劲向后扳时，有可能损伤位于颈部神经。

第二，人呼吸停止后2—4分钟内便会死亡，在这种情况下，如果对病人实行口对口的人工呼吸，将有起死回生的可能。人工呼吸方法很多，但以口对口吹气式人工呼吸最为方便和有效。此法的特点是操作简便容易掌握，而且气体的交换量大，接近或等于正常人呼吸的气体量，对大人、小孩效果都很好。具体的操作方法如下：①伤病人取仰卧位，即胸腹朝天，颈后部（不是头后部）垫一软枕，使其头尽量后仰。②救护人站在伤病人一侧，自己深吸一口气，对着伤病人的口（两嘴要对紧不要漏气）将气吹入，促其吸气。为使空气不从鼻孔漏出，此时可用一手将其鼻孔捏住，在伤病人胸壁扩张后，即停止吹气，让伤病人胸壁自行回缩，呼出气体。这样反复进行，每分钟进行14—16次。如果病人口腔有严重外伤或牙关紧闭时，可对其鼻孔吹气（必须堵住口）即为口对鼻吹气。救护人吹气力量的大小，依病人的具体情况而定。成人每次吹气量应大于800毫升，但不要超过1200毫升。低于800毫升，通气可能不足；高于2000毫升，常使胃胀气而导致呕吐，引起误吸。一般以吹进气后，伤病人的胸廓稍微隆起为最合适。口对口之间，如果有纱布，则放一块叠二层厚的纱布，或一块一层的薄手帕，但注意不要因此影响空气出入。每次吹气后，抢救者都要迅速掉头朝向病人胸部，以求吸入新鲜空气。对小孩3秒一次，一分钟20次，准确地反复进行。4—5次人工呼吸后，应摸摸颈部动脉、腋部动脉。如果没有跳动，必须同时进行心脏按摩。

第三，对于客人突然休克的急救措施：①平卧位，下肢应略抬高，以利于血液回流。如有呼吸困难可将头部和躯干抬高一点，以利于呼吸。②保持呼吸道通畅，尤其是休克伴昏迷者。方法是将病人颈部垫高，下颌抬起，使头部最大限度地后仰，同时头偏向一侧，以防呕吐物和分泌物误吸入呼吸道。③注意给体温过低的休克病人保暖，盖上被、毯。但伴发高烧的感染性休克病人应给予降温。④必要的初步治疗。因创伤骨折所致的休克给予止痛，骨折固定；烦躁不安者可给予适当的镇静剂；心源性休克给予吸氧等。⑤注意病人的运送。景点（区）抢救条件有限，需尽快送往有条件的医院抢救。对休克病人搬运越轻越少越好。应送到离景点（区）最近的医院为宜。

七、旅行中被烧（烫）、冻伤、晒伤等的预防与处理方法

在旅途生活中，导游应提醒客人避免前去火灾事故易发生的地方，倒开水的时候注意防止烫伤；遇到天冷的时候，应提醒客人做好防寒措施，适当的时候给予一定的帮助；若天气炎热，应避开中午时间去旅游，提醒客人做好防晒措施。

若客人被开水、热汤、热油等烫伤时，可按如下方法处理：（1）立即小心将热液浸透的衣裤、鞋袜脱掉，用干净的冷水喷洒伤处，或将伤处浸入清洁的冷水中，也可以用湿冷毛巾敷患处，还可以用食醋浇到被烫伤的皮肤上；（2）尽可能不要擦破水泡或表皮，以免引起细菌感染。为了防止烫伤处起水泡，可用食醋洗涂患处，也可用鸡蛋清涂擦患处。如果水泡已经被擦破，可用消毒过的纱布覆盖伤处，然后送医院治疗；（3）轻度烫伤或烫伤面积较小，可用鸡蛋油涂患处，也可用生大黄研成细末，调鸡蛋清涂患处。

若客人被烧伤，应按以下方式进行急救：（1）立即脱去着火的衣服或用

水浇灭燃烧的衣服，注意身上起火时千万不能乱跑，以免风助火燃、加重烧伤。火势很旺时不可用手拍打，以免烧坏手指。另外在被火围困场合，切忌乱喊大叫，以免吸入火焰，造成呼吸道烧伤。（2）灭火后，对烧伤伤口可按烫伤的处理方法进行适当处理，再用干净的纱布、手帕包扎伤口，防止感染，并及时送往医院。

若客人被冻伤，可采取以下办法进行处理：（1）尽快使伤员脱离寒冷环境，一般在 24℃—26℃ 的环境下治疗最佳；（2）迅速将受冻部位浸泡在 40℃—42℃的温水中，进行快速复温，使受冻部位恢复到正常皮肤温度，皮肤颜色呈现深红色和紫色为止。（3）冻伤的皮肤未破时，可用相关药物涂抹患处，一边涂一边按摩，以促进血液循环，然后穿上鞋袜，戴上手套。（4）对溃烂的伤口可用热茶水清洗，清洗后可用雨石脂软膏和红霉素软膏各半混合涂上。（5）伤员要增加营养，给予高蛋白、高热量饮食，补充维生素 C、E，以促进血液循环，促进伤口愈合。

若客人晒伤皮肤，可用冰水浸泡的毛巾敷在晒伤的皮肤上，直到肌肤感到舒服为止。当皮肤得到缓解后，应提醒客人注意补充肌肤水分，可用面膜进行保湿，再涂上保湿霜。避免在阳光强烈时出去，必要时可口服扑尔敏、强的松及相应对症治疗。

第三节　娱乐表演技能

一、娱乐表演在导游过程中的作用

在旅游过程中，没有娱乐的旅游是单调的旅游，娱乐活动的安排，也是旅游团常有的活动内容，娱乐活动可以丰富旅游行程的内容。对一些地方传统剧目、工艺展示，以及一些刺激、休闲的活动，很多客人也很有兴趣了解和参与，所以导游员要做好这方面的服务，使客人在娱乐中有所收获，同时导游人员也应对如何组织娱乐活动予以高度的重视。

二、主要的娱乐表演项目及简单的技巧

娱乐活动通常分为两种，即欣赏性活动和参与性活动。不论安排哪一种娱

乐活动，导游人员都应尽职尽责。

（一）欣赏性娱乐活动的服务

欣赏性娱乐活动主要有观赏传统地方剧目（如京剧、晋剧、黄梅戏）、历史性歌乐舞（如唐宫乐舞）、民间娱乐表演（如武术、摔跤）等等。如果属团队计划内安排，导游应坚守岗位，自始至终陪同，并要和司机商定好出发时间和停车位置。

1. 组织安排

导游要根据旅行社的安排计划，在约定时间组织客人前往，同时要熟悉剧场设施，准确引导客人在指定座位就座。

2. 讲解介绍

导游员是“杂家”，这是旅游界公认的，因此，导游员尤其是地陪导游应对有本地特色的表演、剧目、内容、特色都有一个详尽的了解，以便事先在恰当的时机向大家做个简单介绍，让客人在观看表演之前先有一个基本认识。这种介绍是非常必要的，而且效果极好。

除此之外，导游还应和司机商定好出发时间和停车位置，并且要找一个鲜明的标志作为演出结束后大家集合的地点，以免散场人多，发生一些不必要的麻烦。

欣赏性娱乐活动的讲解示范如下：

【文艺节目类示范】

各位游客，晚上好！今天白天的行程已圆满结束了，而晚间的“行程”才刚刚开始，今晚给大家安排的娱乐活动是欣赏有我国国粹之称的京剧，名字叫《打渔杀家》。利用途中的30分钟，我先简单给大家介绍一点京剧的常识。

中国戏曲有数百种之多，而京剧却独树一帜，成为国粹。究其原因，主要有四大方面：一是京剧有社会基础和群众性。京剧本身形成的历史并不算长，但它的形成却是多种戏曲融会而成，而这些戏曲如徽剧、汉剧都有着悠久的发展史。二是京剧的发展岁月坎坷，却符合艺术发展的内在规律。三是京剧有完美的艺术形式，今晚大家将会有所感悟，如人物分工、舞台装置、唱念身段等，包括伴奏场面都有固定而规范的程式。四是京剧人人皆懂，具有世界影响。从大处分，京剧分为南北两大派，即京派和梅派，两派中心分别在北京和上海。京剧的行当分生、旦、净、丑四个行当，虽然行当不多，但分工极细。比如生行有老生、小生、武生、红生等，而老生中又分唱功老生、靠把老生、做功老生、文武老生、王帽老生等；武生中又分长靠武生、短打武生等，各种角色都由不同特色的演员担任。一个生行几乎囊括了各个年龄段及各行各业的男性世界。其他旦、净、丑也是如此，不同身份有不同分工，今晚的《打渔杀家》，戏虽不大，但行当俱全，大家可以注意欣赏。京剧在世界上的影响是极大的，与古希腊戏剧、印度梵剧一起，并列为世界古老的戏剧文化。京剧是一个非常专业的话题，我也仅仅是略知皮毛，至于其内在境界，还是请各位来细细品味吧！

类似京剧这样的文艺演出，要求导游员的介绍通俗易懂，如果一无所知，导游是不称职的；如果滔滔不绝，客人会听得很累，所以对于这一类比较专业的话题，介绍应当简明扼要、点到即止。

【民俗表演示范】

各位游客，在我们的行程即将结束之时，正好赶上我们传统的元宵佳节，而今晚安排的活动便是请各位观看民间的庆祝活动之一舞狮子。舞狮是我国优秀的民间艺术，每逢元宵节或集会庆典，民间都以舞狮来助兴。这一习俗起源于三国时期，南北朝时开始流行，至今已有一千多年的历史了。

狮舞有南北两种表演风格。北派狮舞的表演以“武狮”为主，即魏武帝钦定的北魏“瑞狮”。小狮一人舞，大狮双人舞，一人站立狮头，一人弯腰舞狮身和狮尾。人们无法辨认舞狮人的形体。引狮人为古代武士装扮，手握旋转绣球，配以京锣等逗引瑞狮。“狮子”则表演翻腾、扑跌、跳跃、登高、朝拜等技巧，并有梅花桩、蹿桌子、踩滚球等高难度动作。南派狮舞的表演以“文狮”为主，表演时讲究表情，有挠痒、抖毛、舔毛等动作，惟妙惟肖，逗人喜爱，也有难度较大的吐球等技巧。今天我们看到的是北派狮舞，希望大家能喜欢。

这类民俗表演的讲解介绍，要求导游员平时要多注意积累，讲解词要形象活泼，充满乐趣，使客人乐于听，更乐于看。

【传统工艺示范】

各位游客，生漆自古盛产于中国，漆器制作的历史也由来已久。今天带领大家参观的便是平遥推光漆器的制作工艺。这种漆器的制作是在家庭小作坊基础上发展起来的，基本上采用人工操作，每件产品都经过木工、灰工、油工、彩画等程序，首先在制成的木胎上涂上漆，然后打磨，磨后再漆，漆了再磨，

反复多次，用手掌推出光泽来，然后经过堆鼓、描金、彩绘等多道手工工序，在灿若星辰的漆器艺术中独树一帜。漆器选用优质木料制胎、上灰等工序，由天然大漆和合成大漆刷涂。漆面光亮如镜，具有耐高温、耐老化、不变色、不变质的特点，是我国工艺美术的一枝奇葩。一些小的漆器品种，大家可以作为纪念品收藏。

这种工艺介绍起来容易枯燥难懂，因为专业性较强，所以导游要尽量简洁形象，不可太咬文嚼字，以免使客人产生厌烦抵触情绪。

欣赏性娱乐活动，客人大多是被动去看、去听，所以导游员的启发引导尤为重要，因为看和听的目的就是为了了解，如果稀里糊涂地去看，不仅达不到了解的目的，有时会觉得很烦，所以导游员应提供周到热情的服务和画龙点睛的讲解，以激起游客兴趣。

（二）参与性娱乐活动的服务

有相当一部分游客出行的目的是为了彻底放松消遣，或者寻求刺激探险的经历，他们希望用这种方式来丰富自己的人生，所以导游员应组织好参与性的娱乐活动。

1. 休闲娱乐活动

这类休闲活动会比较轻松愉快，一般没有什么大的危险，客人在参与这类活动时多数会非常尽兴，但导游员绝对不可以掉以轻心，和客人一起狂欢应注意提高警惕，防止乐极生悲。

这类休闲活动诸如骑马驰骋，少数民族的对歌会，或海上垂钓等，都是十分逍遥自在的。

【示例】

各位游客，当您垂钓于青山绿水之间，看着波光粼粼、一望无际的大海，您定会获得一份与自然相融的超然感受，而这份心情，不正是各位在百忙之中所追求的吗？这种悠闲将会令您的身心愉悦，而这份经历也将会令你难忘。今天，我们便给大家安排了一项极为休闲娱乐活动——海上垂钓，希望各位大显身手，看看哪一位身手不凡、硕果累累，优胜者我们将会送他一份神秘而精美的礼物。

2. 探险经历

探险之旅也迷醉了许多旅行者的身心，如蹦极、漂流、山坡滑翔等。越来越多的游客开始接受并尝试这些探险项目，在其中寻找乐趣，挑战自我，寻求生命之光。导游员在协助游客参与的前提下，一定不能忘记安全保障，多提醒，多检点，细心做到自己应该做的一切。

3. 自娱活动

旅游团队的形成往往是一些比较熟悉的同学、朋友、家人组成，或者由于旅行的缘分，由生人而成为朋友。在旅行期间，他们有时会通过自娱方式加深感情，增进友谊。一般情况下，游客的自娱方式主要有聚餐和舞会两种，导游员要见机行事，不可强行陪同或不理不睬。

(1) 游客自费聚餐。通常情况下，导游不陪同前往，但如需联络、安排和推荐时，应尽力帮忙。若游客执意邀请，不可反客为主，适当地与客人进行交谈即可。

(2) 游客自发组织的娱乐性舞会。游客自发组织的娱乐性舞会，地陪可代为联络、购票，是否参加自便，但无陪舞的义务。

在游客的自娱活动中，导游员要做到不卑不亢、有礼有节，把握好分寸，除自娱活动外，导游员要自始至终陪同，坚守岗位。

第四节　野外生存、自救技能

一、学会辨认方向

在野外要学会正确地辨认方向，基本方法有如下七种：

1. 罗盘（指北针）

一个优质的罗盘是野外旅游的必备品。但要记住：罗盘指针指向“北”或“N”，这个方向是磁北方向，与真北方向有一个偏差角度，应计算出磁偏角的数差，以取得准确的罗盘方向。

2. 带指针的手表

用时将手表托平，表盘向上，转动手表，将表盒上的时针指向太阳。这时，表的时针与表盘上的12点形成一个夹角，这个夹角的角平分线的延长线方向就是南方。

3. 北极星

北极星是最好的指北针，北极星所在的方向就是正北方向。

北斗七星也就是大熊星座，像一个巨大的勺子，在晴朗的夜空是很容易找到的，从勺边的两颗星的延长线方向看去，约间隔其5倍处，有一颗较亮的星星就是北极星，即正北方。

4. 立竿见影

在晴朗的白天，用一根直扦，使其与地面垂直，插在地上，在太阳的照射下形成一个阴影。把一块石子放在影子的顶点处，约15分钟后，直杆影子的顶点移动到另一处时，再放一块石子，然后将两个石子连成一条直线，向太阳的一面是南方，相反的方向是北方，直扦越高、越细、越垂直于地面，影子移动的距离越长，测出的方向就越准。

5. 树木、苔藓

树冠茂密的一面应是南方，稀疏的一面是北方。苔藓的道理与之相间。另外，通过观察树木的年轮也可判明方向。年轮纹路疏的一面朝南方，纹路密的一面朝北方。

6. 积雪的融化

积雪融化的地方定是朝南方的。

7. 迷途知返

在深山密林中，不仅会迷失方向，同时也会迷失路径。更多的时候，走在毫无人烟的林间密径，又没留下任何路标，自己还在抒发着“无限风光在险峰”和“山到绝处我为峰”的豪情，当自己开始意识到不对时，已是身处险境，不知原有的路径在何处。心急之下，挥刀而上，砍出一条“血路”，却发现眼前山连山、峰挨峰，看不到尽头，来时的路已辨认不清，又生怕再次迷路，是走是留犹豫不定。

其实，在发现迷路的时候，自己离原有的路径一般不超过20分钟。这时不要着急，更不能乱喊乱跑，应冷静下来，仔细回忆一下刚才走过的泉水、岩石、大树、水流、洞穴、山峰、岔路口等参照物，然后凭着自己的记忆寻找自己的足迹，退回到原来的路线上。有一种可行的办法就是立刻分析山势走向和地理地貌的环境，然后判断出是否有野生动物，并寻找到其走过的痕迹，沿着“兽道”走出险境。但必须非常警觉，以免遭到野兽的袭击或狩猎者设下的套、夹的伤害。一般来说山鞍或山脊会有兽道。

不论是在林木遮蔽的山林中，还是在丛草盖地的山坡上，低头近看，根本找不出路迹来，只有远看，看到几十米以外，才能隐约地看出一条草枝微斜、草叶微倾、叶背微翻的痕迹，然后再由远而近、由近再远、远近比较之后，就能分辨出路来了。

二、目测天气

在野外最需要预测的天气是暴雨，通常在暴雨前空气中的湿度迅速增大，气压变化加剧。用于判断此类天气的征兆有很多。在动物方面最常说的有“燕子低飞，蚂蚁搬家”等等。在暴风雨将至时，工具的木质把手会吸收空气中的水分而膨胀，使其把手变紧。空气中的湿度增加还会使声音传得更远，气味容易辨别。有风湿病的人能更强烈地感受到雨水的到来。

三、野外宿营

野外生存，免不了要在野外宿营。拥有一块好的宿营地将会使人得到良好的休息和补给供应。野外宿营地的选择要注意以下几点：

1. 近水

营地要选择离水源近的地方，这样既能保证做饭饮用的用水，又能提供洗漱用水。但不要在河岸和干涸的河床上扎营，而是要在河岸上洪水最大流量也不达到的高度以上，避免突发洪水而导致营地被淹。夏季山区的小溪在暴雨之后几分钟内即可变成湍湍急流，一小时内水位甚至可以升高5m。此外在深山密林中，近靠水源会遇到野生动物，要格外小心注意。

2. 背风

最好是在小山丘的背风处，林间或林边空地、山洞、山脊的侧面和岩石下面等等。避险营地上方不要有滚石、滚木，不要在泥石流多发地建营，雷雨天不要在山顶或空旷地上安营，以免遭到雷击。选择搭帐篷的地点时还可以依赖树林遮挡狂风。

3. 防兽

建营地时，要仔细观察营地周围是否有野兽的足迹、粪便和巢穴，不要建在多蛇多鼠地带，以防伤人或损坏装备设施。要有驱蚊、虫、蝎药品和防护措施。在营地周围遍撒些草木灰，会非常有效地防止蛇、蝎、毒虫的侵扰。帐篷不要搭建在兽径上，避免发生一群前去饮水的野兽瞬间踏平临时住所现象。

4. 日照

营地要尽可能选在日照时间较长、干燥通风的地方，这样会使营地比较温暖、干燥、清洁。便于晾晒衣服、物品和装备。

5. 平整

营地的地面要平整，不要存有树根草根和尖石碎物，也不要有凹凸或斜坡，这样会损坏装备或刺伤人员，同时也会影响人员的休息质量。搭帐篷的位置也有要求，搭建前抬头看看周围有没有蜂巢，有没有在下一次暴风雨中可能倒下的死树。在开阔地表扎营时远离孤零独处的高大乔木，因为它可能会成为雷电的目标。帐篷面最好朝南或东南面，能够看到清晨的阳光。此外在野外要保护自然环境，撤营时必须将燃火彻底熄灭。垃圾废物要尽可能带出，丢放在指定的地方，特殊情况无法带走时可将垃圾挖坑掩埋。

第九章　心理学知识在导游服务中的应用

【本章导读】

在旅游活动中，旅游者的动机和心理活动各不相同。为了提高导游服务质量，导游员不仅要向游客提供功能服务，更重要的是要向他们提供心理上的服务。导游人员要学会观察旅游者的心理活动变化，培养感知能力，调节游客的情绪，激发他们的兴致。

第一节　学会提供心理服务

一、提供心理服务的必要性

首先，旅游服务是“有形”服务和“无形”服务的有机结合，但导游服务又主要是通过“无形”的精神和心理因素服务能动地发挥“有形”物质设施的作用，使其产生真正的价值。

其次，游客在旅游服务中就是“上帝”。带好游客的关键，就在于向他们提供包括心理服务在内的周到细致的全方位的服务，因此只有物质服务还是远远不够的，心理服务尤显重要。

总之，导游要了解旅游者的旅游动机，他们在旅游活动中的心理状态，熟悉他们的兴趣爱好等生活情趣、喜怒哀乐等思想情绪。因此，导游要靠自己经验的积累，观察旅游者的情绪变化，进行认真的调查研究，分析旅游者的心理活动，根据获得的信息随时调整心理服务的内容和方式。

二、学会提供心理服务

（一）尊重游客

自尊心人皆有之。尊重人就是要尊重游客的人格和愿望，就是要在合理而可能的情况下努力满足游客的需求，满足他们的自尊心和虚荣心。不能因游客的国别、社会地位和经济地位的不同而在接待上有所差别，要一视同仁地尊重所有的旅游者。

尊重也是相互的、相对的。当导游礼貌待客、微笑服务、热情主动并认真倾听游客的建议和意见时，这首先在心理上满足了游客的自我尊重的要求。反过来，他们也会尊重导游，愿服从并配合导游活动的展开。

“扬他人之长，隐其之短”也是尊重人的一种重要做法。在旅游活动中，导游要妥善安排，让游客进行“参与性”的活动，使其获得自我成就感，增强自豪感，从而在心理上获得最大的满足。

（二）保持微笑服务

微笑富有魅力，微笑招人喜爱。英国诗人雪莱说：“微笑，实在是仁爱的象征，快乐的源泉，亲近别人的媒介。有了笑，人类的感情就沟通了。”确实，微笑可以缩短人与人之间的距离，化解令人尴尬的僵局，是沟通彼此心灵的渠道，使人产生一种安全感、亲切感、愉快感。当你向别人微笑时，实际上就是以巧妙、含蓄的方式告诉他，你喜欢他，你尊重他，这样，你也就容易博得别人的尊重和喜爱，赢得别人的信任。生活中多一些微笑，也就多了些安详、融洽、和谐与快乐。美国的卡耐基说：“微笑，它不花费什么，但却创造了许多成果。它丰富了那些接受的人，而又不使给予的人变得贫瘠。”因此，导游员要努力为旅游者提供微笑服务，要“笑迎天下客”。

（三）学会使用柔性语言

在导游服务中，导游员要注意自己的言谈举止。导游的一举一动、一言一行都有可能使旅游者感到高兴，赢得他们的好感，但也可能刺伤他们的自尊心，得罪了他们。

“一句话能把人说笑，一句话能把人说跳”正是这个道理，所以导游员在与游客相处的过程中，不要争强好胜，要善于使用柔性语言，即语言亲切、语调柔和、措辞委婉、说理自然，多用商讨的口吻。

（四）与游客建立“伙伴关系”

导游应力争与游客建立合作伙伴关系。因为只有在游客的合作下，旅游活动才得以顺利地进行并达到良好的效果。导游要学会善于引导，说服游客。比如碰到因客观原因要改变旅游日程时，你就要实事求是、合乎逻辑，明白无误地说服游客，告诉他们变更的原因。只有说服的客人才是赢得的客人。

（五）多提供“个性化”的服务

向旅游者提供个性化服务，就是要求导游员心中有游客，随时关心他们，对他们“特别照顾”，从而使他们感觉受到了优待，产生自豪感。

在实际旅游接待过程中，导游提供个性化服务的机会是很多的，导游员的一个细节动作、一句不起眼的话往往会产生意想不到的效果。但是，一些“小事”看似容易做起来难，关键还在于导游心中是否有旅游者，眼中是否有“活”。“莫因事小而不为，莫因事大而为之”是导游员的至理名言。

第二节　了解游客的旅游心理活动

一、了解游客与游客的国籍、阶层、职业、年龄、性别等

（一）不同国家游客的性格和思维方式

东方人：含蓄、内向，婉转地表达意愿，他们的思维方式一般从抽象到具体，从大到小，从近到远。

西方人：开放、自由、易激动，感情外露，喜欢直截了当地表达意愿并希望得到肯定答复，他们的思维方式一般从小到大，从近到远，由具体到抽象。

【相关链接】

我国一些主要客源国游客的性格差别

(1) 日本游客：勤奋好学，好胜心强，注重实际，讲究实效，崇尚礼仪。

(2) 美国游客：开朗，举止大方，喜好新奇，注重实利，喜爱攀谈，行为随便。

(3) 英国游客：矜持、幽默，少言寡语，有绅士派头，讲礼貌，尊重妇女。

(4) 法国游客：爽朗、热情，不拘小节，喜欢与人交谈，乐观，热爱生活，重视自由。

(5) 德国游客：勤勉，有朝气，守纪律，好清洁，爱音乐。

(6) 韩国游客：自尊心强，注重礼仪，讲究礼节。

(7) 俄罗斯游客：注重仪表，自尊，守时，对妇女非常尊重，爱喝烈性酒。

（二）不同阶层游客的旅游心理

上上层的游客多为名门望族，贵族、商人、金融家或是高级专业人员等，他们不追求时尚，喜欢购买古玩，对服务的需求比重大，要求高。

上下层的游客多指新近升入上层社会者，暴发户，高级行政官员，大型企业创始人等，他们追求奢侈性的旅游消费。

中上层的游客是有中等成就的专业人员，中型企业主，中等行政人员、律师等，他们注重旅游产品的情趣与格调。

中下层的游客主要是指非管理者身份的职员，小企业主，高级蓝领，教师、医生等，这些人努力向上，有一定的社会地位，所以他们注重旅游产品的质量，追求“物有所值”。

下上层的游客是指普通劳动者、半熟练工人，收入一般，过温饱生活，这类人主要以满足即时快乐为主。

下下层的游客主要是非熟练的工人、失业者以及不发达的少数民族，这类客人对旅游的需求很少。

（三）不同职业游客的旅游心理

不同职业的游客，其旅游心理也是有所区别的，导游员应培养观察不同职业游客心理的能力。

（四）不同年龄游客的旅游心理

年龄大的游客好思古怀旧，对游览名胜古迹、会见老友亲朋有较大的兴趣。他们出游时更希望得到导游的尊重及体贴入微的关照。面对老年旅游者，导游要多尊重，多关心，多提醒，要耐心地解答他们的问题，安排活动时尽量做到劳逸结合，游览时建议他们量力而行。

年轻旅游者好探新求奇，对热门的社会问题有浓厚的兴趣，喜欢多动多看。

（五）性别不同的旅游心理差异

女性，尤其是中年已婚妇女，喜欢听带故事性的导游讲解，喜欢谈论商品及购物。

男性在旅游中更喜欢倾听景点的历史文化、当地的经济政治状况等内容，不喜欢购物，消费比较理性。

二、了解游客与游客的出游动机

动机是激发个人行动的内在驱动力。旅游动机也就是一个人为了满足自己的某种需要而决定外出旅游的内在驱动力，即促使一个人有意于旅游以及到何处去，做何种旅游的心理动因。

游客的旅游动机可分为很多种，导游应了解不同的旅游动机，才能有的放矢地安排旅游活动。

（一）对观光类旅游者

对于观光旅游者，导游员应着重知识性的导游，尽量安排观赏风景名胜、了解风俗民情、拍照、购买纪念品、休闲娱乐等活动。

（二）对商务、专业访问旅游者

对于这类旅游者，除了安排好他们的商务、访问考察活动外，还应组织他们参观游览当地最有代表性的旅游景点，并陪他们去购买纪念品，拍照留影。

（三）对医疗保健类旅游者

对于疗养、保健旅游者，应安排轻松、悠闲的活动，协助病友与医生进行交流，也可带领他们去正规场所购买药品和保健器材。在参观风景名胜区的时候，要尽量选择优美、宁静的游览地点，并注意劳逸结合，活动量不要太大。

（四）对探亲访友类旅游者

对于这类旅游者，导游要态度热情、认真负责，以助人为乐的精神积极安排他们与亲友见面，并安排他们的参观游览活动。

三、了解游客与旅游活动中各个阶段游客的心理变化

（一）初期阶段

1. 求安全心理

旅游者初来乍到，兴奋激动，但由于人地生疏，外国游客还语言不通，因而产生孤独感、茫然感、不安全感和惶恐感。消除旅游者的这些感觉是该阶段

导游的首要任务。

导游要笑脸相迎，以礼相待，处处维护他们的利益，时时保卫他们的人身财产安全。当游客提出安全问题时，导游要注意倾听，认真对待，妥善处理，努力以实际行动让游客感到自己是一个能信赖、可依靠的人。

2. 求新、求奇心理

在旅游过程中，旅游者的注意力和兴趣转移，到处寻找刺激，以满足追新、求异、猎奇、增长知识的心理需求。

导游员应科学地、有针对性地多组织些轻松愉快的参观游览活动，并作生动精彩的讲解，耐心回答他们的问题，即使有些问题是幼稚可笑的，导游也必须认真作答，切忌说“不知道”三个字。

（二）个性表露阶段

1. 懒散心理

旅游者的时间观念差，群体观念弱，活动过程中自由散漫、丢三落四，旅游团内部的矛盾逐渐暴露……

2. 求全心理

旅游者在生理上、心理上产生过高的要求，希望享受在家中不能得到的服务，对导游服务更加挑剔，一旦满足不了，就会产生强烈的反应，甚至会出现过火的言行。

导游员要精神高度集中，对任何事都不能掉以轻心，讲解要力争精彩，游览活动具有计划性，向旅游者强调出发时间，反复讲必要的注意事项，多提醒他们保管好自己的物品，注意安全，切实搞好生活服务，努力保持旅游者的旺盛精力和体力，做好全陪、地陪和领队的密切合作，遇事多商量，还要与司机配合，注意交通安全。

四、了解游客的言行举止

就性格而言，旅游者可分为四个类型。

（一）活泼型（多血质）旅游者

这类旅游者爱交际，喜讲话，好出点子，乐于助人，喜欢多变的旅游项目。导游要扬其长，避其短，要乐于与之交朋友，但要避免与他们过多交往，要多征求他们的意见和建议，但不要让其左右旅游活动，打乱正常的活动日程。

（二）急躁型（胆汁质）旅游者

这类旅游者好动，性急，争强好胜，情绪不稳定，易冲动，好遗忘，喜欢离群活动，比较难服务。导游要避其锋芒，不与他们争论，不要激怒他们，在他们冲动时不与他们计较，待他们冷静后再好好商量，对他们要热情周到，多提供微笑服务，并随时注意他们的安全。

（三）稳重型（黏液质）旅游者

这类旅游者易交往但不主动与人交往，不愿麻烦他人，动作稳重，不轻易发表见解，游览时喜欢细细欣赏，购物时爱挑选比较。导游要多尊重他们，不要怠慢，多主动接近他们，尽量满足他们的正当要求，与他们说话要客气、诚恳，速度要慢，声调要低，对他们提出的意见和建议要认真对待。

（四）忧郁型（抑郁质）旅游者

这类旅游者身体弱，易失眠，忧郁孤独，少言语，但重感情。导游要尊重他们的隐私心理，要多亲近他们，多关心体贴他们，但不要与之大声说笑，不要过分地表示亲热，更不要与他们开玩笑、打闹。

第三节　导游员具备的心理素质

一、良好的观察能力和感知能力

导游要善于观察旅游者，并敏锐感知他们的不同心理反应及其需求，及时调整导游讲解和其他服务。

在引导旅游者游览时，导游要合理分配注意力，要集中精力进行导游讲解，但也要眼观六路、耳听八方，对周围事物要善于感知，善于发现异常情况，从而采取必要的措施，运用多变手法，保证旅游活动的顺利进行。

二、学会调整旅游者的情绪，激发他们的游兴

（一）调整旅游者的情绪

1. 补偿法

（1）物质补偿：在住房、饮食、游览项目等方面出了问题给予补偿，且替代应强于原先内容。

（2）精神补偿：导游员应实事求是地说明困难，态度诚恳地赔礼道歉，以得到游客的谅解。在万不得已的情况下，可以让游客将不满情绪发泄出来，使他们的心理达到某种平衡，从而消除消极情绪。

2. 转移注意法

导游要有意识地去调动旅游者的注意，促使他们的注意从一个对象转移到另一个对象。也就是说当旅游团出现消极现象的时候，导游要用新的有趣的活动，新的事物和真挚的感情去刺激他们，或用幽默风趣的语言去吸引他们，从而转移他们的注意力，忘掉不愉快的事情。

3. 分析法

将不愉快的原委讲清楚，一分为二辩证地看待事物的两面性，消除游客的不满情绪。导游应和游客说清“合理”和“可能”的内容，对于游客提出的一些特殊要求要表示遗憾，请其谅解。

（三）激发旅游者的游兴

旅游期间，旅游者往往处于既兴奋又紧张的状态之中。紧张感容易使游客疲劳，影响游兴，而兴奋感则促使他们随导游员去探新、求新、求奇、寻觅美。游客的情绪高、游兴浓、精力充沛，旅游活动就有可能达到预期目的。因此，调节旅游者的情绪，强化他们的肯定态度，弱化其否定态度，保持并提高他们的游兴是导游员的一项重要工作，也是衡量导游员的能力和水平的一个重要标准。

三、善于和旅游者建立感情

如果导游员并不认为自己“需要”旅游者，就不可能对他们产生感情，而如果导游员引起了游客的反感，让其感到导游员讨厌，游客就不可能对导游员产生感情。在这种情况下，客、导之间就不可能建立良好的感情，他们之间无法融洽相处，旅游活动也可能会别扭不断。事实说明，客、导之间的良好感情是提高导游服务质量的关键之一。当然，这个感情是合乎道德的、正常明智的感情，绝不是无原则的低级趣味。

客、导之间建立感情的途径很多，导游员的诚恳态度、热情服务、谦虚谨慎的作风，尽量让游客得到自我满足的导游方法（例如，利用其特长，对某一景点进行讲解，唱一支歌，使其获得自我成就感）等是很得人心的，有助于建立感情。提供超常服务是客、导之间建立感情关系的又一重要途径，它使旅游者获得超过期望的享受，从而使游客感到受到了特殊待遇，获得了超常的尊重，感到他们与导游员之间不仅仅是金钱关系，还存在正常的人际关系，由此产生感情上的交流。

在通常情况下，导游员要以引人入胜的讲解和灵活的导游技巧激起游客的兴趣，增强他们的自觉性，精神饱满、积极配合、克服困难去完成游览活动，从而使旅游活动顺利进行下去。

四、良好的意志品质

意志是人为了达到一定的目的，自觉地组织自己的行动，并与克服困难相联系的心理过程。人的意志表现在行动开始之前善于做出决定，并选择恰当的行动方式；在行动开始之后能顽强克服行动过程中的种种困难，把行动坚持到底。

导游活动面临着复杂的社会情境，导游的个体因素与复杂的客观因素之间往往会引起导游心理上的冲突。要正确解决各种心理冲突，服从导游活动的目标，有赖于导游坚强的意志品质。意志品质表现在行动过程中主要体现在以下四个方面。

（一）意志的自觉性

意志的自觉性是指人在行动中有明确的目的性。如果一个人对于自己的观点、原则、愿望和行动的目的、方式、步骤等都有明确的认识，坚信它们是正确和必要的，因而积极、主动地组织自己的行动，百折不挠地为实现既定的目标而行动的话，那么，他就是一个有意志自觉性的人。

导游意志的自觉性首先表现在明确导游服务工作的社会意义，深刻意识到导游服务质量与祖国和人民的荣誉、社会风尚等息息相关。

其次，能不受外界影响，独立支配自己的行动，排除各种干扰和诱惑，与影响行动的消极因素和错误观点作斗争。在工作中，不依赖、不推诿、不避重就轻，自觉遵守组织纪律，独立完成导游工作任务。

再者，导游应能正确地认识自己，虚心倾听别人的意见，并敢于坚持真理，修正错误。工作中不惧艰险，不怨天尤人，处处时时表现出信心百倍。而不具备意志自觉性的导游往往容易受他人的暗示及外界因素的引诱和干扰，放弃原定的努力方向，做出与愿望相违背的事来。

（二）意志的果断性

意志的果断性是指善于明辨是非、当机立断、毫不犹豫地作出决定的能力。具有果断性品质的人，善于对客观问题进行分析、判断，迅速而正确地作出行动的决定。意志的果断性是以意志的自觉性为前提的。

导游工作复杂而繁琐，经常要与各种不同类型的旅游者打交道，同时还要与旅游交通部门、旅馆、风景游览区等沟通，各种矛盾在所难免。因此，明辨真伪，当机立断，迅速而合理地处理问题，一旦条件许可毫不犹豫地采取行动，以满足旅游者的各种特殊要求，是导游意志品质的重要方面。此外，导游意志的果断性还表现在一旦情况发生变化时，能立即停止或改变已经执行的决定，或等待时机重新作出决定。相反，不具备意志果断性的导游遇事往往举棋不定、患得患失。如果情况紧急，则更是惶惶然不知所措，徒然在犹豫不决中耗费时间，或者不经思考，草率决定，鲁莽从事。

（三）意志的坚韧性

意志的坚韧性也就是毅力，表现为一个人能够不畏艰险、不怕挫折，坚决地完成规定的活动任务，体现出锲而不舍、一往直前的品质。坚韧性是与对自己行动的目的、意义以及社会价值的深刻认识密切联系的。

虽然导游工作与其他形式的工作相比，没有规律性的工作时间，是非常繁重的劳动。表现在导游不仅必须跋山涉水为旅游者解说服务，同时还要为旅游者的生活服务。导游的工作程序从迎接开始，紧接着是转移、旅馆服务、座谈活动日程和活动节目、晚间活动，直至送客等。在这一系列工作程序中，导游不仅经常要夜以继日地为旅游者服务，还要始终如一地保持主动、热情、耐心而周到的服务态度和完好的服务质量，如果没有充沛的精力与意志的坚韧性是难以做到的。缺乏毅力的导游尽管思想上也愿意为旅游者提供满意周到的服务，但这种主观愿望常常难以实现，或虎头蛇尾，或有始无终，使事情半途而废。

（四）意志的自制性

意志的自制性就是善于控制和支配自己行动的能力。一个有自制性的人善于自己去执行已作出的决定，并战胜徘徊、犹豫、恐惧、羞怯、懒惰等与执行决定有妨碍的一切因素，善于抑制行动过程中可能出现的消极情绪和冲动行为。

在旅游情境中，旅游者的需要、气质、性格各不相同，产生的行为表现也各不相同。面对旅游者提出的一些不易解决的问题，甚至是不合理的要求，导游的自制力和忍耐性显得格外重要。在这种情况下，导游应以平静、耐心的态度向旅游者说服和解释，以期得到旅游者的谅解和赞同。如果不能做到这一点而流露出不耐烦的情绪或和旅游者争吵，影响旅游者的情绪，必然会导致旅游者对整个旅游活动安排产生偏见。

导游实践证明，导游的情绪状态对导游服务工作有很大的影响。导游的情绪不可避免地受到各种主客观消极因素的影响。因此，导游应该有较强的自制力，在紧急情况下沉着冷静，不感情用事，自觉调节和控制自己的言论和行动，保持心平气和、热情耐心，有时甚至需要忍耐和克制生理上和精神上的痛苦来为旅游者服务。导游意志的自制性不仅对旅游者产生极其明显的心理影响，并能抑制旅游者某些消极情绪或激情爆发。

导游的意志品质的培养应从以下两个方面入手：首先，要树立正确的世界观和崇高的理想，才能对自己提出培养意志品质的要求。其次，长期自觉地在导游实践活动和其他实践中不懈努力锻炼自己，处处要求自己说到做到，尽最大努力去完成所承担的任务。相反，一次又一次地以种种借口原谅自己，不去完成既定的任务，只会使自己的意志越来越薄弱。

第十章 美学知识在导游服务中的运用

【本章导读】

旅游者与导游的审美关系，归根结底就是接受服务与提供服务之间的关系。这种关系能否得到良好的实现，很大程度上取决于导游工作者提供的服务是否令旅游者满意、称心。有人认为旅游服务是旅游业的灵魂，而服务质量的好坏在一定程度上是掌握在旅游从业人员手中的。因此，一个合格的旅游从业人员应明白整个旅游活动是审美的过程，并且还要十分清楚自己在整个旅游服务中所扮演的角色，进而通过多种途径和方式提高自身的审美修养，以达到与旅游者审美关系的良好实现。

第一节 导游员在审美活动中的作用

在旅游服务的诸多分支服务中，导游与旅游者的服务关系是比较持久的，接触的也相对频繁。从服务美学的角度来讲，双方的关系是审美关系。导游通过适时的引导，为旅游者选择最佳的观赏地点、最佳观赏时间，去领略自然与人为景观的美，并以娓娓动听的语言形式将蕴含在景观内的传说、典故等审美信息艺术地传递给旅游者，使旅游者在得到旅游经历审美体验的同时，也得到精神上的享受，这就是双方审美关系最大程度的实现。

在这种审美关系中，旅游者表现为“客”，而导游人员则表现为“主”。作为“主”的导游人员在导游服务中至少扮演三种不同的角色：第一，是旅游者的直接审美对象；第二，是旅游审美信息的传递者；第三，是旅游审美行为的协调者。导游与旅游者审美关系是否和谐融洽，审美关系是否得到真正的实现，很大程度上取决于导游工作者是否具有较强的角色意识以及成功扮演这些角色的能力。

一、导游工作者是旅游者的审美对象

对于初到异地的旅游者来说，导游的出现是第一道“风景”。旅游者会对初次见面的导游进行有意无意地评价，如同审视、欣赏一幅艺术作品。从这个角度来说，导游工作者是旅游者的直接审美对象。这道“风景”的好与坏会直接影响到导游下一步工作开展的顺利与否。因此，印象的好坏在一定程度上会带来光环效应。

作为旅游者的直接审美对象，导游工作者的美主要表现在以下几个方面。

（一）外表美

旅游活动本身就是一个审美活动，这种审美活动从广义上来说，还包括对旅游者长期接触的导游工作者的审美期待，而这种审美期待总是由外而内的，因此外在的美就有一种先入为主的作用，对于导游工作者来说，外在美主要体现在自然美与装饰美两个方面。

1. 自然美

自然美就是在没有任何人为“雕琢”的前提下，自然呈现的美。它与矫揉造作、扭扭捏捏格格不入。自然美突出表现在形体、相貌两个方面。但是在现实生活中，拥有模特一样的身材、演员一样的相貌的人毕竟很少，因此作为衡量导游工作者的自然美标准也是相对而言的，只要是四肢匀称、相貌端正、身体健康都可以从事导游工作。但当文化素养、品行能力相同的条件下，还要选择自然条件好的人员从事导游员工作，这是符合人们普遍追求美的心理特点的。

2. 修饰美

外在条件固然重要，但作为旅游者直接审美对象的导游工作者适当的修饰也是必不可少的，这本身也是对游客的尊重。导游工作者的修饰美主要包括服饰美、化妆美和发型美。

服饰美在修饰美中占很大比重，同时又是很有学问的。服饰美体现在整体美感的和谐统一、风格一致。色彩的搭配、式样的选择、饰物的点缀等都能够反映一个人的性格爱好或气质风度。作为导游工作者，其服饰美的原则有两点：一是不要过于突出个性化，这样会使自己与游客疏远；二是不要走时装潮流的最前端，否则会使游客感觉导游在与自己争美，或给人一种工作不认真、缺乏责任心的印象。

化妆美往往起到画龙点睛的作用，可以增强人的脸部魅力，增强自信。导游化妆的作用就在于一方面是对游客的尊重，另一方面也是对自己精神面貌的肯定，让旅游者有一种舒心、放心的心理感受。但要注意两点：一要适当“调整”五官，做到整体的和谐，切不可夸大优点而忽视缺点；二要施以淡妆，脸部色彩变化不可太大，忌浓妆。

发型美是自然发质美与适当修饰美的综合，从某种程度来说是比较能够体现个性的。选择什么样的发型、颜色要根据个人的脸形、头型、发质、年龄、职业、气质，甚至身高等具体情况，目的是要取得整体和谐统一的审美效果。导游工作者在确定发型时必须考虑到自己的职业特点，必须从审美关系能够得到良好实现的角度出发。因此其基本原则就是，既要活泼开朗、不落俗套，又要干净利落、端庄持重。新奇怪异或蓬头垢面都是不可取的，会引起旅游者的反感，使旅游者有受冷落或不被尊重的感受。

自然美与修饰美是一个相互补足的关系，人的外在自然条件不是十全十美的，需要适当的修饰加以弥补；但过分的强调修饰、浓妆艳抹是不可取的。俗话说：爱美之心人皆有之。旅游者参加旅游活动的过程就是一个追求美、享受美的过程，在这个过程中导游工作者也成为旅游者欣赏的对象，因此作为导游要清楚自己的角色作用，把握好自然美与修饰美的尺度。

（二）内在美

内在美与外在美是相对的，它不具有直观性，需要一定时间的接触才能感觉到。作为导游工作者，由于工作性质的原因，决定了他要在相对稳定的一段时间内与旅游者朝夕相处，在这个过程中是否能够与旅游者打成一片，得到旅游者的普遍认同，甚至是交口称赞，仅仅靠外表美是难以达到的。旅行中出现的各种情况都是对导游人员内在美的考验，如旅游者突发急病、交通出现堵塞、旅游者提出某些特殊的要求等等，显然，这时的外表美已经很难起实际作用了，需要的是导游人员的责任心、热心和耐心。因此，导游人员内在美的核心是心灵美。

在实际的旅游活动中，以内在美感染旅游者的优秀导游人员不胜枚举。

【范例一】

华侨蒋先生离开故乡50年，在旅游过程中抽空回到了儿时居住过的地方，虽然这里与50年前相比已发生了很大的变化，但旧时的房子和老树还是勾起了老人的怀旧之情，睹物思人，触景生情，老人想起了儿时的玩伴，萌生了要见见他们的念头，但都已不知去向。回到团队下榻的饭店，细心的导游小郑立刻发现了老人情绪的变化，在她的询问下，快快不快的老人终于说出了自己的心愿，看到两鬓斑白的老人，小郑也被感动了。她爽快地告诉老人：你放心，我一定努力实现你的愿望。在这之后，小郑一边继续她的导游工作，一边发动自己的朋友多方查找线索，最终与老人儿时的朋友取得了联系。当老人知道后非常高兴也十分感动，不住地夸赞小郑圆了他50年的梦，并说这是他一生中最难忘的一次旅行。

由于交通问题而影响旅游者旅游活动安排的情况时常出现，导游人员怎样变消极为积极，设身处地地替游客着想是双方审美关系得到实现的重要保证。

【范例二】

杭州某旅行社导游员小林接到任务，要为一个台湾旅游团做导游，全团25人，其中65岁以上的占18人，其余均是这些老人的子女，台湾游客是慕名来“天堂”旅游的，他们希望能够饱览西湖美景。但不愉快的事情发生了，按计划旅游团是当天上午9：30抵达，次日上午10：30飞往下一个旅游城市，但天公不作美，恶劣的气候延误了飞机的起飞，游客到达杭州的时间已经是下午15：30。当小林接到旅游团队时，游客的情绪十分低落，有的游客还在不停地抱怨。善解人意的小朱看在眼里，并根据游客的疲劳程度和所剩无几的时间，马上对原有的日程安排作了调整，当全团游客上车后，小林拿起话筒作了简短而又颇有同情心的欢迎词，使游客的情绪稳定下来之后。她缓缓地说道：“各位朋友，此次能来杭州是大家的福气，也是杭州的骄傲。尽管因为天气的原因延误时间，但是请大家放心，我会尽力挽回大家的损失，使各位不仅感到不虚此行，而且还会锦上添花。”这时游客的情绪马上高涨起来，尤其是老人们，小林环顾大家，会心地笑了，她接着说：“不过我们的日程要做一下调整，为了节省时间，我们的旅游者将直接开往岳王庙，然后夜游西湖、品尝天下名茶龙井……明天上午去灵隐寺，观赏笑口常开的弥勒佛，体味静谧幽深的佛国境界。大家同意我的安排吗?”话音未落，掌声和欢笑声便响彻了全车厢。

两位导游之所以能够给大家留下难以忘怀的美好印象，就在于她们有美好的心灵，能够处处为客人着想。因此，内在的美留在人们心中的是最长久的记忆。

二、导游工作者是审美信息的传递者

所谓旅游审美信息，就是旅游活动的主体所要观赏的自然景观和人文景观中所蕴涵的各种各样的信息，神话传说、历史故事、渊源改革、有关知识等都为景观增添了魅力和美感，这些就是审美信息。由于旅游者的类型、爱好、生活阅历、文化修养的不同，因此对于观赏景观中的审美信息接受和了解程度不同，这就需要导游来传递这些审美信息。

导游传递审美信息凭借的是语言，这就涉及了语言表达的艺术性。作为一名导游工作者除了为旅游者提供各种便利服务外，最重要的业务内容就是讲解，而讲解是要有艺术性、欣赏性的，它应该能够唤起游客的审美情绪，因此语言表达是否具有艺术性，直接关系到旅游观赏那个主体的审美满足程度。

（一）准确性

导游语言的准确性，一要发音准确，二要言之有物。

导游讲解的基本目的是要使来自各地的、操不同语言和方言的旅游者听懂所讲的内容，因此发音就显得特别重要。汉语导游要以普通话为标准，而外语导游也必须注意语音语调的准确性，以免造成旅游者在接受信息时产生困难或误解。

言之有物就是要求导游工作者对所要传递信息内容的准确性有充分的把握，绝不可信口开河或夸大其词。例如导游人员在介绍自然景观山体的高度时或在介绍人文故事的年代时一定要准确。

语言艺术的准确性要求导游工作者既要有标准的表达能力，又要对所介绍的景观背景，内容有充分了解，同时还要注意把握分寸，注意一些修饰性词语的选择，讲解时一定要留有余地。

（二）音乐性

导游讲解要向游客传递很多的审美信息，尤其是人文景观，其信息量就更大，如何既向旅游者传递了信息，又不致使旅游者因讲解内容过多而感到平淡、厌烦，这就涉及语言表达的音乐性。抑扬顿挫的语调、畅通无阻的语流、长短适中的语句和快慢相宜的语速是语言表达音乐性的具体体现，对这些方面的把握在一定程度上会影响到旅游者的审美情绪。

导游语言的音乐性是受景观背景、故事、传说及其外在审美特征等审美信息的影响的。不同的景观，语言的音乐性有不同的表现。语调的抑扬与导游讲解时的情绪有直接关系，而其情绪的起伏又与蕴涵在景观内的各种审美信息有关，因此导游工作者必须将语调的高低与景观审美信息相结合，才能够调动游客的情绪，切不可一成不变，否则讲解有可能成为催眠曲。语流的畅通，要求在讲解时句与句的衔接应该自然、连贯、不能断断续续、杂乱无章，因此导游要对自己的讲解内容熟悉、了如指掌，要做到侃侃而谈，使听者在流畅的讲解中产生一种如行云流水般的畅快感。导游讲解为了打动游客、吸引游客，语句的使用要尽量口语化，且不可使用过于复杂的句子，因为语句的长短对信息的接受效果有一定的影响。语速的快慢是受信息量和游客情绪决定的，当信息量大时，可以适当加快速度，而信息量小时，可放缓讲解速度；另外，从心理学的角度来讲，自始至终保持一种讲解速度也不利于调动游客欣赏景观的情绪。

（三）生动性

导游讲解要生动感人，绘声绘色，才能把游客带到一定的情景中，去认真体味和关注自然景观与人文景观中表现的美。因此，就要求导游工作者在掌握丰富的景观背景内容和一定语言词汇的基础上，注意修辞手法的合理使用，如比喻、夸张、对比、借代、比拟等手法，都可以丰富语言的表现力、感染力；另外，精确的遣词用句也可以使旅游者对抽象事物的理解更加形象具体。例如："大家快看这条青鱼，我们称它为小青姑娘！看，小青姑娘向我们这里游过来了。""看，山上的迎客松正在微笑，向我们伸出了热情的手，欢迎远道而来的各位朋友呢！""春天的大观楼是花的海洋，黄红紫白，争奇斗艳，人们仿佛徜徉在花海中。夏天的大观楼，杨柳依依，清风习习，碧波荡漾，点缀着红荷翠叶。"

（四）风趣性

导游人员语言的风趣性主要表现在其诙谐、幽默的言谈风格上，它是导游语言艺术性的一个重要方面。在导游活动中，语言的风趣性也就是轻松的开玩笑或善意的逗乐。一位哲人说"幽默是人际关系的润滑剂"，适当的幽默可以使导游语言锦上添花，使旅游者轻松愉快，感觉气氛活跃，也有利于激发游客的游兴；并且在一定程度上，还可以打破僵局，起到缓解甚至摆脱窘境的作用。

（五）情感性

对于旅游者来讲，展现在自己眼前的无论是人文景观，还是自然景观都是新鲜的，他们的情绪也总是处于一种好奇、兴奋的状态。但就导游而言，则恰恰相反，由于经常与景观打交道，早已耳熟能详，尽管景观很美丽，也很难让导游产生激情。因此，从心理学角度来看，导游工作者面对景物时所出现的"情感沉淀"或"情感麻痹"的状态都是很正常的。但是出于工作的需要，导游工作者又必须面对这一问题，找出解决问题的办法，绝不能把这种精神状态直接暴露在旅游者面前，否则会使他们感觉到导游对自己漠不关心，使双方产生距离，甚至影响到旅游者的审美情绪。

因此，导游在旅游观赏活动中，应该像一个演员一样，随着景致的变化，不断调动和调整自己的情绪，使自己的情绪与景观体现或蕴涵的美感相一致，从而带动旅游者的情绪，使双方在旅游审美活动中，达到情感上的交流，使旅游者最大限度地获得审美感受，因此，讲解中"情真意切"就显得特别重要，不仅仅有声还要有色，当旅游者的情绪受景物和解说者的影响不断高涨时，导游人员还应该将自己的情绪调整到旅游者所具有的"兴奋状态"，这样才能产生共鸣。

三、导游工作者是审美行为的协调者

旅游者的旅游观赏活动是一个综合性的复杂的活动，在这个过程中，导游人员除了要将景观有关的审美信息艺术地传递地旅游者外，还要依靠对景观的全面了解以及旅游者的实际情况，不断地协调、调整旅游者的审美行为，希望旅使游者获得最大的审美满足，这就要求导游工作者要善于随机应变，把握好旅游观赏节奏。

所谓的旅游观赏节奏，泛指旅游活动的张弛、行进速度的缓急，导游讲解的快慢、声音语调的高低等因素形成的多样统一的结果。对旅游者来讲，旅游观赏的节奏直接影响到审美效果，而观赏节奏的主要控制者就是导游工作者。因此，导游在旅游活动中，如同一部戏的导演，戏拍得如何取决于导游工作者的控制能力和应变能力。

（一）游览活动的张与弛

旅游者的旅游观赏活动虽然能使他们感到新奇、兴奋，但与此同时，他们也会感到疲惫，所以旅游游览本身也是一个艰辛的历程。审美享受虽然可以通过导游的讲解，用心去体会、去理解，但它在一定程度上，还要以感官去体验、去感受，而其前提条件就是要有良好的精神状态，过度疲劳势必会影响精神状态，不利于旅游者获得审美感受。

因此，作为导游工作者，应该根据旅行内容和时间，以及旅游者年龄、体力等方面的情况，对全程安排、日程安排以及节目安排的合理性进行综合考虑。一旦计划的安排与旅游者的实际情况不相符时，在征得旅游者同意的情况下，可做适当调整。总之，要尽量使游览的内容丰富多彩而避免单一雷同，旅行时间要松紧适宜而避免紧张疲劳或清闲无聊，要张弛有度，最终使旅游者达到不虚此行的目的。

（二）行进速度的缓与急

行进的速度主要指在景区各景点之间的步行观赏速度。旅游景区有大有小，各景区又有很多风格不同、意境不同的景点景观，这些点与点的移动要靠步行来完成，因此，在相对固定的时间内，就要根据景观特点和旅游者的身体状况、审美个性等来掌握行进的速度。例如，在一个大的景区内，既有自然山水风景，又有人为景观如古建筑，就要很好地控制行进时的节奏。自然景区比较直观，而且占地又比较大，为了节省时间，在观赏时可以加快行进速度；而人文景观蕴涵丰富的内容，包含着深厚的文化内涵，需要旅游者认真体味和仔细欣赏，因而就应该适当地放缓行进的速度。另外，导游在景点的观赏顺序上也要合理安排，使得缓、急相间，一味地急行或者一味地缓行都不利于旅游者观赏情绪的培养，从而影响观赏效果。

（三）讲解速度的快与慢

导游讲解速度的快慢，也构成了观赏节奏的一部分。讲解速度的快慢一方面受旅游者接受能力的制约，另一方面受景观信息量多少的制约。导游讲解的目的是要传递与景观有关的信息，信息能否被旅游者完全接受，很大程度上在于导游讲解的速度是否与旅游者对信息的接受能力相一致。速度太快，旅游者可能反应不及或者听不清楚，如果长时间这样的讲解势必影响旅游者的情绪，出现烦躁或不满；速度太慢，又会使人听了上句等下句，时间一长，就会精力不集中，还有可能出现掉队的情况。因此，从旅游的角度来看，讲解时要根据旅游者的反应而定，对于反应较快的年轻人，可适当快一点，而对于老年人要慢一点，吐字要更清晰，甚至有的地方要重复。

景观信息量的多少也影响讲解速度，信息量少的景观，讲解时可适当放慢速度，如自然景观；而大多人文景观信息量比较多，因此可以适当加快讲解的速度。

在一个景区内，导游的讲解速度的快与慢不是一成不变的，自始至终的慢

和自始至终的快并不一定会收到好的讲解效果，但快慢相宜应以某个方面为主，或是以快为主，间或放慢速度，或以慢为主，适当加快速度，有变化才能更好地调动旅游者的情绪。

（四）适时停顿

旅游者作为观赏的主体，既要从导游讲解中获得审美信息，同时又要有一定的时间对景观进行观赏和印证。因此，讲解中的停顿是非常必要的。适时的停顿不但不会影响旅游者的观赏，反而有助于他们对景观内容的理解。停顿要根据旅游者对景观和景观信息的反应而定，当旅游者在导游的引导下已经进入观赏状态，开始了对美的欣赏的时候，再滔滔不绝的讲解无疑是多余的。恰到好处，适时停顿往往会收到“此地无声胜有声”的效果。

总之，导游工作者在整个旅游审美过程中发挥很重要的作用，一个出色的导游应明白自己所扮演的角色，掌握旅游审美的原理、技巧，让旅游者真正感觉到不虚此行，得到最完美的审美感受。

第二节 导游工作者的美学修养

美学家叶朗认为：“旅游，从本质上说，就是一种审美活动。离开了审美，还谈什么旅游？旅游，涉及审美的一切领域，又涉及审美的一切形态。旅游活动就是审美活动。”从某种角度来说，导游工作者是美的使者，在旅游者与丰富多彩的旅游景观之间起到了纽带和桥梁的作用。没有导游工作者的辛勤工作和热心服务，也就没有游客舒畅的心情和美好的回忆。这些都与导游工作者艺术化的语言、灵活的导游技巧有关，但归结起来，如果没有良好的美学修养，也很难使双方的审美关系得到较好的实现。因此导游工作者应该通过各种方式和途径加强自身的美学修养。

一、培养自我审美意识

人们的审美意识是在诸多的审美实践中逐渐产生，并且不断发展和完善的，但由于国别不同、民族不同、年龄不同、性别不同、地域不同、文化背景不同等，造成了人与人之间审美意识的差异。作为导游工作者，因为职业需要、角色的需要，应该有意识地培养自己的审美意识，增强自己对美的事物的判断力、感受力，从外在到内在给旅游审美者——旅游者以良好的印象，提供令人满意的服务。因此，从某种意义上来说，导游工作者审美意识的强弱，关系到旅游者审美享受的满足程度，试想一处蕴涵丰富而深邃的、具有极高审美价值的景观，因为导游的审美意识问题而传达给旅游者的只有很少一部分审美信息，则旅游者所获得的审美满足程度就会大打折扣。

审美意识的形成是需要时间的，它需要不断地学习、演练、实践。当然学习是最重要的，可以利用余暇时间多读一些文艺方面的书籍，尤其是美学方面的书籍，提高和加强自身的欣赏水平。同时还应该涉猎有关西方文化方面的知识，在一定程度上做到融贯东西，在讲解有关问题时，进行适当的比较，使得导游对景观内容的理解和讲解上一个台阶。还可以请教有关专家，通过讲座的形式学习，丰富自己的美学知识。

由于导游是旅游者的直接审美对象，他们的举手投足都应该具有一定的美感和观赏性，所以还要通过演练使自己具有自然而优雅的姿态。实地考察是培养审美意识的重要手段，否则单调的书本知识，无法直观地向导游工作者展示美的形态。

审美意识的培养应该是完全自觉地随时随地进行的，只有这样，导游工作者在提供服务时，才会有艺术家一样的创作灵感，才能把旅游者带入审美化的世界。

二、分析旅游者的审美心理

认真分析旅游者的审美心理，对于导游工作者开展工作、运用有针对性的语言艺术及导游技巧是相当重要的，可以起到事半功倍的效果。

由于旅游工作者来自于不同的地区、国家，各自的社会背景、生活背景不同，因此在旅游审美活动中审美个性也有很大的差异。而审美个性不同，会直接影响到审美需要和审美习惯。作为导游工作者在接团之前对团队构成要有一定的了解，如国籍、年龄、职业、性别等，据此判断旅游者的审美类型和大致的审美趋向，确定服务的总体基调，做好接待准备工作。在接触团队后，导游工作者要在最短的时间内通过细心观察、认真分析，来印证自己前期判断的正确性，一旦有出入及时调整。只有真正了解旅游者，才能找准服务的基调，调动旅游者的审美情绪，满足旅游者的审美需求。

从审美心理对旅游者分类，大致有四种类型：自然审美型、社会审美型、艺术审美型和饮食审美型。虽然游客的审美需求存在着多样性，但这几种审美类型也总是彼此交融在一起的，不过也总是有一个较为稳定的审美趋向，或某一审美类型更为突出，导游工作者经过分析、判断、确定审美类型后，就可以有的放矢地开展工作了。例如，在接待一个以大学教师为主的旅游团时，由于职业的特点，这些旅游者往往对旅游地的社会风貌比较关注。因此导游工作者应在满足自然美、艺术美和饮食美欣赏需要的同时，将重点放在社会审美方面，多介绍当地的风土民情、社会风尚、伦理道德、教育观念等方面的内容，尽可能地使他们切身体会到当地的民风、生活方式、人情世故，便于这类旅游者比较全面地了解旅游地的社会风貌，并作出相应的评价。

由此可见，导游工作者不仅仅是一个外交家、导演、讲解员、服务员，还是一个心理学家，善于通过旅游者的行为、举止、言谈推断他们的审美个性乃至审美需求，进而为其提供所需的服务，最大限度地激发旅游者的审美情绪，获得审美感受。

三、掌握和运用观赏原理

旅游审美活动的主体是旅游者，虽然他们之间存在着审美习惯的差异，但对于自然和人文美的追求是共同的。因此从实际观赏效果的角度出发，对旅游资源的欣赏存在着一些规律性的方法，形态各异的景观只有借助不同的观赏方法才会显示出其内在的魅力。因此，尽管旅游者的审美感受是主观的，会因个体的不同而有差异，但旅游观赏中必须遵循的基本规律是客观的，概括而言就是旅游观赏的原理。

导游工作者在熟悉和了解景观环境和相关内容的前提下，必须掌握有关的观赏原理，以期使不同的旅游者的审美享受都能够得到满足，这也是导游工作者应具备的美学修养的一部分。

观赏原理是相对不同景观而言的，景观是客观的，因此旅游观赏原理也是相对稳定的。不同景观要选择不同的观赏方法，游览名山大川、江河湖泊，就应该以动态观赏为主，而欣赏某个景致，如烟台小蓬莱的“观海听涛”、人文景观中的名人字画等，应以静态观赏为主，使旅游者在景观中去体味观赏对象所蕴涵的美妙境界。在欣赏与时间和季节有关的景观时，还有把握好时机，游览北京香山的最佳时间是在深秋，那万山红遍，如火如荼的红叶，给游人以强烈的视觉冲击，引起人们的丰富联想，这种由色彩带来的美感令人终生难忘。

距离掌握不好也很难看到美景，一些具有象形特点的景观必须在一定距离欣赏，才能获得特有的视觉效果，黄山的奇石有的像人、有的似兽，如“仙人指路”、“仙人踩高跷”、“猴子观海”等景观，都是在观赏对象与视点保持一定距离的情况下获得的。视觉不同也会影响审美效果，有些景观适合仰视，有些景观又适合俯视或平视，如在泰山山顶俯视脚下群山，便有“一览众山小”的审美感受；在北京景山万春亭俯视故宫，雄伟的建筑尽收眼底；仰视可以获得巍峨壮观的审美效果，欣赏江南名楼黄鹤楼，如仰视则能领略到那庄严辉煌的崇楼华阁的美，令人为之惊叹；辽阔的草原、空旷的海景、一望无际的平川则可以采取平视的方法，从而获得舒服坦怀的审美效果。

导游工作者的美学修养涉及的内容非常广泛，以上提到的也仅是一个参照。总之，想要成为一名出色的导游工作者，应该时时注意对美的事物的关注和欣赏、对各种知识的渴求和积累、对导游技巧能力的挖掘，善于学习，善于总结，在实践中不断提高。

补充材料　导游业务相关知识

一、旅游交通服务知识

交通服务是旅行社产品的重要组成部分，没有交通就没有旅游，作为导游员应掌握一定的航空、铁路、公路和水运交通知识。

（一）航空交通旅行知识

1. 航班、班次、时刻

民航的运输飞机主要有三种形式，即班期飞行、加班飞行和包机飞行。其中，班期飞行是按照班期时刻表和规定的航线，定机型、定日期、定时刻的飞行；加班飞行是根据临时需要在班期飞行以外增加的飞行；包机飞行是按照包机单位的要求，在现有航线上或以外进行的专用飞行。此外，还有不定期航班与季节性航班飞行。

航班分为定期航班和不定期航班，前者是指飞机定期自始发站起飞，按照规定的航线经过经停站至终点站，或直接到达终点站的飞行。在国际航线上飞行的航班称为国际航班，在国内航线上飞行的航班称为国内航班。航班又分为去程航班和回程航班。

目前国内航班的编号一般用航空公司的两个英文代码和四个阿拉伯数字组成。其中，第一个数字表示执行该航班任务的航空公司的数字代码，第二个数字表示该航班终点站所属的管理局或航空公司所在地的数字代码。第三和第四个数字表示该航班的具体编号，其中，第四个数字为单数的表示去程航班，双数的表示回程航班。如CZ3117是南方航空公司自武汉至北京的飞机，CZ3254是南方航空公司自深圳返武汉的飞机。

自2002年起，我国民航实施资源重组，组建了三大航空公司，即中国国际航空公司、中国东方航空公司和中国南方航空公司。中国民航下辖的管理局有华北管理局、西北管理局、广州管理局、西南管理局、华东管理局、和沈阳管理局。

班次是指在单位时间内（通常用一个星期计算）飞行的航班数（包括去程航班与回程航班）。班次是根据往返量需求与运能来确定的。

班期表上用阿拉伯字母1—7表示星期一到星期日，用“*”号表示次日的航班时刻，“BW”表示该航班隔周飞行等。

世界各国，对航班飞机的出发和到达时刻，统一使用24小时制，用连写四个阿拉伯数字来表示，如“1020”，即指上午10：20分。到达时刻即指抵达当地的地方时刻。在中转换乘飞机时，需要问清时间，以免订错衔接航班。

我国各航空公司代码：

中国国际航空公司（Air China） 代码：CA

中国东方航空公司（China Eastern Airlines） 代码：MU

中国南方航空（集团）公司（China Southern Airlines） 代码：CZ

2. 飞机机型

国际航空运输中，通常用英文字母和阿拉伯数字来表示某一航班所使用的飞机机型，如“74M”代表BOEING747—200B，“COMBL”代表波音747客货混用机，“M82”代表麦道MD—82，“320”代表空中客A320，“TU5”代表图154Tupolev154，“IL6”代表苏制伊尔62客机，“YN7”代表运—7。

3. 客舱等级和餐饮供应

国际航空运输中，通常用英文字母表示客舱等级。

F = 头等舱 First Class

C = 公务舱 Business Class

Y = 经济舱 Economy Class

K = 平价舱 Thrift

国际航空运输中，通常用符号表示餐饮供应，如刀叉图案表示在该航段飞行期间供应正餐，杯碟图案表示在该航段飞行期间有早餐或点心供应。

4. 订购机票

乘坐飞机旅行，旅客购买机票须出示有效证件，并填写《旅客订座单》。中国公民出示本人身份证；外国人要出示护照；台湾同胞出示台湾同胞旅行证明；港澳同胞出示回乡证。机票只限票上所列姓名的旅客使用，不得转让和涂改，否则机票无效，机票款不退。儿童（满2周岁至12周岁）按成人票价50%付款，未满2周岁的婴儿按成人票价10%付款，不另外单独占位，且每

一成人只能随行一名婴儿。

订购机票务必注意姓名、时间、地点、航班号的正确性，以免耽误行程。

5. 核对机票

无论全陪、地陪，凡有涉及机票事宜，导游员一定要仔细核对，并弄清楚是 OK 票还是 OPEN 票。

已订妥日期、航班和机座的机票称为 OK 票。持 OK 票的旅客若在该联程或回程站停留 72 小时以上，国内机票须在联程或回程航班起飞前二天中午 12 小时以前，国际机票须在 72 小时前办理座位再确认手续，否则，原订座位不予保留；不定期机票称为 OPEN 票。持 OPEN 票的旅客乘机前须持机票和有效证件去民航办理订座手续。

旅客在购票后，如果要求变更航班、日期、舱位等级，应尽早与民航部门联系。民航部门会根据实际情况给予办理。旅客如在航班离站前后要求退票，则须向民航部门支付规定的退票费或误机费。

6. 机票的变更和退票

购妥国内航班机票的旅客若要改变航班、日期和舱位等级，须在预订航班起飞前 48 小时提出并只能变更一次。中国国内机票持有者若想退票，须按规定视退票的时间支付一定比例的退票费（24 小时外收 5%，24 小时内至起飞前 2 小时内收 10%，2 小时内至起飞前收 20%，起飞后收 50%），部分航空公司也按舱位和折扣率来决定收退票费的金额。特别是优惠和低折扣票一般不予变更和退票。

7. 机场建设费

民航机场建设费是经国务院批准征收，专项用于民航机场建设的政府性基金，自 1992 年起开始征收。

从 2004 年 9 月 1 日起，财政部、中国民航总局决定将原来旅客在机场单独缴纳机场建设费办法，改为旅客在购买机票时一并缴纳。

机场建设费的具体标准为：国内航班每人 50 元人民币；国际和港澳地区航班为每人 90 元人民币（含旅游发展基金每人 20 元人民币），乘坐国内支线航班为每人 10 元人民币，12 周岁或 12 周岁以下的儿童和持外交护照乘坐国际及港澳地区航班出境旅客可免收机场建设费。

新的机场建设费以航段为计收基础，原 8 小时内转机免收机场建设费的中转旅客，从 2004 年 9 月 1 日须购买一份中转机场的机场建设费。

8. 乘机

旅客须注意抵达和登机的时间，乘坐国内航班应在班机离站前90分钟抵达机场，国际航班提前120分钟抵达机场。凭机票和个人有效证件办理登机手续。航班规定在离站前30分钟停止办理登机手续。

乘坐民航班机的中外旅客及其携带的行李物品，除经特别准许外，在登机前都必须经过安全检查，拒绝检查者不准登机。

民航允许持票旅客每人按规定免费托运行李，头等舱客票40千克，公务舱客票30千克，经济舱客票20千克，旅客托运的行李必须符合托运规定。另旅客随身携带的物品体积不能超过20×40×55立方厘米，重量不超过5千克。

（二）铁路交通旅行知识

1. 铁路列车的种类

按行驶区域分成国际和国内旅客列车两种；按行驶速度分为普快、直快、特快、旅游列车和以字母“D”字开头的高速动车等类型；按车辆内座位和设施分为硬席、软席、硬卧、软卧等级别。

2. 车票

车票中包括客票和附加票两部分。客票部分为软座、硬座。附加票分为加快票、卧铺票、空调票。附加票是客票的补充部分，除儿童外，不能单独使用。

铁路部门一般不接受儿童单独旅行（乘火车通学学生和承运人同意在旅途中监护的除外）。随同成人旅行身高1.1—1.4米的儿童，可购半价儿童票，每一成人旅客可以免费携带一名身高不足1.1米的儿童，超过一名时，超过人数应买儿童票。

20人以上乘车日期、车次、到站、座别相同的旅客可作为团体旅客，承运人可优先安排。

3. 站台票

到站台上迎送旅客的人员应买站台票。站台票当日使用一次有效。对经常进站接送旅客的单位，车站可根据需要发售定期站台票。随同成人进站身高不足1.1米的儿童及特殊情况经车站同意进站人员可不买站台票。未经车站同意无站台票进站时，加倍补收站台票款，遇特殊情况，站长可决定暂停发售站台票。

4. 变更

旅客不能按票面指定的日期、车次乘车时，在不超过客票有效期的前提下，可以办理一次提前或改晚乘车签证手续。办理改晚乘车签证手续时，最迟不超过开车后2小时，团体旅客必须在开车48小时以前办理。往返票、联程票、卧铺票不办理改签。

5. 丢失车票

旅客丢失车票应另行购票。在列车上应自丢失站起（不能判明时从列车始发站起）补收票价，核收手续费。旅客在补票后又找到原票时，列车长应编制客运纪录交旅客，作为在到站时向车站要求退还后补票价的依据。

6. 退票

旅客要求退票时，按下列规定办理，核收退票费。

(1) 在发站开车前，特殊情况也可在开车后2小时内，退还全部票价。团体旅客必须在开车48小时以前办理。

(2) 旅客开始旅行后不能退票（伤、病不能继续旅行除外）。

(3) 退还带有"行"字戳迹的车票时，应先办理行李变更手续。

(4) 站台票售出不退。

7. 携带品

旅客携带品每人免费携带的重量和体积是：儿童（含免费儿童）10千克，外交人员35千克，其他旅客20千克。每件物品外部尺寸长、宽、高之和不能超过160厘米，杆状物品不超过200厘米；重量不超过20千克。

残疾人旅行时代步的折叠式轮椅可免费携带并不计上述范围。

（三）公路交通旅行知识

公路交通服务是指旅行社为旅游者提供的以汽车为交通工具的旅游交通服务方式，主要适合于市内游览和近距离旅游目的地之间的旅行。另外，在一些民航交通和铁路交通欠发达的内陆地区，公路客运交通则成为主要旅游交通方式。

1. 营运客车的种类

用于公路交通的营运客车按舒适程度分为普通客车和豪华客车，按座位设置的多少可分为小型客车、中型客车和大型客车。

2. 公路交通的优缺点

公路交通的最大优点是方便。旅游者能够乘汽车前往任何有公路的旅游景点参观游览。另外，旅游者乘坐汽车旅行时可以顺便在途中游览当地的景点。

公路交通的缺点也比较明显：乘坐汽车旅行的速度和活动范围受到一定的限制；汽车运载的旅客人数有限；汽车的安全性能差；造成空气污染和噪音污染。

3. 公路客运的购票与退票

(1) 享受半票优惠。根据交通部有关规定，享受半票的对象有两类：一是身高在1.1—1.4米间的儿童，超出1.4米的儿童须购买全票。持一张全票的旅客可以免费携带一名身高1.1为以下的儿童，但不提供座位。二是革命伤残军人，但需凭民政部门颁发的（革命伤残军人抚恤证）购买。

(2) 旅客退票。旅客退票应在当次班车规定开车时间2小时前办理，最迟在开车后1小时内办理。开车1小时后以及车上发售的客票和签证改乘的客票均不办理退票。旅客退票，按以下规定收取退票费：班车开车时间2小时前办理退票，按票面额10%收取退票费。2小时内办理退票按票面额20%收取退票费。班车开车1小时以内办理退票，按票面额50%收取退票费。

（四）水运交通旅行知识

1. 乘船旅行一般知识

乘船旅行价格较为低廉，内河航运平稳舒适，没有颠簸之苦。中国的水路交通分为沿海航运和内河航运两大类。近年来，我国内河游轮发展迅速，为游客的水路旅游创造了较为便利的条件。

大小不等的客轮设备差异很大，规模等级不同的游轮，设置、设施、服务条件也有较大区别。大型客轮的舱室一般分为五等：一等舱（软卧，1—2人)、二等舱（软卧，2—4人)、三等舱（硬卧，4—8人)、四等舱（硬卧，8—24人）和五等舱（硬卧)，还有散席（包括坐席)。豪华客轮设有特等舱（由软卧卧室、休息室、卫生间等组成)，其服务条件类似于星级酒店。

2. 船票

船票分普通船票和加快船票，又分为成人票、儿童票（1.1—1.4米的儿童）和伤残军人优惠票。

退票必须在开船前办理，并收取退票费。30人以上的团体票，须在开船4小时前办理；已办理托运的，先办理行李、包裹取消或变更托运手续后才能退票。

旅客在乘船前丢失船票，应另行购票；上船后旅客丢失船票，如能提出足

够的证明，经确认后无需补票；无法证明时，按有关规定处理。

3. 行李

乘坐沿海和长江客轮，持全价票的旅客可随身携带免费行李30千克，持半价票者、免费儿童15千克；每件行李的体积不得超过0.2立方米，长度不超过1.5米，重量不超过30千克。乘坐其他内河客轮，免费携带的行李分别为20千克和10千克。

下列物品不准携带上船：法令限制运输的物品；有臭味、恶腥味的物品；能损坏、污染船舶和妨碍其他旅客的物品；爆炸品、易燃品、自燃品、腐蚀性物品、有毒物品、杀伤性物品以及放射性物质。

二、入出境知识

（一）常规入出境手续

出于国家（地区）安全和利益的考虑，各国（地区）对入出境均实行严格的检查手续，办理手续的部门一般设在口岸和旅客入出境地点，如机场、车站、码头等地方。

1. 边防检查

入出境者要填写入出境登记卡片，交验护照和签证。卡片的内容有姓名、性别、出生年月、国籍、民族、婚否、护照种类和号码、签证种类和号码、有效期限、入境口岸、日期、逗留期限等。护照、签证验毕加盖入出境验讫章。

2. 海关检查

海关检查一般询问是否有需申报的物品，有的国家要求出入境者填写携带物品申报单。海关有权检查入出境者所携带的物品，对持有外交护照者可免检。各国对入出境物品管理规定不一，烟、酒、香水等物品常常限量放行，文物、武器、毒品、当地货币、动植物等为违禁品，非经允许，不得入境。有的国家还要求填写外币申报单，出境时还要核查。

3. 安全检查

现在，出入境登机旅客普遍须接受安全检查，检查手续日趋严格。检查方式包括过安全门、用磁性探测器近身检查、检查行李包、搜身等。

4. 卫生检疫

国家卫生检疫部门有权要求入境者填写健康申明卡，出示某种传染病的预防接种证书（黄皮书）、健康证明或者其他有关证件，并且采取必要的预防、控制措施。

（二）入出境应持有的证件

世界上每个主权国家（地区），对出入境旅客均实行严格的检查制度。只有具备合法身份的人员，才能出入国境。外国人、华侨、港澳台同胞及中国公民入出中国国境均须在指定的口岸向边防检查站（由公安、海关、卫生检疫三方组成）交验有效证件，填写入出境卡，经边防检查站查验核准加盖验讫章后，方可入、出境。

有效证件指各国政府为其公民颁发的出国证件。其种类很多，不同类型的人员使用的有效证件名称也不同。

1. 护照

护照是一国主管机关发给本国公民或在国外居留的证件，证明其国籍和身份。

（1）护照的种类

按照颁发对象和用途的不同，世界各国护照一般分为三种：外交护照、公务护照和普通护照。此外，有的国家为团体出国人员（旅游团、体育代表队、文艺团体等）发给团体护照。

①外交护照。

颁发对象：前往国外进行国事活动的国家元首、政府首脑、议员和出访的政府代表团成员；外交和领事官员以及上述人员的配偶及未成年子女。

特征：护照封面上一般标有“外交”字样。

特殊功能：一般享有外交特权和豁免。在各类护照中，受到尊敬和礼遇程度最高。

②公务护照。

颁发对象：一般性出访的官员；在驻外使、领馆和其他外交代表机关中，从事技术和辅助工作的人员；因公务派往国外执行文化、经济等任务的一些临时出境人员。

特征：护照封面一般标有“公务”字样。

③普通护照。

颁发对象：前往国外或旅居外国的普通公民。

特征：护照封面不作特别标识。

（2）中国护照

①中国护照的种类。

中国现行护照分外交护照、公务护照和普通护照三种。其中公务护照包括多次有效和一次有效两种；普通护照包括因公务普通护照和普通护照两种。

此外，中国还为出境旅游的公民发给一次性有效的旅游护照。

②中国护照式样。

中国护照封面中央印有烫金国徽，国徽上方印有“中华人民共和国”烫金字样，国徽下方分别印有“外交护照”、“公务护照”、“因公务普通护照”、“普通护照”字样。

中国外交护照为大红封面、烫金字，因而也叫做“红色护照”；中国公务护照的封面为墨绿色；因公务普通护照和普通护照的封面颜色则分别为深棕色和紫色。

③中国护照的有效期。

中国外交、公务护照、因公务普通护照由外事部门颁发，因私普通护照由公安部门颁发。

中国护照，除一次有效公务护照和一次有效因公务普通护照的有效期为两年外，其他各种护照的有效期均为五年。护照有效期满，可以延期，每次延期最长不得超过五年，每本护照最多可延期两次。一次有效的护照在国内不予延期，在境外需要延期时，可在护照有效期内延期一次，最长不得超过两年。华侨可在有效期满前向中国驻外使、领馆或外交部授权的驻外机关提出延期申请。

中国护照的有效地区是世界各国。

2. 签证

签证是主权国家颁发给申请者，进入或经过本国国境的许可证明，是附签于申请人所持入出境通行证件上的文字证明，也是一个国家检查进入或经过这个国家的人员身份和目的的合法性证明。在中国，华侨回国探亲、旅游无需办理签证。

（1）签证的种类

按照颁发对象和由此引发签证颁发国对持证人待遇的不同，可将签证分为外交、公务、普通签证三类。

①外交签证。

签发对象：入境或过境的应给予外交官员待遇的外国人（一般持外交护照）。

特征：签证上标明“外交”字样。

待遇：按照国际惯例，世界各国对持有本国外交签证的外国官员，一般都给予过境或停留期间外交豁免。

②公务签证。

签发对象：入境或过境的外国公务人员（一般持公务护照）。

特征：签证上注明“公务”字样。

③普通签证。

签发对象：入境或过境的普通人员（一般持普通护照）。

特征：签证上一般只有“签证”字样。

旅游签证属于普通签证，在中国为L字签证（发给来中国旅游、探亲或其他私人事务入境的人员）。签证上规定持证者在中国停留的起止日期。签证的有效期不等。

另外，按照签发国许可持证人的出入境行为，可将签证分为入境、出境、入出境、出入境、过境五种签证。

在特殊情况下，前往或途经未建交的国家，签证通常做在另一张纸上，称为另纸签证，与护照同时使用。

9人以上的旅游团可发给团体签证。团体签证一式三份，签发机关留一份，来华旅游团两份，一份用于入境，一份用于出境。

外国人来中国旅游，需向中国驻外国的使、领馆办理旅游签证，9人以上组团来中国旅游的可申请办理团体旅游签证。去深圳、珠海、厦门经济特区的外国人，可直接向上述口岸签证机关申请“特区旅游签证”。到海南省洽谈商务、旅游、探亲，停留不超过15天，可以临时在海口或三亚口岸办理入境签证。

为方便外国人进入珠江三角洲地区旅游，经国务院批准，对已到香港、澳门特别行政区持普通护照的建交国家的外国人组团进入广州、深圳、珠海、佛山、东莞、中山、江门、肇庆、惠州等地区旅游，实行简化手续，提供入境便利的政策。上述人员须参加经在香港和澳门合法在册的旅行社组织的旅游团，入境后仅限在上述地区内旅游，停留时间为入境之日起不超过第6天（144小

时）出境。旅游团需持团队名单出入境，可从设在上述地区的对外国人开放的口岸入出境。入境时，边防检查站查验护照。核查旅游团名单后放行，旅游团成员免填“入出境、登记卡”。

持联程客票搭乘国际航班直接过境，在中国停留时间不超过24小时不出机场的外国人免办签证；要求临时离开机场的，需要经过边防检查机关的批准。

随着国际关系的改善和旅游事业的发展，许多国家间采取签订协议的方式互免签证。目前，中国已同50多个国家签订了双边性质的互免签证协议。

(2) 外国人申请签证须履行的手续

外国人申请签证须回答被询问的有关情况并履行下列手续：

①提供有效护照或者能够代替护照的证件；

②写签证申请表，交近期2寸半身正面免冠照片；

③交验与申请入境、过境事由有关的证明。

(三) 港澳居民来往内地通行证

港澳同胞回内地旅游、探亲，原可凭《港澳同胞回乡证》入境、出境。为加快口岸验放速度，方便港澳居民来往内地，公安部决定将《港澳同胞回乡证》改为《港澳居民来往内地通行证》，自1999年1月15日起正式起用。新证件为卡式证件，设置机读码，出入境边防检查机关用机器查验证件，持卡人可免填出入境登记卡。成年人持有新证有效期为10年，在有效期内可多次使用。申请新证的港澳居民必须符合五项优先资格：

(1) 首次申请回乡证件；

(2) 旧回乡证已到期；

(3) 旧证有效期2月内期满；

(4) 旧证使用次数剩15次以内；

(5) 旧证已遗失。

(四) 台湾同胞旅行证明

台湾同胞旅行证是台湾同胞回大陆探亲、旅游的证件。所需证件在香港地区，由中国外交部驻香港签证办事处办理，或由香港中国旅行社代办；在美国、日本或其他国家，由中国驻外使、领馆办理旅行证件。该证件经口岸边防检查站查验并加盖验讫章后，即可作为入出境及在大陆旅行的身份证明。

（五）外国游客来华旅游的有关规定

(1) 持旅游签证的外国人，必须从中国对外国人开放的口岸或是指定的口岸通行，接受边防检查机关的检查，向边防检查机关缴验有效护照和中国的签证，填写入境卡，经边防检查机关查验核准加盖入境验讫章后入境。

(2) 外国人在中国境内可凭本人的有效护照和旅游签证前往对外国人开放的地区旅行。目前，我国对外国人开放的地区包括了大中城市和绝大多数的旅游胜地。截至2001年8月3日，对外国人开放的市、县已达1440个。外国人在中国境内前往开放地区旅行，应乘飞机或火车，未经批准不得乘坐自备交通工具旅行，需入境前经主管机关批准。自备交通工具包括自行车、摩托车、汽车、船舶、飞机等。

(3) 外国游客不得进入不对外国人开放的地区，违者将依法受到处罚。外国人因公务需前往不对外国人开放地区，须事先向所在地公安机关出入境管理部门申请《外国人旅行证》。申请《外国人旅行证》时应出示本人护照及有效签证，提供接待部门出具的说明必须前往的理由的公函，填写《外国人旅行申请表》，获准后方能前往。外国人旅行证与本人护照同时使用。

(4) 持旅游签证来中国的外国人不得在中国从事与其身份不符的活动，如就业、宗教宣传、非法采访等，违者将受到处罚。中国政府保护在中国境内的外国人的合法权益。外国人在中国境内，必须遵守中国法律，尊重中国的风俗习惯。

(5) 外国游客可在签证准予在华停留的期限内在中国旅行。停留期限到期，如需继续旅行，可向当地公安机关申请延长在中国的停留期限。旅行结束后，须在签证有效期内，填写出境卡，从对外国人开放的国际口岸经边防检查机关查验证件，加盖出境验讫章后出境。

(6) 外国人如在中国境内丢失了护照，应及时向当地公安机关出入境部门报失，陈述丢失经过，并持公安机关出具的报失证明到本国驻中国使、领馆申请出境证件，然后再到出入境管理部门办理相应手续，方能出境。

我国对外开放一类口岸地区一览表

地区	空港	陆港	水港
北京	北京		
天津			天津、塘沽
河北	石家庄		秦皇岛、唐山

（续表）

地区	空港	陆港	水港
山西	太原		
内蒙	呼和浩特、海拉尔	呼和浩特、满洲里	
辽宁	沈阳、大连	丹东	营口、锦州、大连、丹东
吉林	长春	集安、珲春、图们	大安
黑龙江	哈尔滨、佳木斯、齐齐哈尔、牡丹江	逊克、抚远、密山、漠河、绥芬河	哈尔滨、佳木斯
上海	上海		上海
江苏	南京		连云港、南通、镇江、张家港、南京、扬州、江阴、常熟
浙江	杭州、宁波、温州		宁波、镇海、舟山、温州
安徽	合肥、黄山		芜湖、铜陵
福建	福州、武夷山、厦门		福州、厦门、漳州、泉州、莆田
江西	南昌		九江
山东	济南、青岛、烟台		威海、青岛、烟台
河南	郑州、洛阳		
湖北	武汉		汉口、黄石
湖南	长沙		岳阳
广东	广州、深圳、湛江、梅州	广州、皇岗、佛山、文锦渡、罗湖、沙头角、笋岗、拱北、常平、端州、三水	广州、黄浦、惠州、茂名、南海、番禺、潮州、汕头、深圳蛇口、湛江、肇庆、中山
广西	南宁、桂林、北海	友谊关、凭祥、东兴、水口	北海、防城、福州、钦州
海南	海口、三亚		海口、三亚

（续表）

地区	空港	陆港	水港
重庆	重庆		
四川	成都		
贵州	贵阳		
云南	昆明、西双版纳	畹町、瑞丽	思茅、景洪
西藏	拉萨	聂拉木、普兰、吉隆、日屋、亚东	
陕西	西安		
甘肃	兰州		
新疆	乌鲁木齐、喀什	巴克图、阿拉山口、红其拉甫、霍尔果斯、红山嘴、老爷庙	

（六）海关手续

1. 入出境旅客通关

“通关”系指入出境旅客向海关申报，海关依法查验行李物品，并办理入出境物品征税或免税验放手续，或其他有关监管手续之总称。

“申报”，系指入出境旅客为履行中华人民共和国海关法规规定的义务，对其携带入出境的行李物品实际情况依法向海关所作的书面申明。

(1) 须通过设有海关的地点入出境，接受海关监管

根据《中华人民共和国海关法》和《中华人民共和国海关对进出境旅客行李物品监管办法》的规定，入出境行李物品必须通过设有海关的地点入境或出境，接受海关监管。旅客应按规定向海关申报。

(2) 携带物品以自用合理数量为原则

除依法免验者外，入出境旅客行李物品，应交由海关按规定查验放行。海关验放入出境旅客行李物品，以自用合理数量为原则，对不同类型的旅客行李物品，规定了不同的范围和征免税限量或限值。

(3) 依法向海关申报

旅客入出境，携带须向海关申报的物品，应在申报台前，向海关递交《中华人民共和国海关入出境旅客行李物品申报单》或海关规定的其他申报单

证，按规定如实申报其行李物品，报请海关办理物品入境或出境手续。其中，携带中国法律规定管制的物品，还须向海关交验国家行政主管部门出具的批准文件或证明。旅客行李物品，经海关查验征免税放行后，才能携离海关监管现场。

(4) 依法选择合适通关方式

在实施双通道制的海关现场，旅客携带有须向海关申报的物品时，应选择“申报”通道（亦称“红色通道”）通关；携带无需向海关申报物品的旅客，则可选择“无申报”通道（亦称“绿色通道”）通关。

(5) 妥善保管有关单证

经海关验核签章的申报单证，应妥善保管，以便回程时或者入境后，凭此办理有关手续。海关加封的行李物品，不得擅自开拆或者损毁海关施加的封志。

2. 部分限制进出境物品

(1) 烟、酒

旅客类别	免税烟草制品限量	免税12度以上酒精饮料限量
来往港澳地区的旅客（包括港澳旅客和内地因私前往港澳地区探亲和旅游等旅客）	香烟200支或雪茄50支或烟丝250克	酒1瓶（不超过0.75升）
当天往返或短期内多次来往港澳地区的旅客	香烟40支或雪茄5支或烟丝40克	不准免税带进
其他进境旅客	香烟400支或雪茄100支或烟丝500克	酒2瓶（不超过1.5升）

(2) 旅行自用物品

入出境旅客旅行自用物品限照相机、便携式收录音机、小型摄影机、手提式摄录机、手提式文字处理机各一件，还含经海关审核批准的其他物品。经海关放行的旅行自用物品，旅客应在回程时复带出境。

(3) 金、银及其制品

旅客携带金、银及其制品入境应以自用合理数量为限，超过50克应填写申报单证；复带出境时，海关凭本次入境申报的数量核放。我国公民出境所携带金、银及其制品除有一定的限额外，回程时还须将原物带回。携带或托运出境在中国境内购买的金、银及其制品（包括镶嵌饰品、器皿等新工艺品），海关验凭中国人民银行制发的《特种发货票》查核放行。

(4) 人民币

旅客携带人民币出入境，应当按照国家规定向海关如实申报。中国公民出入境、外国人入出境，每人每次携带的人民币限额为20000元（《中国人民银行公告〔2004〕第18号——调整国家货币出入境限额》）。携带上述限额内的人民币出入境，在实行“红绿通道”制度的海关现场，可选择“绿色通道”通关；超出限额的，应选择“红色通道”向海关办理有关手续，海关予以退运，不按规定申报的，另予以处罚。

(5) 文物、字画、中成药

文物指遗存在社会上或埋藏在地下的历史文化遗物。字画亦称书画，系书法和绘画的合称。旅客携带文物、字画出境，必须向海关申报。对旅客购自有权经营文物的商店（文物商店或友谊商店）的文物、字画，海关凭“文物古籍外销统一发货票”和中国文物管理部门加盖的鉴定标志查验放行。旅客在中国国内通过其他途径得到的文物、字画，如家传旧存文物和亲友赠送的文物、字画，凡需要携带出境，必须事先报经中国文物管理部门鉴定。目前，在北京、上海、天津、广州等八个口岸设有鉴定机构。经过鉴定准许出口的，由文物管理部门开具出口许可证明。文物、字画出境时，海关凭文物管理部门的出口许可证明放行。

我国禁止出境的文物、字画有国家馆藏一、二、三级文物；公元1795年（乾隆60年）以前各时期文物；1949年以前生产、制作的具有科学、历史、艺术价值的我国少数民族文物；列入文物保护范围的近、现代文献资料、图书资料、纪念物等；徐悲鸿、傅抱石、潘天寿等近百名书画家的作品。

旅客携带中药材、中成药出境，前往港澳，限值人民币150元；前往国外，限值人民币300元。个人邮寄中药材、中成药出境，寄往港澳，限值人民币100元；寄往国外，限值人民币200元。

麝香、犀牛角和虎骨（包括其任何可辨认部分和含其成分的药品、工艺品）严禁出境；入境药用羚羊角限50克免税放行，超出部分，征税放行；携带、邮寄羚羊角出境，海关凭国家濒危物种进出口管理办公室核发的《允许出口证明书》放行。

入境旅客出境时携带用外汇购买的、数量合理的自用中药材、中成药，海关凭有关发货票和外汇兑换水单放行。

(6) 旅游商品

入境旅客出境时携带用外汇在我国境内购买的旅游纪念品、工艺品，除国家规定应申领出口许可证或者应征出口税的品种外，海关凭有关发货票和外汇兑换水单放行。

3. 行李物品和邮寄物品征税办法

为了简化计税手续和方便纳税人，中国海关对进境旅客行李物品和个人邮递物品实施了专用税制、税率。现行税率共有五个税级：免税、10%、30%、80%、100%。物品进口税从价计征；其完税价格，由海关参照国际市场零售价格统一审定，并对外公布实施。

4. 禁止进出境物品

(1) 禁止进境物品

①各种武器、仿真武器、弹药及爆炸物品；

②伪造的货币及伪造的有价证券；

③对中国政治、经济、文化、道德有害的印刷品、胶卷、照片、唱片、影片、录音带、录像带、激光视盘、计算机存储介质及其物品；

④各种烈性毒药；

⑤鸦片、吗啡、海洛因、大麻以及其他能使人成瘾的麻醉品、精神药物；

⑥带有危险性病菌、害虫及其他有害生物的动物、植物及其产品；

⑦有碍人畜健康的、来自疫区的以及其他能传播疾病的食品、药物或其他物品。

(2) 禁止出境物品

①列入禁止进境范围的所有物品；

②内容涉及国家秘密的手稿、印刷品、胶卷、照片、唱片、影片、录音带、录像带、激光视盘、计算机存储介质及其物品；

③珍贵文物及其他禁止出境的文物；

④濒危的和珍贵的动物、植物（均含标本）及其种子和繁殖材料。

(七) 边防检查、安全检查和卫生检疫

1. 边防检查和安全检查

边防检查站是国家设在口岸的入出境检查管理机关，是国家的门户。它的

任务是维护国家主权、安全和社会秩序，发展国际交往，对一切入出境人员的护照、证件和交通运输工具实施检查和管理。

(1) 入境检查

外国人来中国，应向中国的外交代表机关、领事机关或外交部授权的驻外机关申请办理签证（互免签证的除外）。除签证上注明入、出境的口岸外，所有入出境人员，可在全国开放口岸入出境。

外国人到达中国口岸后，要接受边防检查站的检查。填好入（出）境登记卡，连同护照一起交入境检查员检验，经核准后加盖入境验讫章，收缴入境登记卡后即可入境。

下列外国人不准入境：

①被中国政府驱逐出境，未满不准入境年限的；

②被认为入境后可能进行恐怖、暴力、颠覆活动的；

③被认为入境后可能进行走私、贩毒、卖淫活动的；

④患有精神病和麻风病、性病、开放性肺结核等传染病的；

⑤不能保障其在中国所需费用的；

⑥被认为入境后可能进行危害我国国家安全和利益的其他活动的。

下列外国人，边防检查站有权阻止其入境：

①未持有效护照、证件或签证的；

②持伪造、涂改或他人护照、证件的；

③拒绝接受查验证件的；

④公安部或者国家安全部通知不准入境的。

(2) 出境检查

外国人入境后应在签证有效期内从指定口岸离开中国。出境时，应向出境检查员交验护照证件和出境登记卡；持中国政府签发的居留证者，如出境后不再返回，应交出居留证件。出境检查员核准后，加盖出境验讫章，收缴出境登记卡后放行。

中国人出境必须向主管部门申领护照，除有特殊规定外，不论因公因私必须办好前往国签证，才能放行。

下列几种人不准出境：

①刑事案件的被告人和公安机关、人民检察院或人民法院认定的犯罪嫌疑人；

②人民法院通知有未了结民事案件不能离境的；

③有其他违反中国法律的行为尚未处理，经有关主管机关认定需追究的。

下列人士，边防检查机关有权限制出境：

①持无效出境证件的；

②持伪造、涂改或他人护照、证件的；

③拒绝接受查验证件的。

(3) 交通运输工具的检查

出入中国国境的交通国际运输工具，包括中、外籍的国际航空器、国际航行船舶、国际列车和入出境汽车及其他机动车辆。国际交通运输工具入出或过境，须从对外开放的口岸通行，并在入出境口岸接受我国边防检查机关的检查和监护。

边防交通运输工具检查的内容有：

①办理交通运输工具入出境手续。国际交通运输工具抵离我国口岸，其负责人应当向边防检查机关申报服务员工及旅客名单，提供其他的情况，经审核、查验无误后放行；

②查验服务员工及旅客的护照、证件，为旅客办理入、出、过境手续，为服务员工办理准予停留或登陆、住宿手续，查封或启封交通运输工具；

③必要时，对服务员工及旅客行李物品进行检查；

④需要时，对交通运输工具实施机体、船体、车体检查。

(4) 安全检查

根据我国政府规定，为确保航空器及旅客的安全，严禁旅客携带枪支、弹药、易爆、腐蚀、有毒、放射性等危险品。旅客在登机前必须接受安全人员的检查，拒绝接受检查者不准登机，损失自负。

2. 卫生检疫

中华人民共和国卫生检疫局是中华人民共和国国务院授权的卫生检疫涉外执法机关，它及其下属的各地国境卫生检疫机关在对外开放的国境口岸，对入出境人员依法实施如下主要卫生检疫内容。

(1) 入境、出境的微生物、人体组织、生物制品、血液及其制品等特殊物品的携带人、托运人或者邮递人必须向卫生检疫机关申报并接受卫生检疫，未经卫生检疫机关许可，不准入境、出境。海关凭卫生检疫机关签发的特殊物品审批单放行。

(2) 入境、出境的旅客、员工个人携带或者托运可能传播传染病的行李和物品应当接受卫生检查。卫生检疫机关对来自疫区或者被传染病污染的各种食品、饮料、水产品等应当实施卫生处理或者销毁，并签发卫生处理证明。海关凭卫生检疫机关签发的卫生处理证明放行。

(3) 来自黄热病疫区的人员，在入境时，必须向卫生检疫机关出示有效的黄热病预防接种证书。对无有效的黄热病预防接种证书的人员，卫生检疫机关可以从该人员离开感染环境的时候算起，实施六日的留验，或者实施预防接种并留验到黄热病预防接种证书生效时为止。

(4) 入境、出境的交通工具、人员、食品、饮用水和其他物品以及病媒昆虫、动物均为传染病监测对象。

(5) 卫生检疫机关阻止患有艾滋病、性病、麻风病、精神病、开放性肺结核的外国人入境。来中国定居或居留一年以上的外国人，在申请入境签证时，需交验艾滋病血清学检查证明和健康证明书，在入境后30天内到卫生检疫机关接受检查或查验。

三、货币知识

(一) 外汇

外汇是指以外币表示的可用于国际结算的一种支付手段，它包括外国货币、外币有价证券、外币支付凭证以及其他外汇资金。

中国对外汇实行由国家集中管理、统一经营的方针。在中国境内，禁止外汇流通、使用、滞押，禁止私自买卖外汇，禁止以任何形式进行套汇、炒汇、逃汇。外国游客来华带入的外汇没有限制，但入境时必须据实申报；在中国境内，游客可持外汇到中国银行及各兑换点兑换成人民币，并且要保存好银行出具的外汇兑换证明。

(二) 旅行支票

旅行支票是银行或旅行支票公司为了方便旅行者，在旅行者交存一定金额后签发的一种面额固定的、没有指定付款人和付款地点的定额票据。购买旅游支票时，旅行者要当场签字，作为预留印鉴；支取款项时必须当着付款单位的面在支票上签字；付款单位将两个签字核对无误后方可付款，以防假冒。

中国银行在收兑旅行支票时收取7.5‰的贴息。

（三）信用卡

信用卡是指银行或信用卡公司为提供消费信用而发给客户在指定地点支取现金、购买期货或支付劳务费用的信用凭证，实际上是一种分期付款的消费者信贷。信用卡上印有持卡者的姓名、持卡者的账号以及每笔赊购的限额、签字有效期及防伪标志等内容。为了避免风险，发卡机构对其发行的信用卡规定使用期限一般为一年到三年，并规定一次性取款或消费的最高限额。

我国目前受理的主要外国信用卡有七种：万事达卡、维萨卡、运通卡、大莱卡、JCB卡、百万卡和发达卡。

四、旅行社的行李业务

团体旅游者外出旅行所携带的行李较多，所以行李的托运和运输是旅行社团体旅游接待的重要业务。

（一）行李托运程序

旅行社行李员必须认真办理旅游团体行李托运手续。

1. 认真进行团体行李交接

行李员必须与全陪、地陪、领队一起清点行李件数，认真检查行李包扎是否妥当，有无上锁、有无破损、有无系行李牌，然后进行交接。

2. 提前将行李运送至机场、车站，办理托运手续

若送国内航班，应提前一个半小时将行李运送到机场；若送火车，应提前一小时将行李运到车站；凭机、车票办理行李托运手续。

若送国际航班，应提前两小时将行李运到机场，并协助旅游者办理行李过磅事宜。

3. 交接交通票据及行李托运单

办理完行李托运手续后，行李员必须认真清点交通票据和行李卡张数，并与地陪导游进行必要的移交手续。

若送离境旅游团体，行李员无须办理托运手续，只要将行李按规定提前送到机场，并交给每一位旅游者即可。

（二）行李托运的有关规定

旅游团选择的交通工具不同，相关的交通部门对行李的托运也有不同的规定。

1. 民航部门行李托运规定

（1）国内航线行李托运的规定

①持头等舱票的旅客，每人可随身携带两件物品；持公务舱和经济舱的旅客，每人只能随身携带一件物品。每件物品的体积均不得超过20厘米×40厘米×55厘米，总重量均不得超过5千克。超过上述规定的件数、重量、体积的限制，按规定作为交运行李托运。

②持成人票或儿童票的旅客，每人免费交运行李的限额为：头等舱40千克，公务舱30千克，经济舱20千克；持婴儿票的旅客不享受免费交运行李待遇。

③旅客不得在交运行李中夹带易燃、易爆、腐蚀、有毒、放射性物品、可聚合物质、磁性物质及其他危险品，不得夹带机密性文件、资料、外交信、有价证券、货币、汇票、贵重物品、易碎易腐物品，以及其他需要专人照管的物品。

④交运行李必须包装完善、锁扣完好、捆扎牢固，并能承受一定的压力，否则，民航部门有权拒运或不承担行李损坏的赔偿责任。

（2）国际航线行李托运的规定

①按旅客所购票票价等级，对每一全价票或半价票的旅客交运的免费行李额为：持一等票价客票的旅客，可享受免费交运行李40千克；持公务票价客票的旅客，每人可享受免费交运行李30千克；持经济客票的旅客，可享受免费交运行李20千克；持成人票价10%付费的婴儿，不享受免费交运行李的待遇。

②交运行李中不得夹带易燃、易爆、腐蚀、有毒、放射性物质、聚合物质、磁性物质及其他危险物品；不得夹带中华人民共和国有关法律、政府命令和规定禁止出入境和过境的物品及其他限制运输的物品；不得夹带货币、珠宝、金银制品、票证、有价证券和其他贵重物品。

③随机交运的行李应有承受一定压力的包装，应封装完好、锁扣完善、捆扎牢固。对包装不符合要求的交运行李，承运人可拒绝接受或不负担损坏、破损的赔偿责任。

2. 铁路部门行李托运的规定

（1）行李、包裹运输合同：铁路行李包裹运输合同是指承运人与托运人、收货公司明确行李、包裹运输权利和义务的协议。

托运人的基本权利是要求承运人将行李、包裹按期、完好地运至目的地；行李、包裹丢失、损坏、变质、污染时要求赔偿。义务是缴纳运输费用，完整、准确填写托运单，遵守国家有关法令及铁路规章制度，维护铁路运输安全；因自身过错给承运人或其他托运人、收货人造成损失时应负赔偿责任。

承运人的基本权利是按铁路规定收取运输费用，要求托运的物品符合国家政策法令和铁路规章制度。对托运的物品进行安全检查，对不符合运输条件的物品拒绝承运；因托运人、收货人的责任给他人或承运人造成损失时向责任人要求赔偿。义务是为托运人提供方便、快捷的运输条件，将行李、包裹安全、及时、准确运送到目的地；行李、包裹从承运后至交付前，发生丢失、损坏、变质、污染时，负赔偿责任。

(2) 行李、包裹的范围：行李是旅客自用的被褥、衣服、个人阅读的书籍、残疾人车和其他旅行必需品。包裹是指适合在旅客列车行李车内运输的小件货物。

旅客的行李包裹中不得夹带货币、证券、珍贵文物、金银珠宝、档案等贵重物品和国家禁止、限制运输物品、危险品。

行李包裹每件最大重量为50千克。体积以适于装入行李车为限，但最小不得小于0.01立方米。行李应随旅客所乘列车运送或提前运送。

(3) 行李、包裹的托运与承运：旅客在乘车区间内凭有效客票每张可托运一次行李，残疾车不限次数。

(4) 包装和货签：行李、包裹的包装必须完整牢固、适合运输。其包装的材料和方法应符合国家或运输行业规定的包装标准。承运后、交付前包装破损、松散时，承运人应负责及时整修并承担整修费用。

行李、包裹每件的两端应各有一个铁路货签，货签上的内容应清楚、准确并与托运单上相应的内容一致。托运易碎品、流质物品，应在包装表面明显处贴上“小心轻放”、“向上”等相应的安全标志。

(5) 旅游团乘坐火车旅行，随身携带的物品，应按照规定放置在车厢内的行李架上。免费携带物品的重量铁路部门规定持半票或免票的儿童为10千克，外交人员35千克，其他旅客20千克；携带品体积的长、宽、高总和不超过160厘米。